中国法学会后期资助项目文丛

BOOK SERIES FUNDED BY CHINA LAW SOCIETY

中国法学会审稿责任人

李存捧　孙立军

中国法学会后期资助项目文丛

BOOK SERIES FUNDED BY CHINA LAW SOCIETY

裁判结果透明化的制度审思和完善路径

Reflection and Improvement of Judgement Result Transparency

胡玉明◎著

法律出版社
LAW PRESS·CHINA

目　　录

Contents

绪　论

不受制约和监督的权力，必将践踏个人的权利。人类社会几千年的发展史无数次证明了这一论断。经济社会的发展使人们拥有更多的精力和能力去自主地享有基本权利，特别是对促进个性发展和自我实现的自由权的主张最为强烈。言论自由逐步被民主国家宪法确认为公民的基本权利。然而，言论自由转化为现实权利成为监督国家权力的利器，还需要以信息的获取为前提。公众应当知晓国家权力是如何运行的，为什么如此运行以及运行的结果是什么。自20世纪中叶起，西方国家知情权概念的提出和知情权法律制度的确立及实施，成为制约和监督国家权力运行的富有成效的实践，由此推动权力运行透明化浪潮在全球范围内展开。

一、研究的背景和意义

我国权力运行透明化的研究发轫于行政权运行透明化。改革开放之后，初步发展的社会主义市场经济日益显示出对国家权力运行公开的内生需求，我国执政党顺应经济社会发展需要也逐步提出了权力运行公开的要求。1987年，中共十三大报告明确提出，“提高领导机关活动的开放程度，重大情况让人民知道，重大问题经人民讨论”。[①] 这是我国执政党中央文献首次提出关于权力运行透明化的要求。由此我国理论界从20世纪80年代末开始将目光聚焦于“政务公开”，以“政务公开”为主题的理论研究逐渐繁荣。[②] 1997年，中共十五大顺应时代发展鲜明地提出“要深化改革，完善监督法制，建立健全依法行使权力的制约机制。坚持公平、公正、公开的原则，直接涉及群众切身利益的部门要实行公开办事制度”。[③] 从制约机制层面，以“公开办事制度”为切入点，我国执政党开始推动权力运行公开化、透明化。中共十六大报告明确提出“加强对权力的制约和监督”，首次提出“推行政务公开制度”，以此引领国家权力运行透明化制度建设。[④] 2008年5月《政府信息公开条例》开始实施，行政权运行透明化初步形成了制度体系。从机制到制度的升华，并未成为我国权力运行透明化的终点，中共十七大报告又从理念层面提出“必须让权力在阳光下运行”，并首次明确提出“保障人民的知情权、参与权、表达权、监督权”，突出权力运行透明化的权利基础。另外，将“让权力在阳光下运行”作为“确

---

① 赵紫阳：《沿着有中国特色的社会主义道路前进——在中国共产党第十三次全国代表大会上的报告（1987年10月25日）》，载《党的建设》1987年第Z1期。

② 20世纪80年代末期以“政务公开”为主题的理论研究渐次出现并逐渐增多，如傅明贤：《政务活动公开化是政治民主化的重要特征》，载《武汉大学学报》（社会科学版）1988年第3期；蔡运国：《试论健全我国的民主监督制度》，载《理论月刊》1988年第6期；何家成：《实行政务公开的几个问题》，载《瞭望周刊》1989年第5期；范西成：《从增加办事“透明度”到实行政务公开化》，载《理论导刊》1989年第3期；张军：《公开性与人民民主意识的形成》，载《理论导刊》1989年第3期；高学民：《略谈政务公开》，载《实事求是》1989年第3期；许畅怡、贾白南：《试论政务公开的必然性和基本原则》，载《唯实》1989年第3期；任全良：《政务公开的难易与得失》，载《唯实》1989年第5期；苏阳、登怀：《自觉接受群众监督实行党务、政务、业务公开》，载《交通企业管理》1989年第3期；吴志亢、梁学忠：《谈政务的公开与监督》，载《学术研究》1989年第3期；等等。

③ 参见江泽民：《高举邓小平理论伟大旗帜，把建设有中国特色社会主义事业全面推向二十一世纪——在中国共产党第十五次全国代表大会上的报告（1997年9月12日）》，载《求是》1997年第18期。

④ 参见江泽民：《全面建设小康社会，开创中国特色社会主义事业新局面——在中国共产党第十六次全国代表大会上的报告》，载《求是》2002年第22期。

保权力正确行使”的必要条件，明确国家权力运行透明化的法治方向。[①]宏观的权力运行透明化是司法权运行透明化的要求。中共十八大报告首次提出“司法公开”，并与“党务公开”“政务公开”并列作为不同领域权力运行的公开制度。[②] 执政党中央文献政治语境下的“司法公开”，成为理论界和实务界研究和践行的重点。

按照中共十八大报告对“司法公开”的层次限定，司法公开应指向司法权的运行公开，也就是将行政权与司法权置于同一层级上理解司法权的运行公开。而“司法”的内涵和外延，在十八大之前是我国理论界争论的热点问题。

“中国古代并无司法这一概念，司法一词是我国清朝末年从西方引进的。当时的司法一词也仅指审判。”[③] 近年来，理论界的各方观点归纳起来主要有三种学说，一是广义说，二是狭义说，三是折中说。广义说认为，司法“是指国家司法机关依照法定职权和程序，具体适用法律处理各种案件的专门活动”。[④] 在我国，“广义的司法包括国家审判机关的审判活动，国家检察机关的法律监督活动，公安机关的侦查活动，司法行政机关的监狱管理活动”。[⑤] 狭义说认为，司法是指法院裁判纠纷的活动，与此相应，司法权是指审判权，司法机关是指人民法院。[⑥] 国际上，实行三权分立政治体制的国家，司法权与立法权、行政权相对应，司法机关仅指法院，检

---

① 参见胡锦涛：《高举中国特色社会主义伟大旗帜 为夺取全面建设小康社会新胜利而奋斗——在中国共产党第十七次全国代表大会上的报告（2007 年 10 月 15 日）》，载《人民日报》2007 年 10 月 25 日，第 1 版。

② 参见胡锦涛：《坚定不移沿着中国特色社会主义道路前进 为全面建成小康社会而奋斗——在中国共产党第十八次全国代表大会上的报告（2012 年 11 月 8 日）》，载《人民日报》2012 年 11 月 18 日，第 1 版。

③ 张文显主编：《法理学》，高等教育出版社、北京大学出版社 2007 年版，第 252 页。

④ 张文显：《法哲学通论》，辽宁人民出版社 2009 年版，第 341 ~342 页。

⑤ 同上书，第 342 页。

⑥ 参见吴卫军：《司法改革原理研究》，中国人民公安大学出版社 2003 年版，第 12 页。

察机关隶属于司法行政系统。美国是实行三权分立较为典型的政体，联邦总检察长即司法部长，为总统和政府的法律顾问，联邦最高法院审理重大案件时，代表政府出庭参加诉讼。折中说认为，“司法，是指国家司法机关依据法定职权和法定程序，具体应用法律处理案件的专门活动”。“当代中国，‘司法’的含义与世界通行的定义是有所不同的。我国现行通行的‘司法’一词，不仅指审判，还包括检察，相应地，司法权包括审判权和检察权，审判权由人民法院行使，检察权由人民检察院行使，因此人民法院和人民检察院是我国的司法机关。”①

按照中国执政党政治话语对“司法”的层次界分，本书更倾向于从广义上理解司法，认为司法权应包括侦查权、检察权、审判权、执行权，这些具体权力共同构成司法权的基本范畴。在我国，宪法和法律将各具体权力赋予不同国家机关行使，如在刑事诉讼中，侦查权赋予公安机关②、人民检察院③、国家安全机关④、军队保卫部门⑤、监狱⑥、中国海警局⑦分别行使，检察权赋予人民检察院行使，审判权赋予人民法院行使，执行权赋

① 张文显主编：《法理学》，高等教育出版社、北京大学出版社2007年版，第252页。

② 《刑事诉讼法》（2018年修正）第19条第1款规定：“刑事案件的侦查由公安机关进行，法律另有规定的除外。”

③ 《刑事诉讼法》（2018年修正）第19条第2款规定：“人民检察院在对诉讼活动实行法律监督中发现的司法工作人员利用职权实施的非法拘禁、刑讯逼供、非法搜查等侵犯公民权利、损害司法公正的犯罪，可以由人民检察院立案侦查。对于公安机关管辖的国家机关工作人员利用职权实施的重大犯罪案件，需要由人民检察院直接受理的时候，经省级以上人民检察院决定，可以由人民检察院立案侦查。”

④ 《刑事诉讼法》（2018年修正）第4条规定：“国家安全机关依照法律规定，办理危害国家安全的刑事案件，行使与公安机关相同的职权。”

⑤ 《刑事诉讼法》（2018年修正）第308条第1款规定：“军队保卫部门对军队内部发生的刑事案件行使侦查权。”

⑥ 《刑事诉讼法》（2018年修正）第308条第3款规定：“对罪犯在监狱内犯罪的案件由监狱进行侦查。”

⑦ 《刑事诉讼法》（2018年修正）第308条第2款规定：“中国海警局履行海上维权执法职责，对海上发生的刑事案件行使侦查权。”

予人民法院、监狱、公安机关分别行使；在民事诉讼、行政诉讼中，审判权赋予人民法院行使、检察权赋予人民检察院行使。正因司法权行使上的分散性，对于“司法公开”的理解，理论界和实务界也观点纷呈。

在理论界，对“司法公开”的理解观点各异，本书依其观点核心大意归纳概括为五种学说：一是理念说；二是过程说；三是审判说；四是信息说；五是信息转换说。第一，理念说认为，“司法公开可从两方面来理解：其一，司法者主观上排除私欲私利，而以维护法律尊严和解决纠纷为念，如古人所谓‘凡立公，所以弃私也’（慎到：《慎子·威德》四部备要本）；其二，司法者客观上平等适用法律，落实法律面前人人平等原则”。① 这一观点，从“公”与“私”二元角度，从主观上要求司法者除私利、用公心、为公正，客观上要求坚持法律面前人人平等原则。第二，过程说认为，“司法公开是指整个司法运作过程中应保持透明和公开”。② 这一观点，将司法运行的全过程作为司法公开的对象，既包括程序性司法权运行过程，也包括实体性司法权运行过程。第三，审判说认为，“从司法公开的内涵及其对象意义上来具体描述司法公开的含义，它应当包括庭审过程中的举证公开、质证公开、认证公开，庭审中法官的判决公开（包括判决的理由公开、判决所适用的法律公开、判决的结果公开）以及案件的审判对社会公开”。③ 这一观点，以审判为核心，将庭审、宣判和裁判文书作为司法公开的对象。第四，信息说认为，“广义的司法公开则是指除涉及国家秘密、个人隐私和商业秘密的与审判有关的所有信息的公开”。④ 这一观点，将与审判有关的信息作为司法公开的对象。第五，信息转换说认为，

---

① 李龙、毛卉：《司法权力资源的配置和司法公开》，载《荆州师范学院学报》1999 年第 4 期。

② 徐小飞：《司法公开的维度和限度》，载《法庭内外》2014 年第 2 期。

③ 周功满：《论司法公开之度》，载《理论观察》2010 年第 2 期。

④ 于莹、石浩男：《司法公开：提高司法公信力的必然选择》，载《光明日报》2015 年 2 月 5 日，第 16 版。

“司法公开作为一项司法制度安排，其基本理念在于：通过司法公开将制度、过程、结果置于社会的公共空间，以公开为媒介形成同社会的信息转换，一方面吸收社会的权威资源，另一方面接受社会控制，以促进司法正义的法律价值的实现”。[①] 这一观点，强调司法公开与社会反馈的信息交换和双向互动。

在实务界，人民法院最先提出“司法公开”概念。2009 年 12 月，最高人民法院发布《关于司法公开的六项规定》，[②] 正式提出“司法公开”概念，概括为六个方面，即立案公开、庭审公开、执行公开、听证公开、文书公开、审务公开。最高人民法院成立了司法公开领导小组办公室，并于 2010 年 10 月印发《关于确定司法公开示范法院的决定》，[③] 将北京市第一中级人民法院等 100 家法院确定为“司法公开示范法院”（其中高级人民法院 11 个、中级人民法院 33 个、专门法院 1 个、基层人民法院 55 个）；同时下发《司法公开示范法院标准》，要求各示范法院严格按照示范标准，全方位开展司法公开工作。各司法公开示范法院在实施过程中，又根据本地实际情况相继制定了具体实施办法。最高人民法院大法官曾撰文指出，“司法公开指人民法院在当事人和其他诉讼参与人以及社会公众知悉下，以公开的方式进行司法活动。司法公开的根本目的在于以程序的公开保证案件实体的公正，最大限度防止法官暗箱操作，避免专横擅断及司法权的滥用。……相比较而言，司法公开则具有政务公开的宽泛蕴意，既包括对司法系统内公开，也包括对社会公众公开，既强调法院系统的司法质量和

---

① 王天华：《司法公开与控制的立法思考》，载《兰州学刊》2003 年第 3 期。

② 《最高人民法院印发〈关于司法公开的六项规定〉和〈关于人民法院接受新闻媒体舆论监督的若干规定〉的通知》（法发〔2009〕58 号），2009 年 12 月 8 日发布并实施，现行有效。

③ 《最高人民法院印发〈关于确定司法公开示范法院的决定〉的通知》（法〔2010〕383 号），2010 年 10 月 15 日发布并实施。

效率，又注重公众知情权的保障”。①

由于理论界和实务界在“司法公开”概念使用上的逻辑层次不一致，“阳光司法机制”新概念在《中共中央关于全面推进依法治国若干重大问题的决定》中被提出，并作出“构建开放、动态、透明、便民的阳光司法机制”② 的系统性安排，突出其“杜绝暗箱操作”③ 的权力制约功能。

由此，以“透明”为价值目标之一的“阳光司法机制”，引起了笔者的理论兴趣。

笔者在对“阳光司法机制”进行理性思考和实证考察后，深感这一问题之宏大，遂将目光聚焦于司法权运行的中心——审判权运行，关注其“透明化”问题。审判权本质上是裁判权，因此裁判结果透明化是审判权运行透明化的核心内容之一。裁判结果透明化，越来越受到中国执政党的重视，在全面深化改革中，其要求“增强法律文书说理性”“推动公开法院生效裁判文书”；④ 在全面推进依法治国中，其要求“依法及时公开执法司法依据、程序、流程、结果和生效法律文书”。⑤ 对“结果”的依法及时公开，成为“阳光司法机制”建设的重要组成部分。然而，理论界尚未对“裁判结果透明化”给予足够关注，目前国内外以“裁判结果透明化”为主题的专门研究并不多见。截至 2019 年第一季度末，在“中国知网”查询“裁判结果透明化”为主题、篇名、关键词的词条，尚未有匹配的条目。国内外对相关内容所进行的理论阐释和实证分析，要么是从宏观层面入手，对裁判结果透明化的研究多是涵摄于人权理论之中，强调公开审判

① 江必新、程琥：《司法程序公开研究》，载《人民司法》2014 年第 1 期。

② 《中共中央关于全面推进依法治国若干重大问题的决定》，载《人民日报》2014 年 10 月 29 日，第 1 版。

③ 同上。

④ 《中共中央关于全面深化改革若干重大问题的决定》，载《人民日报》2013 年 11 月 16 日，第 1 版。

⑤ 《中共中央关于全面推进依法治国若干重大问题的决定》，载《人民日报》2014 年 10 月 29 日，第 1 版。

是公正审判权的要求；要么是着眼于微观层面，多是围绕裁判结果透明化的某一机制或程序展开，如对公开宣判的研究，或对裁判文书上网的反思，或对裁判文书说理的评论等，缺少对“裁判结果透明化”作抽象化的体系性、系统性的研究。更令人堪忧的是，虽然我国法律和司法解释规定了实现裁判结果透明化的程序和机制，但实践中囿于司法资源的稀缺性、权利冲突等困境，阻碍了裁判结果透明化规范化的实现，甚至当事人诉讼权利和社会公众民主权利不仅未得到有效保障，其他权利如隐私权、个人信息权等反而可能受到损害。由此，客观上要求对裁判结果透明化进行理论反思和实践批判，对制度和机制进行完善和创新。

我国正处于法治建设的关键时期，探索适合我国的裁判结果透明化制度体系，对保障基本权利实现、遏制司法腐败、促进司法民主、提升司法公信力、建立社会诚信体系等均具有重要意义，裁判结果透明化研究将是推动“阳光司法机制”建设的重要课题之一。

首先，裁判结果透明化有助于遏制司法腐败。强化司法透明是保障司法廉洁的有效渠道，廉洁司法不仅是法官的道德准则，更是法官的职业操守。法官职业的崇高之处正在于其脱离了利益羁绊而处于中立的位置。裁判结果透明化，是将法官行使审判权的履职行为进行结果公开，从而有效预防司法腐败，有效避免关系案、人情案、金钱案等腐败问题的发生。

其次，裁判结果透明化是促进司法民主的必然要求。实现司法透明是“以人民为中心”的发展思想在司法权运行中的具体贯彻，实现司法透明是把依法维护人民权益作为司法权行使的基本价值追求，把充分保障人民群众的知情权、参与权、表达权和监督权落实到审判权运行的每一个环节，把社会公众知悉和理解裁判结果作为衡量和评判审判权运行透明化成效的标准之一，让当事人在充分获知裁判结果及其证成理由的前提下打一个公正、明白、受尊重的官司。

最后，裁判结果透明化是提升司法公信力的必经途径。公开公正是司法的一般规律，是司法公信力的来源和基础。法院以当事人和社会公众看得见、听得懂、能理解、可预期的方式公开裁判结果，可以满足人民群众对司法公正的心理诉求，增进社会公众对司法的认同，避免信息不对称所可能产生的疑虑和误解，最大限度地消解败诉方当事人的不满情绪。裁判结果越公开、越透明，越能增进当事人和社会公众对审判权运行的信赖，越能提升司法公信力。

法律发展和法治现代化的规律要求制度的建构和机制的完善，“一方面要靠权利来推动，另一方面又要以权利来检验”。① 为此，笔者以“权利”为逻辑起点，以当事人诉讼权利和社会公众民主权利为主线，探究裁判结果透明化的理论基础、实践进路和例外规则，完善裁判结果透明化制度体系，以期为“阳光司法机制”的整体建构添砖加瓦。

二、研究综述

目前，国内外关于“裁判结果透明化”专题化、抽象化的体系性、系统性研究并不多见。本部分文献述评主要建立在对裁判结果实现透明化的有关理论成果的综合梳理、分类与评价之上。

（一）已有研究的研究进路分析

1. 内部视角的研究进路

内部视角的研究进路，主要是从法院内部的视角研究裁判结果实现透明化的具体问题。此类研究多以权力——审判权为逻辑起点，研究司法公开的方式、途径、平台和效果，以总结实践经验和解决具体问题为主要内容，以规制审判权、提高司法公信力和提升司法权威为逻辑终点。

① 张文显：《法哲学通论》，辽宁人民出版社2009年版，第81页。

2. 外部视角的研究进路

外部视角的研究进路，主要是从法院外部的视角研究裁判结果实现透明化的问题。此类研究多以权利——人权为逻辑起点，以保障公法上的知情权和私法上的隐私权、个人信息权等权利为切入点，研究裁判结果透明化的范围、限度等，以权利的充分保障为逻辑终点。

（二）已有研究的局限性

在人权理念的影响下，“公开审判”早已是全球性共识。基于人民主权理论而产生的权力制约和监督要求成为权力运行透明化的驱动力。从政府信息公开到司法信息公开，权力运行透明化成为不可阻挡的时代浪潮。但是，关于审判权运行透明化特别是裁判结果透明化的法学研究尚显薄弱，存在以下局限性。

1. 研究未形成体系化

“体系化一直被视为科学和理性之标志，在多个知识领域彰显其重要价值，其对于知识的掌握和利用发挥着特殊功能：借其可以实现对以往知识的鸟瞰和更好掌握；可以科学地思考或处理问题，并验证在思考或处理问题中所取得的知识。”① 就裁判结果透明化这一课题，目前的研究成果均是从某一程序或某一机制的角度论证裁判结果如何实现透明化，如诉讼程序角度的公开宣判、司法公开角度的裁判文书公开，均属于特定问题的研究，散见于不同专题之中，尚未以体系化方式研究裁判结果透明化问题，也没有以抽象化思维归纳裁判结果透明化的进路，更没有系统化反思裁判结果透明化过程中存在的共性问题。

2. 研究角度分散

已有的关于裁判结果的法学研究，从透明化视角进行研究的理论成果

---

① 舒国滢、王夏昊：《法学方法论问题研究》，中国政法大学出版社2007年版，第432～433页。

并不多，并呈现出研究视角分散的特点，主要表现在两个方面。一方面，研究内容专业方向上的分散性，研究议题分布于法理学、司法学、诉讼法学、新闻传播学等。关注的具体问题包括当庭宣判、裁判文书公开、裁判说理、隐私权、个人信息权、司法公信力、犯罪记录、司法与媒体关系等。专业方向上的分散性研究，在一定程度上抓住了裁判结果透明化的核心并针对司法实践解决实际问题，但由于没能将裁判结果透明化作为一个整体概念，分化细致的专业性研究导致了其在理论抽象化归纳方面的短视和普遍化应用方面的矛盾。另一方面，研究主题"法的运行阶段"的分散性，研究内容分散于立法、司法、法律职业等方面。现有研究关注立法中的公开宣判制度、裁判文书申请查阅制度，司法中的程序公开、程序公正与实体公正、审判权运行机制、审判管理等，法律职业中的法官素质、司法能力等。这些研究大都从各自的视角切入，并未将裁判结果透明化作为贯穿其中的目的价值去研究。裁判结果的作出并使之透明化，正是立法、司法运作所要实现的效果，法的制定是裁判结果作出的规定前提，法的实施是裁判结果作出的程序规则，法律职业是裁判结果作出的智力保障，围绕裁判结果透明化的法的运行的各方面研究，应当整合成为有机统一的理论体系。

3. 研究成果欠缺本土化

我国裁判结果透明化制度模式，多是法律移植的结果。因不同法律制度所生长的文化传统土壤不同，有些法律制度在引入并实施之后出现了较为严重的权利冲突现象。例如，裁判文书通过互联网公开，虽对域外有关制度进行了一定研究，但局限于介绍制度架构，未将制度所关联的内在各因素进行深入研究。作为一个有着五千年文明传统的国家，在中华文化传统观念中，家庭是社会的基本细胞，其外由法律规范、其内由伦理维系，若贸然将涉及家庭关系的离婚、扶养、抚养、继承等案件的裁判文书公之于众，使本处于私人领域的事务贸然进入公共领域，民众不仅不适应，甚至引发反感和惶惑。因此，契合我国特有的实践环境，将理论研究、制度设计建基于我国基本国情，是裁判结果透明化制度体系研究的应然方向。

三、研究的基本思路和方法

（一）研究的基本思路和框架

本书以“裁判结果”为基石概念，以“透明化”为核心概念，采取权利本位研究范式，以“权利”为逻辑起点和贯穿主线，首先回答“裁判结果为什么应当透明化”的理论问题，再回答“如何实现透明化”的制度和机制的审视反思、改革完善和创新建构问题。

1. 概念界定

（1）裁判结果

裁判结果，是指法院行使宪法赋予的审判权，在对案件事实进行客观认识和逻辑论证的基础上，适用法律，对案件的实体问题和程序问题作出的权威性判定或确认。

裁判结果有三个方面的特点：一是裁判结果作出主体是法院，是法院依法独立行使审判权的履职结果；二是裁判结果具有终局性，是法院经过法庭调查、法庭辩论、最后陈述等诉讼程序之后最终作出的终局性判定，使处于争议、变动或受损的社会关系通过裁判的调整重新处于确定状态；三是裁判结果对社会具有普遍的约束力，任何人非经法定程序都不得推翻裁判结果确定的事实和法律关系。

（2）透明化

透明，本义是指物质透过光线的效果。将其应用于权力运行公开，“透明”则是指权力运行被公众目光看透的效果，也就是权力运行被公众知悉并理解的效果。本书中，裁判结果透明主要指裁判结果被当事人和社会公众知悉和理解的效果。

对于公开与透明化的关系，笔者归纳了三个方面。

第一，公开是行为，透明化是结果。公开是权力行使主体将权力运行的过程和结果对其以外的主体实施的开示、展示、宣告、通告、播报等行为，其公开行为的目的是权力运行透明化。

第二，公开是内部视角，透明化是外部视角。公开是政治国家从其权力运行内部向外部的信息推送和告知，透明化是公民社会从权力运行的外部向其内部的信息探寻和获取。

第三，从权力和义务的关系看，知情是权利，公开是义务，透明化是权利和义务所共同指向的客体的效果。

2. 本书的逻辑架构

论题的展开，以人民主权理论为理论前提。法国伟大的启蒙思想家卢梭（法语：Jean-Jacques Rousseau，1712～1778 年）在《社会契约论》中提出“主权在民”的主张，已被绝大多数国家的宪法或宪法性法律文件所确认，并规定为人民主权原则。立法权、行政权和司法权源于人民的授予，因此权力不是至高无上的，需要面向人民公开权力运行的过程和结果，接受人民的监督。在此理论背景下，本书选取权力运行结果的透明化作为研究领域，选取司法权作为研究方向，专题研究审判权运行结果——裁判结果的透明化问题。

本书从总体上分为两篇，上篇为透明化的推进：理论基础与实践进路；下篇为透明化的限制：权力冲突与价值平衡。

上篇主要研究为什么要推进裁判结果透明化和如何推进裁判结果透明化。第一章，以“权利”为逻辑起点，分别从当事人的诉讼权利维度和社会公众的民主权利维度对裁判结果透明化的理论基础进行研究。从诉讼权利维度，当事人基于诉讼知情权和诉讼参与权要求裁判结果透明化；从民主权利维度，沿着权利基础、制度渊源、目的价值、基本功能四个向度论证裁判结果透明化的理论基础。第二章至第四章，分别研究裁判结果透明化的应然和实然的实践进路：行为层面——裁判结果宣告公开，文本层面——裁判文书公开，数据层面——裁判结果数据公开，理由层面——裁判结果证成理由公开。本书进行了历史现象梳理、实施现状分析、制度规范审视和理论模型建构，指出法律制度实施中的问题，并提出制度建构和机制完善的建议。

下篇主要研究裁判结果透明化的限制问题。坚持问题导向，认真反思具体司法实践存在的问题，为司法实践设计科学而规范的制度。通过对司法实践当中公开与保密之间博弈的梳理和分析，对包括私法意义上的隐私权、个人信息权、商业秘密专有权和公法意义上的公民知情权、未成年人权益、公共利益等进行了系统深入分析。以裁判结果透明化法理为基础，提出国家秘密、商业秘密、个人隐私、个人信息、未成年人权益与知情权、公共利益、新闻自由等权利冲突和价值重叠之下的裁判结果透明化规则，并归纳提炼为一套完整的规则体系，为制度完善奠定理论基础。

（二）研究方法

1. 实证分析的研究方法

实证分析，即以可以观察和描述的事实来概括和检验概念、理论、机制、制度，主要采取社会调查、资料统计、定量分析、历史考察等方法，以经验观察作为理论或普遍性规律成立的检验标准。本书以历史资料、法律文本、调查结论、管理文件、司法数据等真实的信息资料为实证分析的基础素材，分析得出客观真实的现行裁判结果透明化制度和机制的实施效果，挖掘其背后的物质基础、文化观念、精神理念等不同层面的原因，进一步提出制度建构和机制完善的可行性建议。

2. 价值分析的研究方法

价值分析，是对客体与主体之间的价值关系的认知和评价。“法学中的价值分析，就是要揭示出人与法之间需要和满足的对应关系，阐明特定的法律制度对于人们的积极意义（正价值）或者消极意义（负价值），提出评价现实法律秩序的价值标准，并在此基础上建立新的法律价值目标。”[①] “对法律进行价值分析本身是手段而不是目的，我们的目的是通过对法的价值分析正确地进行价值选择。”[②] 本书在分析国家秘密、商业秘密、个人隐私、个人信息、未成年人权益和知情权、公共利益、新闻自由等权利和价值处于同一四维空间时，其所产生的不可避免的矛盾冲突需要被化解、平衡和抉择，主要运用价值分析的研究方法，对各种价值进行价值认知和价值评价，进而将价值分析转化为价值选择，区分出不同情形下的首要价值与次要价值，从而形成不同情形下的裁判结果透明化规则，构成完整的规则体系。

3. 比较分析的研究方法

比较分析，是对多个法律秩序的比较考察，包括对外国法律与本国法律、区域间的法律制度（如中国大陆、台湾地区、香港特别行政区、澳门特别行政区之间的法律制度）的研究。比较分析是比较法学的一般研究方法，比较法学“是以本国法为考察论证对象，外国法为比较研究对象，普遍法为发现立论对象”。[③] 本书以我国国内法关于裁判结果透明化的制度规范为考察对象，以各国或各区域性法律制度中裁判结果透明化的制度为比较研究对象，通过比较分析不同法域的制度与实践，通过对域外法律制度中保护国家秘密、商业秘密、个人隐私、个人信息、未成年人权益有关法律规范的比较与借鉴，以期建构我国更加科学合理的裁判结果透明化制度体系。

4. 法经济学的研究方法

法经济学是将经济学的研究方法与法学理论结合起来，为分析和评价

---

① 张文显、姚建宗：《略论法学研究中的价值分析方法》，载《法学评论》1991 年第 5 期。

② 同上。

③ 米健：《比较法导论》，商务印书馆 2013 年版，第 11 页。

法律制度提供外部性理论，其对法律制度进行定量分析，并设计增加法律制度效益的改革方案。本书在论述裁判结果证成理由公开问题中，将法经济学的公共选择理论应用于司法领域，一是把法官个体引入研究视域，二是把法官审判行为看作法官在一定约束条件下理性选择的结果，进而分析裁判结果证成理由公开的功能和作用。本书还在分析个人隐私权与公民知情权的权利冲突中，借鉴法经济学的利益衡量分析方法，来解决权利冲突中的抉择问题。

5. 规范法学的研究方法

规范法学的研究方法，是以法律规范为研究对象的方法。“关注法律规范的建构和立法的完善，将构建良法美制作为研究的归宿；注重法律规范内部的逻辑演绎和规范分析，强调成文法体系结构的完整性；追求法律规范的有效实施，注重从立法完善的角度解决法律实践中的问题……”① 本书采取规范法学的研究方法，通过梳理法律规范，对我国现行裁判结果透明化制度进行审视，评价制度实施效果，揭示制度运行规律，分析制度固有缺陷，进而创新性地提出制度建构和机制完善的理论设想，以期解决司法透明的实践进路问题。

---

① 陈瑞华:《法学研究方法的若干反思》，载《中外法学》2015 年第 1 期。

上　篇

透明化的推进：法理基础与实践进路

本篇以透明化的推进为主线，首先论证裁判结果透明化的法理基础，进而研究裁判结果透明化的应然和实然的实践进路：行为层面——裁判结果宣告公开，文本层面——裁判文书公开，数据层面——裁判结果数据公开，理由层面——裁判结果证成理由公开。尊重司法实践，理性认识具体实践活动的特殊性，为立法和司法实践提供合适而恰当的理论模型。

第一章　裁判结果透明化的法理基础

本章以“权利”为逻辑起点研究裁判结果透明化，可以发现两个相对清晰的维度：一是诉讼权利维度，二是民主权利维度。当事人基于诉讼权利而要求裁判结果透明化，社会公众基于民主权利而要求裁判结果透明化。

第一节　裁判结果透明化的诉讼权利维度

作为基本的诉讼法律概念，“当事人”一词是20世纪初清末制定《大清民律草案》过程中从日本法学引进我国的法律词汇。当事人，是指以自己的名义进行诉讼，与案件有直接利害关系且受法院裁判拘束的诉讼主体。

在刑事诉讼中，当事人是指被害人、自诉人、犯罪嫌疑人、被告人、附带民事诉讼的原告人和被告人。① 在民事和行政诉讼中，根据诉讼地位不同，当事人分为原告、被告和第三人。在不同的诉讼阶段，当事人的称谓随之发生变化，② 称谓不同意味着享有的诉讼权利和承担的诉讼义务也随之不同，但对裁判结果透明化的需求是相同的。

一、当事人基于诉讼知情权要求裁判结果透明化

（一）当事人诉讼知情权概述

当事人诉讼知情权，是指当事人在诉讼过程中享有的知悉诉讼过程并从司法机关、其他诉讼参与人③处寻求、获取、接受诉讼信息资料的权利。在权利内容上，包含两个层面：第一层面是当事人对其诉讼权利和义务的知情；第二层面是当事人对有关诉讼的各阶段进展情况的知情。在权利维度上，包括两个维度：第一个维度是纵向上当事人从司法机关获取诉讼信

---

① 《刑事诉讼法》（2018 年修正）第 108 条第 1 款第 2 项规定："'当事人'是指被害人、自诉人、犯罪嫌疑人、被告人、附带民事诉讼的原告人和被告人。"被害人，是指人身、财产或其他合法权益遭受犯罪行为直接侵害的人。自诉人，是指自诉案件中，以个人的名义直接向人民法院提起诉讼，要求追究被告人刑事责任的人。犯罪嫌疑人，是在侦查和审查起诉阶段，被认为涉嫌犯罪，并被侦查机关立案侦查，并继而被检察机关审查起诉的人。被告人，是指被有起诉权的公民或机关指控犯有某种罪行，并被起诉到人民法院要求追究其刑事责任的人。附带民事诉讼的原告人，是指在刑事诉讼中，因被告人的犯罪行为遭受物质损失，并在刑事诉讼过程中提出赔偿请求的人。附带民事诉讼的被告人，是指对犯罪行为造成的物质损失依法负有赔偿责任，并被公安司法机关传唤应诉的人。参见陈光中主编：《刑事诉讼法》，北京大学出版社、高等教育出版社 2009 年版，第 74 页。

② 在不同的民事诉讼阶段，当事人的称谓会随之发生变化。在一审程序中的称谓是原告、被告、第三人；在二审程序中的称谓是上诉人、被上诉人，未上诉、也未被上诉的一审原告、被告、第三人，称为原审原告、原审被告、原审第三人；在申诉审查程序中的称谓是再审申请人、被申请人，未申请再审、亦非被申请人的上诉人、被上诉人称为二审上诉人、二审被上诉人；其他程序不再列举。

③ 诉讼参与人，是指除国家司法机关工作人员外，参与到诉讼活动中的所有人员。在民事诉讼中，诉讼参与人包括当事人、法定代理人、诉讼代理人、证人、鉴定人、勘验人、翻译人员和"有专门知识的人"。在刑事诉讼中，诉讼参与人是指当事人、法定代理人、诉讼代理人、辩护人、证人、鉴定人和翻译人员。在行政诉讼中，诉讼参与人包括当事人、法定代理人、诉讼代理人、证人、鉴定人、勘验人和翻译人员。

息资料的权利；第二个维度是横向上当事人从其他诉讼参与人处获取诉讼信息资料的权利。

当事人诉讼知情权根源于当事人参与诉讼解决纠纷的需求。“从权利的产生来看，任何一项权利都根源于社会主体的某种生活需求。当此项需求所产生的某种法益有必要由国家以法律权利的形式将其确认、固定下来以资满足和加以保护的时候，该项需求便有可能转化成相应的权利。”① 通过诉讼方式解决纠纷的当事人，需要了解诉讼进程以便有效地参与诉讼，需要获取诉讼信息以便有针对性地提出对自己有利的证据或辩驳，更需要了解裁判结果以确定权利的享有、义务的负担或责任的承担。以民事诉讼中被告的知情权为例，法院有义务将原告提交的诉状、证据等材料以及法院制作的传票、举证通知书、裁判文书等材料送达给被告，以保障被告的知情权，避免诉讼权利被剥夺。裁判结果透明化，首先建基于当事人诉讼权利体系中的诉讼知情权。

当事人诉讼知情权是绝对权。一方面，当事人对诉讼过程的知情具有绝对性。即使证据涉及国家秘密、商业秘密和个人隐私，当事人也有权要求向其出示并进行质证，否则不能作为定案的依据。但是，涉及国家秘密、商业秘密和个人隐私的证据是不得对社会公众公开的，即不能在公开开庭时出示并质证，各国诉讼法律制度均作出相应规定。另一方面，当事人对裁判结果的知情亦具有绝对性。即使是涉及国家秘密、商业秘密和个人隐私内容的判决书、裁定书、调解书，当事人也有权接受宣判、接受送达和要求查阅。而此类裁判文书按照法律规定是不能向社会公众公开的。各国诉讼法律制度一般也都作出相关规定。对于当事人而言，对诉讼过程和裁判结果的知悉和了解没有例外可言。

---

① 黄娟:《论民事诉讼中当事人的“知情权”》，载《法学评论》2004 年第 1 期。

（二）裁判结果是当事人诉讼知情权的客体

当事人诉讼知情权对应的是司法机关的告知义务。权利和义务所共同指向的对象，即为权利义务的客体。当事人诉讼知情权的客体，包括诉讼权利和义务，诉讼过程和裁判结果以及其他诉讼信息资料。

1. 裁判结果向当事人公开的三个维度

（1）裁判结果向当事人公开的时间维度。裁判结果作出后，根据审判权运行机制，由具有法定权限的法官签署后，始能向当事人宣判或送达，裁判结果始能向当事人公开。若宣判或送达前向当事人公开裁判结果，则属于纪律规范上“泄露审判工作秘密”的行为。

（2）裁判结果向当事人公开的方式维度。公开方式可归纳为三类：一是向当事人宣告裁判结果；二是向当事人送达裁判文书文本；三是就裁判理由向当事人释明，例如，在美国，所有的法院意见（the opinion of the Cour）都必须向当事人公开，不仅公开法官的多数意见及理由，也公开法官的少数意见及理由。

（3）裁判结果向当事人公开的效力维度。裁判结果只有被当事人知悉，裁判才具备发生法律效力的前提条件。裁判结果向当事人宣告或裁判文书向当事人送达后，当事人知悉裁判结果是裁判发生法律效力的必要条件。

2. 裁判依据应向当事人公开

一方面，据以作出裁判的规范性法律文件应当是正式实施的。在我国，裁判依据包括：第一，刑事裁判所依据的法律、法律解释或者司法解释；①

① 最高人民法院《关于裁判文书引用法律、法规等规范性法律文件的规定》（法释〔2009〕14 号）第 3 条规定：“刑事裁判文书应当引用法律、法律解释或者司法解释。刑事附带民事诉讼裁判文书引用规范性法律文件，同时适用本规定第四条规定。”

第二，民事裁判所依据的法律、法律解释或者司法解释，以及应当适用的行政法规、地方性法规或者自治条例和单行条例；① 第三，行政裁判所依据的法律、法律解释、行政法规或者司法解释，以及应当适用的地方性法规、自治条例和单行条例、国务院或者国务院授权的部门公布的行政法规解释或者行政规章。② 如果作为裁判依据的司法解释，不向社会公开，则将侵害当事人的诉讼知情权。裁判依据应原文引用于裁判文书当中，不得删减，从而使接收裁判文书的当事人和查阅裁判文书的社会公众能够知晓法律依据与案件事实的适用性。我国最高人民法院要求，“人民法院的裁判文书应当依法引用相关法律、法规等规范性法律文件作为裁判依据。引用时应当准确完整写明规范性法律文件的名称、条款序号，需要引用具体条文的，应当整条引用”。③

另一方面，论证裁判理由的论据，应当能够被当事人所知悉。在我国，论证裁判理由的论据包括：第一，最高人民法院发布的指导性案例；第二，最高人民法院发布的非司法解释类审判业务规范性文件；第三，公理、情理、经验法则、交易惯例、民间规约、职业伦理；第四，立法说明等立法材料；第五，采取历史、体系、比较等法律解释方法时使用的材料；第六，法理及通行学术观点；第七，与法律、司法解释等规范性法律

① 最高人民法院《关于裁判文书引用法律、法规等规范性法律文件的规定》（法释〔2009〕14号）第4条规定：“民事裁判文书应当引用法律、法律解释或者司法解释。对于应当适用的行政法规、地方性法规或者自治条例和单行条例，可以直接引用。”

② 最高人民法院《关于裁判文书引用法律、法规等规范性法律文件的规定》（法释〔2009〕14号）第5条规定：“行政裁判文书应当引用法律、法律解释、行政法规或者司法解释。对于应当适用的地方性法规、自治条例和单行条例、国务院或者国务院授权的部门公布的行政法规解释或者行政规章，可以直接引用。”

③ 最高人民法院《关于裁判文书引用法律、法规等规范性法律文件的规定》（法释〔2009〕14号）第1条规定：“人民法院的裁判文书应当依法引用相关法律、法规等规范性法律文件作为裁判依据。引用时应当准确完整写明规范性法律文件的名称、条款序号，需要引用具体条文的，应当整条引用。”

文件不相冲突的其他论据。[①] 地方各级法院关于审判工作的指导性文件、会议纪要、各审判业务庭的答复意见以及人民法院与有关部门联合下发的文件不能直接引用为裁判依据，但其体现的原则和精神可以作为裁判结果证成理由予以阐述，因此也需要向当事人公开。

二、当事人基于诉讼参与权要求裁判结果透明化

（一）当事人诉讼参与权概述

当事人诉讼参与权，是指当事人在诉讼各阶段参与诉讼活动、发表主张或意见的权利，从而使其诉讼行为对诉讼进程和结果产生影响。

从程序上看，当事人应享有诉讼各阶段的程序参与权。如在刑事诉讼中的侦查阶段、起诉阶段、审判阶段、执行阶段，当事人均应享有程序参与权。以“被害人”的诉讼参与权为例，其在执行阶段的程序参与权也应得到保障。“英国、美国有关被害人权利的立法，都规定了在任何释放被告人的程序中被害人的参与权。而在我国刑事诉讼中，在决定是否监外执行、减刑、假释的程序中，被害人没有任何形式的参与权，被害人成了执行阶段的‘被遗忘的人’。”[②]

从实体上看，当事人应享有参与诉讼并发表主张或意见的权利。如在民事诉讼中，除法定缺席审理的情形外，当事人应参加法庭审理，将证据

① 最高人民法院《关于加强和规范裁判文书释法说理的指导意见》（法发〔2018〕10 号）第 13 条规定：“除依据法律法规、司法解释的规定外，法官可以运用下列论据论证裁判理由，以提高裁判结论的正当性和可接受性：最高人民法院发布的指导性案例；最高人民法院发布的非司法解释类审判业务规范性文件；公理、情理、经验法则、交易惯例、民间规约、职业伦理；立法说明等立法材料；采取历史、体系、比较等法律解释方法时使用的材料；法理及通行学术观点；与法律、司法解释等规范性法律文件不相冲突的其他论据。”

② 高长见、高兵：《刑事诉讼法修改应加强被害人的诉讼参与权》，载《法治论丛》（上海政法学院学报）2009 年第 1 期。

出示在法庭、质证在法庭、辩论在法庭，充分陈述自己的主张或辩驳，表达调解的意愿及条件，实质性参与纠纷解决。法院则负有保障当事人参加庭审的义务，须按照法定程序向各方当事人送达传票；对确有困难出席庭审的当事人，法院应开展巡回审理，就地办案。近年来，我国法院积极搭建在线诉讼平台，推行在线诉讼，当事人可足不出户在线开庭，充分保障了当事人诉讼参与权。

（二）裁判结果是当事人诉讼参与权的客体

当事人启动诉讼程序，以期通过公权力救济获得公正的结果。以“被害人”为例，在公诉案件中，被害人通过提出控告或对检察机关不起诉决定提出申诉等方式，启动刑事诉讼程序；在自诉案件中，被害人通过到法院起诉，启动刑事诉讼程序。被害人启动诉讼程序，旨在通过公力救济途径，请求获得惩罚犯罪并赔偿损失的裁判结果。

当事人通过参与诉讼有效地影响裁判结果。当事人在诉讼各阶段，充分发表自己的意见，提出证据证明自己的主张，对裁判结果的最终生成产生必要性影响。当事人诉讼参与权的行使，限制了司法职权主义的扩张，约束和制衡了法官自由裁量权，对裁判结果形成过程的透明化具有重要作用。

第二节　裁判结果透明化的民主权利维度

权力运行透明化是民主国家蓬勃生机的根源，不论权力行使者对这一原则的坚持如何，这都是一个恒久不变的真理。从形式上看，权力运行透明化是一种程序、一种机制、一种手段；从实质上看，权力运行透明化意味着自由、平等和最高的善。审判权运行透明化所蕴含的裁判结果透明化是公民知情权的本质要求，是公开审判的内生需要，是促进公正的价值目标，是审判权制约和监督的必经路径。

一、权利基础：公民知情权的本质要求

公民知情对民主国家的价值所依据的政治哲学有着百年历史，而知情权则是在20世纪中叶才提出的。

（一）知情权概述

知情权最早是由美国新闻业者提出的。“二战”时期及战后，美国政府严格控制新闻信息传播，激起各界人士特别是新闻界的不满。1945年1月，美联社执行董事肯特·库珀（Kent Copper，1880～1965年）在一次讲演中表达了对信息的普遍性需求和权利意识，提出“知情权”一词，“呼吁政府尊重公民的知情权，让公民知道其应该知道的信息，政府应保证公民在最大范围内享有获取信息的权利，并且建议将其推升为一种宪法权利”。[①] 随后，美国联邦逐步建立了信息公开制度对知情权予以保障。

为保障知情权而建立的信息公开制度，起源于美国1946年《行政程序法》（Administrative Procedure Act of 1946），信息公开制度作为这部法律的一部分即第3节，得到初步确立。1966年，美国对《行政程序法》第3节进行修订，继受了大部分内容，形成并通过了编号为Pub. Law 89－487的法案——约定俗成称为“信息自由法”（不是一部单行法，而是《行政程序法》的一部分）。“1967年3月14日，美国国会通过了Pub. Law 90－23号法案，将1966年通过的、编号为Pub. Law 89－487的法案作了一些文字和格式上的调整后，编入《美国法典》第5编第5

① 李国际、夏雨：《知情权的宪法保护》，载《江西社会科学》2007年第2期。

章第552节。”[①] 目前，当人们一般意义上指称美国“信息自由法”时，指的就是第552节的内容。信息自由法“是美国联邦信息公开制度的主体内容，确立了任何人都可以向联邦行政机关申请获得特定信息的法定权利，并为这种权利确立了司法救济程序作为保障。这是美国历史上、也是世界各国历史上首次在法律上确立的、可以诉诸法院的具体化的知情权。此前，知情权还只是作为一种宽泛的政治权利而存在，没有在具体的法律中得到确认，无法被具体的个人向具体的政府部门加以主张，更无法诉诸法院”。[②]

此后，知情权逐步被各国立法所确认。德国1949年《基本法》、瑞典1975年《宪法条例》、葡萄牙1976年《宪法》、澳大利亚1982年《情报自由法》等均明确规定了公民享有“知情权”。目前，全世界有70多个国家和地区通过宪法、法律、法规来保障公民的知情权，改善国家机关的信息发布，使公民更便捷地获得国家机关所持有的信息。

我国对知情权的保护寓于宪法的人权保障之中。宪法赋予公民言论自由的权利，虽未写明“知情权”，但知情作为言论自由的前提，寓于其中。1949年9月29日中国人民政治协商会议第一届全体会议通过了起临时宪法作用的《中国人民政治协商会议共同纲领》，规定中华人民共和国人民有言论自由权。1954年《宪法》第87条明确规定，公民有“言论”等自由，国家供给必需的物质上的便利，以保证公民享受这些自由。此后，1975年《宪法》第28条、1978年《宪法》第45条、1980年《宪法》第45条、1982年《宪法》第35条均规定公民有言论的自由。[③] 2004年宪法

---

① 后向东：《信息公开期限规定比较研究——基于对美国〈信息自由法〉的考察》，载《中国行政管理》2014年第2期。

② 后向东：《美国联邦信息公开制度研究》，中国法制出版社2014年版，第17页；后向东：《信息公开期限规定比较研究——基于对美国〈信息自由法〉的考察》，载《中国行政管理》2014年第2期。

③ 1982年《宪法》历经1988年、1993年、1999年、2004年和2018年五次修正，对言论自由的宪法性保护的条款内容和顺序始终未变。

修正案，在《宪法》第2章“公民的基本权利和义务”中增加了“国家尊重和保障人权”的总原则，更是将知情权保护涵盖于人权保障之中。

我国执政党的中央文献明确提出保障“知情权”。中共十七大报告指出，“人民当家作主是社会主义民主政治的本质和核心。要健全民主制度，丰富民主形式，拓宽民主渠道，依法实行民主选举、民主决策、民主管理、民主监督，保障人民的知情权、参与权、表达权、监督权”。① 中共十八大报告强调，“保障人民知情权、参与权、表达权、监督权，是权力正确运行的重要保证”。② 中共十九大报告从“坚持党的领导、人民当家作主、依法治国有机统一”③ 的政治高度，阐述了“维护国家法制统一、尊严、权威，加强人权法治保障，保证人民依法享有广泛权利和自由。巩固基层政权，完善基层民主制度，保障人民知情权、参与权、表达权、监督权。健全依法决策机制，构建决策科学、执行坚决、监督有力的权力运行机制”。④

（二）知情权实现需要裁判结果透明化

“在民主社会里，知情权是一项基本权利，公众应当知晓政府在做什么，为什么要这样做。”⑤ “所谓知情权，就是公民对于国家的重要决策、政府的重要事务以及社会上当前发生的与公民权利和利益密切相关的重大

---

① 胡锦涛：《高举中国特色社会主义伟大旗帜　为夺取全面建设小康社会新胜利而奋斗——在中国共产党第十七次全国代表大会上的报告（2007年10月15日）》，载《人民日报》2007年10月25日，第1版。

② 胡锦涛：《坚定不移沿着中国特色社会主义道路前进　为全面建成小康社会而奋斗——在中国共产党第十八次全国代表大会上的报告（2012年11月8日）》，载《人民日报》2012年11月18日，第1版。

③ 习近平：《决胜全面建成小康社会　夺取新时代中国特色社会主义伟大胜利——在中国共产党第十九次全国代表大会上的报告（2017年10月18日）》，载《人民日报》2017年10月28日，第1版。

④ 同上。

⑤ ［美］斯蒂格利茨：《自由、知情权和公共话语——透明化在公共生活中的作用》，宋华琳译，载《环球法律评论》2002年秋季号。

事件，有及时、准确地了解和知悉的权利。"① 本书赞成这一观点，认为公民知情权为公民的基本政治权利，无论其是从"言论自由"引申出来的，还是通过宪法直接确认的，仅是权利的位阶不同，并不影响其宪法性权利的性质。②

知情权的权利基础是人民主权原则。根据现代民主政治理论，国家权力源于人民的授权。"民主政治是权利决定权力、权利制约权力的政治。在民主政治下，国家的政治权力一方面来自人民，人民（作为整体）是权力的源泉；另一方面又被分解为公民（作为个体）的政治权利。这一'分解'是保证国家权力依法运行、实现依法治国的重大发明。民主政治通过把国家权力分解为公民的基本政治权利，赋予公民参政的资格和机会，把政治变成绝大多数人的事务，从而克服了专制政治的弊端。"③ 公民参与权和监督权的行使，要以对权力运行相关信息的了解为前提，在民主政治条件下，公民应当享有作为基本政治权利的知情权。

在民主法治国家，公民参与国家政治生活的前提是能够全面知悉和充分获取有关经济、政治及社会发展状况的信息，在信息充足的基础上进行全面思考、作出理性判断、发表正确言论，实现真正意义上的参政议政。

---

① ［美］斯蒂格利茨：《自由、知情权和公共话语——透明化在公共生活中的作用》，宋华琳译，载《环球法律评论》2002年秋季号。

② 随着社会的发展进步，人们对知情权内涵和外延的理解也在发生变化，学者往往从"知的权利"视角拓展知情权的内涵和外延。我国学者张新宝认为："知情权是公民对于和自己有关的事务（如自己的档案材料）或有兴趣的事务（如社会新闻）以及公共事务接近和了解的权利。"参见张新宝：《隐私权的法律保护》，群众出版社2004年版，第91页。我国学者谢鹏程认为知情权是"公民获取有关社会公众领域信息以及与本人相关信息的权利，具体包括政府知情权、司法知情权、社会知情权和个人知情权"。参见谢鹏程：《公民的基本权利》，中国社会科学出版社1999年版，第263页。还有学者认为，"知情权是一种兼有公权利和私权利属性的复合性权利。公权利和私权利是对公民个人权利进行的一种划分，它可以分为两类：一类是公民个人对公共事物参与的权利，称为'公权利'；另一类是由个人独自享有的权利，称为'私权利'"。参见李国际、夏雨：《知情权的宪法保护》，载《江西社会科学》2007年第2期。限于本书篇幅，不再列举其他学者对知情权的理解和认识。

③ 张文显：《构建社会主义和谐社会的法律机制》，载《中国法学》2006年第1期。

公民对国家立法机关、行政机关、司法机关及其工作人员的监督，首先是能够了解权力清单、工作程序、职责范围等信息，否则监督权就无的放矢，批评、意见和建议更是无源之水、无本之木。公民有权依照法律表达自己对于国家公共生活的看法，知情更是表达自由的逻辑前提。在信息不对称的情况下，公民对国家机关及其工作人员以评议方式表达的观点、表明的态度，难免缺乏客观性和公正性。

具体而言，知情权包括信息接受的权利和信息获取的权利。知情权的主体是公民，客体是信息资源。国家权力——立法权、行政权、司法权的运行所形成的信息，是公民知情权客体的主要内容。包括立法、行政、司法在内的国家机关信息公开，是公民知情权的必然要求，更是推进法治国家建设的重要措施。裁判结果是司法活动的最终结果，是审判权运行各环节中的重要环节，是公民知情权客体必然包含的范畴。裁判结果的透明化，为公民知情权在司法权运行领域的实现提供了可行性途径。

裁判结果的充分公开，对于人们从经验主义的角度判断行为的合法性、衡量违法成本、作出相对正确的行为选择是非常重要的。“正如苏格拉底指出的：无人故意犯错。如果人们能够了解某一问题的相关知识和信息，显然就更有可能知道什么是比较好的，至少比盲目选择或者被蒙蔽情况下的选择要更可靠一些。”①

二、制度渊源：公开审判的必要内核

马克思主义告诉我们，“历史从哪里开始，思想进程也应当从哪里开始，而思想进程的进一步发展不过是历史过程在抽象的、理论上前后一贯的形式上的反映”。② 研究裁判结果透明化，揭示其内涵和外延，结构和功

---

① 赵汀阳：《民主的最小伤害原则和最大兼容原则》，载《哲学研究》2009 年第 1 期。

② 《马克思恩格斯选集》（第 2 卷），人民出版社 1995 年版，第 43 页。

能，规律和发展，不能抽象地脱离历史去研究，必须将理论的起点建立在历史的基础上。

纵观司法文明史，人类自发性的公共生活方式，孕育了最古老也最具生命力的司法传统。古罗马时期的民众大会（相继为库里亚大会①、森都里亚大会②、特里布斯会议③）是集体议事审判的权力机关，审理案件时采取集会式审理、一权一票表决决定案件结果模式，这种以民主方式公开解决纠纷的形式虽然是古罗马公共生活的一种方式，但其孕育并形成了公开审判的雏形。随着罗马法的发展，“据史料记载，当时已经采取了先进的言词原则和公开审判原则，在双方当事人都在场的情况下才开始审理，当事人可以为自己的权力进行申辩，并可以聘请辩护人，最后才由法官依照

---

① 库里亚大会（Comitia Curiata），传说起源于第一任罗马王罗慕路斯（Romulus，约公元前771～前717年）时期。相传古罗马有300个氏族，每10个氏族组成1个胞族，称库里亚。库里亚大会就是由各胞族的代表组成的公民大会。会议由王召集，限于氏族成年男子参加，以库里亚为单位，分组议事，大会表决，一个库里亚一票表决权。大会有权宣布战争，选举包括王在内的高级官吏，通过或否决法令及审理重大案件。塞尔维乌斯·图利乌斯改革后，其为森图里亚大会实际所取代。参见［意］朱塞佩·格罗索：《罗马法史》，黄风译，中国政法大学出版社2009年版，第25～27页。

② 森都里亚大会，又称百人团大会，约创建于公元前6世纪中期第六任罗马王塞尔维乌斯·图利乌斯改革之后。当时，公民按财产多寡划分为5个等级和等外无产者，各等级依军队方式组成不同数目的百人团，称为森图里亚，共计193个团。由于其军事形式，一般于罗马城外举行会议。森都里亚大会兼具有选举、立法和司法三种职能，如通过法令、决定战争与媾和、选举执政官、审理重大案件等，一个百人团一票表决权，事实上取代了库里亚大会的实权（在森都里亚大会成立之后，库里亚大会继续保持存在）。参见［意］弗朗切斯科·德·马尔蒂诺：《罗马政制史》（第1卷），薛军译，北京大学出版社2009年版，第339～350页。

③ 特里布斯会议，也称特里布大会，意译叫部落大会，最初的形式是部落会议（concilia tributa）公元前474年获得承认。起初决议仅平民参加，所以仅对平民有效，后来围绕其法律效力问题展开了长期的斗争，公元前449年《瓦列里乌斯—赫拉提乌斯法》（legge Valeria Orazia）颁布，其中规定：一切经特里布斯会议通过的事情应该对共同体有约束力（拉丁文原文为：ut quod tributim plebs iussisset populum teneret），后来公元前《布布里利和菲洛尼法》（legge publilia philonis）颁布，规定：平民会（plebiscita）决议应当约束所有罗马市民；公元前286年，《霍尔滕西法》颁布，规定：一切经人民通过的事情对全体罗马市民均具有约束力，至此特里布斯会议决议完全地取得了立法权。后来仿照了这个模式出现了全城邦的特里布斯大会，称为部落民众会议，而原来的会议，称为平民部落会议。参见周启迪：《世界上古史》，北京师范大学出版社1994年版，第296页。

罗马法进行裁判，并公开宣读判决全文，所有人都可以知悉这样的判决，并可以对其表示异议，这可以说是西方法制史中公开审判制度最早的应用”。[①] 在法庭上公开宣读判决，这是裁判结果透明化的最初方式，也是最基本的方式。公元前59年，罗马执政官恺撒（Gaius Julius Caesar，公元前102年~前44年）在其“上任后就是发布了古罗马的官方公报——《每日纪闻》”。《每日纪闻》的主要内容是每日元老院及民众大会的议事记录等，写在告示板（涂有石膏的木板）上，放在罗马议事厅外，供民众观看、了解和知悉，其公布的内容中就包括民众大会的裁判结果。[②] 这种官方公告方式，也成为裁判结果透明化的基本形式。

法谚云：在大多数国家中，法律秩序依赖于传统，与之不可分离。[③] 古罗马的集会式司法模式，随着古罗马疆域的不断扩张，随着罗马法对其疆土的管辖和治理以及罗马法自身的开放性和生命力，在历史沉淀中演化为一种特有的司法传统——民众可以自由进入法庭，并成为西方法律思想文化的固有观念。

（一）公开审判成为基本的人权保障机制

到了西方中世纪的封建时代，无论是宗教审判还是国王审判，都秘密进行，民众无从知悉案件审理情况，有时候甚至连当事人也不清楚。基于对中世纪秘密审判的反对，1764年，意大利法学家贝卡利亚（Cesare Bonesana Beccaria，1738~1794年）极力倡议对刑事审判制度进行理性主义和人道主义改革，其在《论犯罪与刑罚》中提出，“审判应当公开，犯罪的证据应当公开，以便使或许是社会唯一制约手段的舆论能够约束强力

---

① 倪寿明：《司法公开问题研究》，中国政法大学2011年博士学位论文，第20页。

② 参见杨华青：《〈每日纪闻〉文化史述略》，载《新闻研究导刊》2015年第11期；参见李磊磊：《欧洲近代报纸产生的环境因素分析》，载《中国出版》2011年第24期。

③ ［德］古斯塔夫·拉德布鲁赫：《法律智慧警句集》，舒国滢译，中国法制出版社2009年版，第32页。

和欲望”。[①] 18 世纪英国哲学家边沁（Jeremy Bentham，1748 ~ 1832 年）也提出，“在隐秘的黑暗中，形形色色的危险的利益和邪恶的力量为所欲为。只有在一定程度的公开下，针对审判不公正的任何监督检查才能有存在的空间。没有公开就没有正义。公开是正义的灵魂。公开是对反对审判不公正的努力的最强烈的鼓舞，也是防范不公正的最可靠的卫士。它使法官在审判时受到约束”。[②]

随着资产阶级革命的胜利，人权理念的蓬勃兴起，人们基于对公正审判的追求而要求公开审判。公开审判作为美国《权利法案》的一项基本权利，于 1791 年为美国《宪法》（Constitution of the United States）所确认，成为美国宪法第六修正案——“在所有刑事诉讼中，被告人有获得迅速、公开审判的权利，由犯罪所在州和地区的公正的陪审团裁决……”[③] 1806 年，法国在刑事诉讼法中首先确立了公开审判诉讼制度。法国《刑事诉讼法典》规定，“辩论应当公开进行，但公开对社会秩序或者道德风俗存有危害的除外。在此情况下，法庭应当作出裁决，当庭宣布。但是，审判长可以禁止未成年人或部分未成年人旁听。如果追诉的是对强奸罪和伴有性侵犯的酷刑和野蛮折磨罪，而受害当事人或其中之一要求秘密审理时，应当禁止旁听：在其他情况下，如果受害当事人或其中之一并不反对秘密审理，也可以禁止旁听。……对案件的实质判决，任何时候均应公开

---

① ［意］贝卡利亚：《论犯罪与刑罚》，黄风译，中国大百科全书出版社 1997 年版，第 20 页。

② “R. v. C. B. C. et al., 2013 ONCJ 164”，（CanLII）https://www.canlii.org/en/on/oncj/doc/2013/2013oncj164/2013oncj164.html?searchUrlHash=AAAAAQAUImluZm9ybWVkIGNpdGl6ZW5yeSIAAAAAAQ&resultIndex=9，March 30，2019.

③ Amendment VI The Constitution of the United States In all criminal prosecutions, the accused shall enjoy the right to a speedy and public trial, by an impartial jury of the State and district wherein the crime shall have been committed, which district shall have been previously ascertained by law, and to be informed of the nature and cause of the accusation; to be confronted with the witnesses against him; to have compulsory process for obtaining witnesses in his favor, and to have the Assistance of Counsel for his defence.

宣布”。[①] 这两项具有里程碑意义的立法，将公开审判确立为基本权利和作为获得公正审判的制度性手段，对世界各国产生了深远影响。

20 世纪的两次世界大战，对基本人权的侵犯，给世界各国人民烙下刻骨铭心的惨痛记忆。1948 年联合国大会通过第一个保护基本人权的《世界人权宣言》[②]，将“公开审判”专门形成独立条款予以强调，第 10 条规定，“人人完全平等地有权由一个独立而无偏袒的法庭进行公正的和公开的审判，以确定他的权利和义务并判定对他提出的任何刑事指控”。第 11 条第 1 款规定，“凡受刑事控告者，在未经获得辩护所需要的一切保证的公开审判而依法证实有罪以前，有权被视为无罪”。由此可见，公开审判权，正是人权的普遍性要求，其已超越了任何地域性、国别性的具体文化形态，是全人类共同的道德追求和价值选择。[③] 1966 年，联合国大会又通过了《公民权利和政治权利国际公约》，[④] 明文规定了公开审判原则，第 14 条第

---

① 《法国刑事诉讼法典》，余叔通、谢朝华译，中国政法大学出版社 1997 年版，第 123 页。

② 《世界人权宣言》是联合国大会于 1948 年 12 月 10 日通过（联合国大会第 217 号决议，A/RES/217）的一份旨在维护人类基本权利的文献。由于该文件是由联合国大会通过的，《世界人权宣言》并非强制的国际公约。宣言由 30 条确认个人权利的条款组成，这些条款虽然本身不具有法律约束力，但已在随后的国际条约、经济转让、区域人权文件、国家宪法和其他法律中加以阐述。See Universal Declaration of Human Rights（1948）by the United Nations General Assembly，https://en.wikisource.org/wiki/Universal_Declaration_of_Human_Rights，March 30，2019.

③ 参见徐显明主编：《人权法原理》，中国政法大学出版社 2008 年版，前言。

④ 《公民权利和政治权利国际公约》（以下简称《公约》）是联合国大会 1966 年 12 月 16 日第 2200A（XXI）号决议通过，并开放给各国签字、批准和加入。按照第 49 条的规定，于 1976 年 3 月 23 日生效。1998 年 10 月 5 日，时任中国常驻联合国代表秦华孙大使在联合国总部代表中国政府签署了《公约》，同时声明：台湾当局于 1967 年 10 月 5 日盗用中国名义对《公约》所作的签署是非法的和无效的。中国在恢复对香港、澳门行使主权前，英国和葡萄牙作为缔约国将《公约》延伸适用于香港、澳门。香港、澳门回归后，根据中国政府致联合国秘书长的照会、《中华人民共和国香港特别行政区基本法》和《中华人民共和国澳门特别行政区基本法》的相关规定，《公约》适用于香港的有关规定，通过香港特别行政区的法律予以实施；《公约》适用于澳门的有关规定，通过澳门特别行政区的法律予以实施。我国大陆地区目前正在为全国人大常委会履行批准《公约》的法律程序做各项准备工作。

1 款规定，“在判定对任何人提出的任何刑事指控或确定他在一件诉讼案中的权利和义务时，人人有资格由一个依法设立的合格的、独立的和无偏倚的法庭进行公正的和公开的审讯。由于民主社会中的道德的、公共秩序的或国家安全的理由，或当诉讼当事人的私生活的利益有此需要时，或在特殊情况下法庭认为公开审判会损害司法利益因而严格需要的限度下，可不使记者和公众出席全部或部分审判；但对刑事案件或法律诉讼的任何判决应公开宣布，除非少年的利益另有要求或者诉讼系有关儿童监护权的婚姻争端”。

饱受纳粹摧残之苦的欧洲，于 1950 年签署了《欧洲人权公约》,[①] 是世界上第一个区域性国际人权条约。将“公开审判”作为一项基本人权保障内容，第 6 条第 1 款规定，“在决定某人的公民权利和义务或者在决定对某人确定任何刑事罪名时，任何人有理由在合理的时间内受到依法设立的独立而公正的法院的公平且公开的审讯。判决应当公开宣布。但是，基于对民主社会中的道德、公共秩序或者国家安全的利益，以及对民主社会中的少年的利益或者是保护当事人的私生活权利的考虑，或者是法院认为，在特殊情况下，如果公开审讯将损害公平利益的话，可以拒绝记者和公众参与旁听全部或者部分审讯”。这一条款，特别强调了“判决应当公开宣布”，将裁判结果透明化提升为人权的保障需求。

（二）公开审判要求裁判结果透明化

公开审判含义丰富，首先，要求审判过程和结果都是公开的，公众和媒体能够接触、了解和知悉，与之相反，秘密审判则意味着公众和媒体不

---

① 《欧洲人权公约》（European Convention on Human Rights）又称《保护人权与基本自由公约》，1950 年 11 月 4 日在欧洲理事会主持下于罗马签署，1953 年 9 月 3 日生效。它是第一个区域性国际人权条约。它规定集体保障和实施《世界人权宣言》中所规定的某些权利及基本自由。

被允许观察审判过程、不被告知审判结果。其次，公开审判的价值，在于保障基本人权，在公开的庭审中，法院依靠一系列对抗程序来解决纠纷，法官处于中立地位，须在诉讼中坚持人道主义，以客观、敏锐、理性、仁慈的眼光平等对待各方当事人，维护当事人的人格尊严，保障当事人的诉讼权利。最后，公开审判的目的，在于制约和监督审判权，将法官的自由裁量权规制于法律框架之内，防止司法腐败。

公开审判作为对秘密审判的否定，已为现代民主国家宪法①、法院组织法②、诉讼法律制度③普遍采纳。很多立法，将裁判结果透明化的要求单独表述，使其既体现公开审判的意蕴，又彰显其独特的价值。如日本

① 我国宪法自始确立公开审判为宪法原则。1954 年《宪法》第76 条规定："人民法院审理案件，除法律规定的特别情况外，一律公开进行。……" 虽然特殊历史时期的 1975 年《宪法》未规定公开审判原则，但其实施时间较短。1978 年《宪法》恢复公开审判原则，第 41 条第 3 款规定："人民法院审判案件，除法律规定的特别情况外，一律公开进行。……" 1982 年《宪法》延续公开审判原则，第 125 条规定："人民法院审理案件，除法律规定的特别情况外，一律公开进行。……" 1982 年《宪法》历经 1988 年、1993 年、1999 年、2014 年、2018 年五次修订，公开审判原则的条款内容均保持不变，仅于 2018 年修订后调整为第 130 条。

② 我国法院组织法自始确立公开审判原则。1951 年《人民法院暂行组织条例》延续苏维埃时期的公开审判政策，首次以成文法的方式确立公开审判原则，规定"人民法院审判案件，除依法不公开者外，均应公开进行"。1954 年《人民法院组织法》第 7 条规定，"人民法院审理案件，除法律规定的特别情况外，一律公开进行。……" 这一规定，体现了人权保障精神。改革开放以后，1979 年《人民法院组织法》第 7 条规定，"人民法院审理案件，除涉及国家机密、个人阴私和未成年人犯罪案件外，一律公开进行"。1986 年修订时，将"个人阴私"修改为"个人隐私"，扩大了对人格权的保护范围；2018 年修订时，将"公开审判"的上位概念"司法公开"确立为人民法院行使审判权的基本原则，即《人民法院组织法》（2018 年修正）第 7 条规定，"人民法院实行司法公开，法律另有规定的除外"。

③ 我国诉讼法亦规定了公开审判制度。1979 年《刑事诉讼法》规定，人民法院审判案件，除本法另有规定的以外，一律公开进行。1979 年《刑事诉讼法》历经 1996 年、2012 年、2018 年三次修订，公开审判原则条款内容始终未变，仅条款顺序从第 8 条变更为第 11 条。1982 年《民事诉讼法（试行）》规定，人民法院审判民事案件，依照法律规定实行公开审判制度。1991 年《民事诉讼法》规定，人民法院审理民事案件，依照法律规定实行公开审判制度。1991 年《民事诉讼法》历经 2007 年、2012 年、2017 年三次修订，公开审判原则的条款内容和顺序均未改变。1989 年《行政诉讼法》规定，人民法院审理行政案件，依法实行公开审判制度。1989 年《行政诉讼法》历经 2014 年、2017 年二次修订，公开审判原则的条款内容未变，仅条款顺序从第 6 条变更为第 7 条。

《宪法》第 37 条规定，“在一切刑事案件中，被告人享有接受法院公正迅速的公开审判的权利”。第 82 条还规定，“法院的审理及判决在公开的法庭上进行。如经全体法官一致决定认为有碍公共秩序或善良风俗时，法院应不公开审判”。再如，德国《法院组织法》第 168 条规定，“在法庭上进行的程序，包括宣布判决和判令，都是公开的”。各国法律也不断规范裁判结果透明化的程序：一则公开宣判，将判决结果向社会公众宣告；二则作为裁判结果文本的裁判文书，供社会公众查阅；三则新闻媒体有权对裁判结果进行报道。这些都是公开审判的本质体现和内在要求。

公开性是司法程序合法性的渊源，也是当事人和社会公众尊重和服从法院裁判的主要原因。一方面，公开审判有助于保障当事人权利，伪证更容易被发现，偏信更容易被防范；另一方面，公开审判是保持法庭独立和公正的必要条件，是社会公众对司法的信心和理解所不可或缺的一部分。公开审判原则具体化为法庭审理的公开和判决的公开。判决的公开正是裁判结果透明化的基本方式，且要求任何判决都必须以书面形式作出，从而使社会公众能够获得裁判结果的文本，实现真正意义的透明化。随着裁判结果透明化而来的是监督，随着监督而来的是问责，随着问责而来的是社会公众对审判权运行的信任和遵从。

从目前各国司法改革的情况来看，案件数量的激增让各国法院都不堪重负，简化诉讼程序已成为一种新的趋势。在英美法系，大部分刑事指控都是通过辩诉交易程序解决的，进入庭审的刑事案件相对较少；在各国民事诉讼中，庭外和解、庭前调解也使大量纠纷不必再通过庭审程序来解决。因而裁判结果透明化更成为维护公开审判原则必不可少的程序，将此类未经庭审程序即解决的诉讼案件的最终结果向社会公众公开。

三、目的价值：促进公正的有效实现

（一）公正在当代中国的基本定位

首先，以我国改革开放以来特别是进入21世纪以后的时空背景为历史坐标，梳理当代中国的公正观如下。

第一，公平正义是社会主义法治理念。社会主义法治理念，是中国共产党中央委员会从社会主义现代化建设事业全局出发，坚持以马克思主义法学理论为指导，在认真总结我国社会主义法治建设经验，借鉴世界法治文明成果的基础上提出的。标志着中国共产党对建设中国特色社会主义法治国家的规律、中国共产党执政规律有了更加深刻的认识和把握。社会主义法治理念是社会主义法治的精髓和灵魂，是党的领导、人民当家作主和依法治国思想的有机统一，有着丰富而深刻的内涵，其主要内容是依法治国、执法为民、公平正义、服务大局和党的领导。公平正义是社会主义法治的基本价值取向。作为社会主义法治理念的公平正义，首先是机会平等，其次是要公正合理地协调利益关系，最后是要求司法公正。①

第二，公正是社会主义核心价值观。社会主义核心价值观是社会主义核心价值体系的内核，体现社会主义核心价值体系的根本性质和基本特征，反映社会主义核心价值体系的丰富内涵和实践要求，是社会主义核心价值体系的高度凝练和集中表达。② “社会主义核心价值观是当代中国精神的集中体现，凝结着全体人民共同的价值追求。”③ 中共十七大报告指出

---

① 参见张文显：《法哲学通论》，辽宁人民出版社2009年版，第390~399页。

② 参见《中共中央办公厅印发〈关于培育和践行社会主义核心价值观的意见〉》，载《党建》2014年第1期。

③ 习近平：《决胜全面建成小康社会　夺取新时代中国特色社会主义伟大胜利——在中国共产党第十九次全国代表大会上的报告（2017年10月18日）》，载《人民日报》2017年10月28日，第1版。

"建设社会主义核心价值体系，增强社会主义意识形态的吸引力和凝聚力。社会主义核心价值体系是社会主义意识形态的本质体现"。[①] 中共十八大报告继续强调"加强社会主义核心价值体系建设"，[②] 明确提出"三个倡导"，即"倡导富强、民主、文明、和谐，倡导自由、平等、公正、法治，倡导爱国、敬业、诚信、友善，积极培育和践行社会主义核心价值观"。[③] 这24个字是社会主义核心价值观的基本内容。公正是我国执政党明确提出的社会主义核心价值观之一。中共十九大报告强调，要培育和践行社会主义核心价值观，"要以培养担当民族复兴大任的时代新人为着眼点，强化教育引导、实践养成、制度保障，发挥社会主义核心价值观对国民教育、精神文明创建、精神文化产品创作生产传播的引领作用，把社会主义核心价值观融入社会发展各方面，转化为人们的情感认同和行为习惯"。[④]

第三，公正是国家治理现代化的基本价值。"公平正义是现代法治的核心价值追求，也是中国特色社会主义的内在要求。因而，国家治理的核心价值必然是体现党和国家执政为民的理念和社会公众的公平诉求，保障和促进社会公平，建设'公平中国'。"[⑤] 保障社会公平正义是我国执政党的基本执政理念，并一以贯之地作为执政为民的基本要求。2014年1月，习近平总书记在《切实把思想统一到党的十八届三中全会精神上来》一文中，深刻阐释了保证社会公平正义的标尺性、目的性要求，"全面深化改

---

① 胡锦涛：《高举中国特色社会主义伟大旗帜　为夺取全面建设小康社会新胜利而奋斗——在中国共产党第十七次全国代表大会上的报告（2007年10月15日）》，载《人民日报》2007年10月25日，第1版。

② 胡锦涛：《坚定不移沿着中国特色社会主义道路前进　为全面建成小康社会而奋斗——在中国共产党第十八次全国代表大会上的报告（2012年11月8日）》，载《人民日报》2012年11月18日，第1版。

③ 同上。

④ 习近平：《决胜全面建成小康社会　夺取新时代中国特色社会主义伟大胜利——在中国共产党第十九次全国代表大会上的报告（2017年10月18日）》，载《人民日报》2017年10月28日，第1版。

⑤ 张文显：《法治与国家治理现代化》，载《中国法学》2014年第4期。

革必须着眼创造更加公平正义的社会环境，不断克服各种有违公平正义的现象，使改革发展成果更多更公平惠及全体人民”。①

第四，社会公正是全面推进依法治国的价值目标。“实现经济发展、政治清明、文化昌盛、社会公正、生态良好，实现我国和平发展的战略目标，必须更好发挥法治的引领和规范作用。”② 社会公正不是空中楼阁，而是需要从立法、执法、司法、守法各维度全方位推进。促进社会公正，一是坚持法律面前人人平等原则；二是在立法过程中贯彻公正、公平、公开原则；三是坚持严格、规范、公正、文明执法；四是保证司法机关依法独立公正行使司法权；五是加强和改进执政党的领导，创造公正司法环境。

（二）法治中国范畴下的公正内涵

在依法治国的范畴内，公正主要包括权利平等、机会公平、规则公平、司法公正。

1. 权利平等

权利平等包括四个方面的内容。第一，主体地位平等。自然人生而为人的资格平等，皆为权利主体，无论性别、民族、出身、职业、财产等内在和外在条件如何，即使是因政策原因未能落户而暂时没有身份证件的自然人，均生而具有权利主体的地位，国家和社会对每个自然人都不应歧视。第二，权利享有平等。任何人同等享有权利，不允许有超越法律的“特权”的存在，更不能允许任何人的权利受到非法限制。第三，权利保护平等。法律对权利平等保护、平等对待，不以权利主体自身的客观限制性条件为限。无论贫穷或富有，人人都平等享有受教育的权利；无论健全

---

① 习近平：《切实把思想统一到党的十八届三中全会精神上来》，载《人民日报》2014 年 1 月 1 日，第 2 版。

② 《中共中央关于全面推进依法治国若干重大问题的决定》，载《人民日报》2014 年 10 月 29 日，第 1 版。

或残疾，人人都平等享有自身发展的权利；无论男性或女性，人人都享有平等就业的权利；无论多数或少数，各民族都平等享有保持并发展本民族语言文字的权利。第四，权利救济平等。权利受到侵害应获得平等的法律救济。诉讼作为权利救济的法律渠道，在诉讼中各方当事人的诉讼地位平等、适用法律平等。例如，对于使用非官方语言的当事人，不能因语言不通而败诉；对于经济困难的当事人，不能因缴纳不起诉讼费而失去起诉权，等等。

促进权利平等是全面深化改革的重要内容。《中共中央关于全面深化改革若干重大问题的决定》指出，“国家保护各种所有制经济产权和合法利益，保证各种所有制经济依法平等使用生产要素、公开公平公正参与市场竞争、同等受到法律保护，依法监管各种所有制经济”。①

法律面前人人平等是全面依法治国必须坚持的原则。《中共中央关于全面推进依法治国若干重大问题的决定》强调，“平等是社会主义法律的基本属性。任何组织和个人都必须尊重宪法法律权威，都必须在宪法法律范围内活动，都必须依照宪法法律行使权力或权利、履行职责或义务，都不得有超越宪法法律的特权”。②

2. 机会公平

机会公平溯源于发展权的人权内在要求。保障人的自由发展、自我塑造和自我价值实现无疑是必然的可推演的命题。个人对国家提出的发展要求将转化为国家责任。国家之于人权的责任实现方式，一是“尊重”，即以消极的不作为的方式实现，如对“自由”的不干预、不干涉、不限制；二是“保障”，即以积极的作为的方式实现，如对“平等”的倡导、维护

① 《中共中央关于全面深化改革若干重大问题的决定》，载《人民日报》2013年11月16日，第1版。

② 《中共中央关于全面推进依法治国若干重大问题的决定》，载《人民日报》2014年10月29日，第1版。

和救济。而个人发展权的实现，需要国家“尊重”与“保障”并重。[①] 机会公平，就是在人人权利平等的基础上，国家考量人与人之间不可避免地存在各种客观差异，对客观上的弱者给予适当的关照，作出均衡的资源配置和合理的制度安排，保障人人在起点平等状态下展开公平竞争，个人发展的结果与其自身努力呈正相关关系，尊重个人发展的方向选择，充分激发个人潜能，通过实现个人发展推进社会与国家的发展进步。

“共享发展”理念促进机会公平。中共十八届五中全会提出“共享发展”理念，在制度安排上将“注重机会公平”作为价值目标，从多角度实现共享发展，如“加大对革命老区、民族地区、边疆地区、贫困地区的转移支付”“建立健全农村留守儿童和妇女、老人关爱服务体系”，推动群众最关心的“义务教育的均衡发展”“实现家庭经济困难学生资助全覆盖”，等等。[②]

3. 规则公平

规则公平主要是指国家制定的政策和法律，应经过集思广益的民主程序，形成具有内部合理性和外部可操作性的规则体系。规则公平，也就是规则确认权利主体法律地位平等，对平等主体设定平等的规则——平等主体享有同等的权利、承担同等的义务。

我国在国家治理中，高度重视规则公平。《中共中央关于全面深化改革若干重大问题的决定》将“建立公平开放透明的市场规则”作为深化改革的重点，例如，“实行统一的市场准入制度，在制定负面清单基础上，各类市场主体可依法平等进入清单之外领域”。“改革市场监管体系，实行统一的市场监管，清理和废除妨碍全国统一市场和公平竞争的各种规定和做法，严禁和惩处各类违法实行优惠政策行为，反对地方保护，反对垄断

① 参见徐显明主编：《人权法原理》，中国政法大学出版社2008年版，第279~280页。

② 参见《中国共产党第十八届中央委员会第五次全体会议公报》，载《求是》2015年第21期。

和不正当竞争。”[①] 中共十九大报告强调，“经济体制改革必须以完善产权制度和要素市场化配置为重点，实现产权有效激励、要素自由流动、价格反应灵活、竞争公平有序、企业优胜劣汰。……全面实施市场准入负面清单制度，清理废除妨碍统一市场和公平竞争的各种规定和做法，支持民营企业发展，激发各类市场主体活力”。[②]

4. 司法公正

司法公正主要包含两层含义，一是实体公正，要求司法机关对案件事实的认定要建立在确凿的证据之上，使查明的法律事实最大限度地接近客观事实；二是程序公正，要求司法机关适用法律的行为都要严格依照法定的程序，不能超越法定的权限，不应超过法定的时限。

公正是司法的终极目标。中共十五大报告、十六大报告、十七大报告、十八大报告一以贯之地将“保证审判机关和检察机关依法独立公正地行使审判权和检察权”作为司法制度建设的目标要求。《中共中央关于全面推进依法治国若干重大问题的决定》指出，“司法公正对社会公正具有重要引领作用，司法不公对社会公正具有致命破坏作用。必须完善司法管理体制和司法权力运行机制，规范司法行为，加强对司法活动的监督，努力让人民群众在每一个司法案件中感受到公平正义”。[③] 中共十九大报告明确提出“全面依法治国是国家治理的一场深刻革命，必须坚持厉行法治，推进科学立法、严格执法、公正司法、全民守法”。[④]

---

① 《中共中央关于全面深化改革若干重大问题的决定》，载《人民日报》2013 年 11 月 16 日，第 1 版。

② 习近平：《决胜全面建成小康社会 夺取新时代中国特色社会主义伟大胜利——在中国共产党第十九次全国代表大会上的报告（2017 年 10 月 18 日）》，载《人民日报》2017 年 10 月 28 日，第 1 版。

③ 《中共中央关于全面推进依法治国若干重大问题的决定》，载《人民日报》2014 年 10 月 29 日，第 1 版。

④ 习近平：《决胜全面建成小康社会 夺取新时代中国特色社会主义伟大胜利——在中国共产党第十九次全国代表大会上的报告（2017 年 10 月 18 日）》，载《人民日报》2017 年 10 月 28 日，第 1 版。

（三）促进社会公正呼唤裁判结果透明化

“国家治理现代化的最高境界就是善治。善治必须以良法为前提，正是现代法治为国家治理注入了良法的基本价值，打造了善治的创新机制。”① “只有贯通公平正义的理念，法律才是受到普遍尊重的良法，才能真正维护人民的利益，促进社会和谐发展。”② 在我国，裁判结果透明化制度是中国特色社会主义司法制度的“善治”创新。

1. 权利平等内在要求裁判结果透明化

权利平等当然地要求适用法律平等，适用法律平等意味着“同案同判”。作为裁判结果透明化制度体系之一的裁判文书公开制度，为法官提供了司法裁判的参考标准。法官可就纷繁复杂的客观事实在同类案件中寻找共同点，平衡并最小化同一类型案件裁判的差异性，实现适用法律的实质意义上的平等。中国古代“刑不上大夫”的不平等法律适用观念，是封建等级制度的产物，而民主法治社会以“法律面前人人平等”为基本准则，我国对原中共中央政治局委员等高级领导干部的裁判结果透明化，正折射了“任何人都没有超越宪法法律的特权”的权利平等理念，也使权利平等理念进一步渗透到中华法治文化的血脉之中。

2. 裁判结果透明化为实现机会公平创造条件

机会公平不仅要求起点公平，更要求过程公平——公平竞争。市场经济条件下，上市公司涉诉情况须及时向股民公开，而万千非上市公司的涉诉情况，由于其自身不负有法定公开义务而不必向外界公开，甚至不愿向外界公开，由此市场主体很难了解到此类信息。裁判结果透明化，客观上

---

① 张文显：《习近平法治思想研究（中）——习近平法治思想的一般理论》，载《法制与社会发展》2016 年第 3 期。

② 张文显：《法哲学通论》，辽宁人民出版社 2009 年版，第 395 页。

公开了各类公司的涉诉情况，市场主体可以通过涉诉情况了解合作对象和竞争对手的生产经营情况、资本运作状态和商业信用状况，对于消除信息不对称、促进市场主体之间展开公平竞争、降低经营风险，提供了现实可考的依据。

3. 裁判结果透明化为规则公平提供证成性基础

随着科学技术的迅猛发展，生产力不断提升，生产关系悄然发生着变化，新情况和新问题层出不穷，实践的先在性与规则的滞后性之间的矛盾日益凸显。对于社会生活中发生的新类型纠纷，即使现有法律规则体系没有明确设定具体的权利和义务规范，司法机关依然需要履行法定职责对纠纷作出裁判，以调整和规范社会关系。在没有法律规则可依的情况下，司法机关依照法律原则、司法政策、行业惯例、理论通说等作出裁判。裁判结果透明化制度的实施，可将此类通过司法确定的权利义务规范纳入整体社会规范之中，弥补现行法律规则体系的不足，还可以为立法机关提供需纳入法律规范调整的社会关系的证成性结果。因经济社会发展情况、地域人文风俗有所差异，裁判中的普适性规则，可在立法时吸纳为法律规则；裁判中的特殊性规则，可作为具体问题具体分析的列举式规定。从而促进立法的科学性、合理性、可行性，更有利于促进规则公平。

4. 裁判结果透明化是司法公正的机制保障

“没有公开就无所谓公正”，① 公开是实现公正的必要条件。裁判结果透明化是诉讼主体获得公正审判的机制保障。公正审判，包括审判结果公正和审判程序公正。审判结果公正，即裁判结果对诉争的实体权利、义务和责任的裁量达到公平、合理的平衡状态，使人们应得的权益得到平等保

---

① ［美］哈罗德·J. 伯尔曼:《法律与宗教》，梁治平译，生活·读书·新知三联书店 1991 年版，第 48 页。

护，承担的义务得到平等履行，应负的责任得到合理分配。[①] 审判程序公正，主要体现为“司法者的中立性、程序的平等性、程序的参与性、程序的自治性、程序的公开性”。[②] 程序公开是实现程序公正的基本保障，公开宣判作为诉讼程序的重要环节，在整个诉讼制度中处于重要地位，对实现程序公正有不可替代的作用。公开宣判，即是公开宣告裁判结果。结果公正要求裁判应当以事实为依据，应当正确适用法律，应当论证说理充分，这也是裁判结果证成理由透明化的要求。而裁判结果文本透明化的要求则是法院应当公开裁判文书，由社会公众评价诉讼各方的权利是否得到平等而充分的保障，判断审判权的运行是否合理而规范，从而检验是否实现了公正审判。

四、基本功能：审判权的制约和监督

正如孟德斯鸠的经典论断所言，“一切有权力的人都容易滥用权力，这是万古不易的一条经验。有权力的人们使用权力一直到遇有界限的地方才休止”。[③] 如何制约和监督权力，“让权力这头‘野马’不至于脱缰，让权力的‘洪水’不至于泛滥”，[④] 这一难题与权力同时产生，相伴相随，困扰至今。

（一）权力制约和监督的范式

关于权力制约和监督的范式，有学者将其分为四种：一是以法律制约

---

① ［日］谷口安平：《程序的正义与诉讼》，王亚新、刘荣军译，中国政法大学出版社 1996 年版，第 1 页。

② 公丕祥、刘敏：《论司法公正的价值内涵及制度保障》，载信春鹰、李林主编：《依法治国与司法改革》，社会科学文献出版社 2008 年版，第 145 ~149 页。

③ ［法］孟德斯鸠：《论法的精神》（上册），张雁深译，商务印书馆 1982 年版，第 154 页。

④ 杨小军：《以透明化保证权力运行规范化》，载《中国党政干部论坛》2015 年第 3 期。

和监督权力的法学范式，二是以道德制约和监督权力的伦理学范式，三是以权力制约和监督权力的政治学范式，四是以权利制约和监督权力的社会学范式。这四种权力制约和监督范式，构成了一个以道德制约和监督为先导、以法律制约和监督为规范、以权利制约和监督为根本、以权力制约和监督为核心的完整的和有机的权力制约和监督体系。①

1. 以法律制约和监督权力

在法律与权力的关系中，法律至上。也就是说，权力的内容和边界都依赖于法律的制度安排，权力的取得和行使都依照法定程序运行，权力的利益和责任都限于法律的明文规定。没有在法律规则体系之外运行的权力，也没有超越法律权威的权力。

2. 以道德制约和监督权力

道德制约和监督范式，主要通过教化、修养并借助于社会舆论机制，将权力道德内化为权力行为主体的行为准则，使权力运行主体从内在心理上遵从于道德约束、从外在行为上受制于舆论规束，并以此抑制其对滥用权力的欲望和冲动，从而达成对权力的制约和监督。② 传承千年的中国传统儒家文化，特别倡导以德束权，以德立身，以德获誉。《礼记·中庸》记载，孔子称赞舜时说："大德必得其位，必得其禄，必得其名，必得其寿。"③ 这种德治思想成为中华政治文化的重要部分。

3. 以权力制约和监督权力

权力制约和监督权力，需要两个基本条件，"一是权力在法律上具备明确的分工与界定，拥有独立但并非无限制的疆域；二是制约者必须具有

---

① 闫德民：《权力制约范式论析》，载《社会科学》2009 年第 7 期。

② 参见闫德民：《关于健全和改善权力制约机制的若干思考》，载《学习与实践》2012 年第 3 期。

③ 《礼记·中庸》。

因制约所需的实力和法律地位，即权力制衡发生于对等的政治实体间”。[①] 如西方国家“三权”分立模式下，立法权、行政权和司法权之间相互独立、互相制衡。

4. 以权利制约和监督权力

国家权力源于人民的权利授权，因而须对人民负责，受人民监督。公民权利对国家权力的制约和监督，知情是前提，参与是路径，表达是手段，监督是实现。监督权可具体化为申诉、控告、检举的权利，一方面需要畅通申诉、控告、检举途径，另一方面国家受理、调查并公布结果，二者缺一不可，才能切实达到权利制约和监督权力的效果。

（二）规制审判权需要裁判结果透明化

1. 健全权力运行制约和监督体系

在我国，中共十九大报告作出“健全党和国家监督体系”的重要战略部署，采取以法律制约和监督权力、以道德制约和监督权力、以权力制约和监督权力、以权利制约和监督权力的综合模式。第一，以法律制约和监督权力体现在“把权力关进制度的笼子”，“制定国家监察法……实现对所有行使公权力的公职人员监察全覆盖”。第二，以道德制约和监督权力体现在加强“舆论监督”，强调“以德为先”[②] 的好干部标准，选拔道德内束力强的人掌握和行使权力。第三，以权力制约和监督权力体现在“强化自上而下的组织监督”“发挥同级相互监督作用”“深化政治巡视，坚持发现问题、形成震慑不动摇，建立巡视巡察上下联动的监督网”。第四，以权利制约和监督权力体现在“让人民监督权力”“改进自下而上的民主监

① 龚向和：《以国家义务制约国家权力——权力制约理论的反思与重构》，载《检察日报》2014 年 4 月 29 日，第 3 版。

② 习近平：《决胜全面建成小康社会　夺取新时代中国特色社会主义伟大胜利——在中国共产党第十九次全国代表大会上的报告（2017 年 10 月 18 日）》，载《人民日报》2017 年 10 月 28 日，第 1 版。

督”。在综合制约和监督范式下，“构建党统一指挥、全面覆盖、权威高效的监督体系，把党内监督同国家机关监督、民主监督、司法监督、群众监督、舆论监督贯通起来，增强监督合力”。从而实现“让权力在阳光下运行”，确保“权力运行制约和监督体系建设有效实施”。[①]

2. 审判权制约和监督是健全权力制约和监督体系的重要内容

对审判权的制约和监督，也应建立以法律、道德、权力、权利制约和监督的不同范式有机结合的制约和监督体系。在我国，检察权对审判权的法律监督功能，即以法律制约和监督审判权；中华司法文化传承和法官职业道德教育内化为对审判权的道德制约和监督；人民代表大会的法律监督和工作监督，构成以权力制约和监督审判权；新闻媒体的舆论监督、公众的社会监督和当事人的直接监督，共同构成以权利制约和监督审判权。

相对而言，审判权的制约和监督还有薄弱环节。在我国，《宪法》和《人民法院组织法》规定“人民法院依照法律规定独立行使审判权”，代表人民法院行使审判权的是独任法官、合议庭、审判委员会等法定审判组织。从审判组织内部而言，还存在独任法官行使审判权的内部监督机制匮乏、合议庭成员之间的内部制衡不足、审判委员会民主集中制原则贯彻不彻底等问题。就审判组织外部而言，由于对民主集中制和司法责任制的关系把握不准、审判管理的职责范围和权力清单不甚清晰等问题，法院院长、庭长审判管理权对审判组织审判权的制约和监督还有待进一步完善。

制约和监督审判权，最佳之策就是权力运行的透明化。只有透明化，审判权的运行才会内生性地规范化；只有透明化，审判权运行才会压缩擅断的空间。对法官自由裁量权的规制，是制约和监督审判权的核心。法官的自由裁量权既要受到法律规范的限制，也要受到公序良俗的制约。裁判

---

① 习近平：《决胜全面建成小康社会　夺取新时代中国特色社会主义伟大胜利——在中国共产党第十九次全国代表大会上的报告（2017 年 10 月 18 日）》，载《人民日报》2017 年 10 月 28 日，第 1 版。

文书，是法官自由裁量权行使过程的载体，记载了自由裁量权行使的理由和结果。公开裁判文书，无论是基于权利制约和监督的社会公众、基于法律制约和监督的检察机关，还是基于权力制约和监督的人民代表大会，均便于以裁判文书为目标对象，有的放矢地对审判权进行监督。通过各方力量的约束，审判权才能更好地在法治轨道上运行。同时，适时建立民意吸纳反馈机制和监督问责机制，切实通过裁判文书公开实现对审判权的有效制约和监督。

第二章　裁判结果宣告公开：公开宣判

本书从裁判结果透明化的视角研究公开宣判制度，既离不开诉讼法学对公开宣判的基础性研究，又离不开司法学对司法权运行透明化的研究，在吸收借鉴二者理论研究的成果上，实证考察公开宣判的运行规律，以期进一步促进裁判结果透明化。

第一节　我国公开宣判制度与运行

“没有法律的正当程序，自由和权利将不存在。”① 正当程序原则是公开宣判的理论基础。正当程序分为实体性的正当程序和程序性的正当程序。程序性正当程序，主要是指诉讼中用以解决利益争端的程序必须是公正的、合理的。《布莱克法律词典》将程序性正当程序解释为，“任何权益受到结果影响的当事人都有权获得法庭审判的机会，并且应被告知控诉的性质和理由……合理的告知、获得庭审的机会以及提出主张和辩护等都体

---

① David J. Bodenhamer, *Fair Trial*: *Rights of the Accused in American History*, Oxford University Press, 1992, p. 4.

现在‘程序性正当程序’之中”。[①] 英国上诉法院前院长丹宁勋爵（Alfred Thompson Denning，1899～1999年）解释说，“法律的正当程序，系指法律为了保持日常司法工作的纯洁性而认可的各种方法：促使审判和调查公正地进行，逮捕和搜查适当的采用，法律援助顺利地取得，以及消除不必要的延误等等”。[②]

“一个能够被诉讼各方当事人和社会公众所接受的裁判结果，也需要通过正当程序广泛获取。”[③] 在诉讼中，法院的裁判直接决定着当事人的人身和财产权益的予夺，甚至自由乃至生命的刑罚剥夺，因此设置程序性正当程序对审判权进行制约，以防止“权利的任性”。公开审判，正是制约审判权的最佳程序性原则和制度。公开审判包含公开审理和公开宣判两个组成部分。

公开宣判起源于当庭宣判，后期发展出定期宣判。“当庭宣判是人类的审判史中最古老的存在，借助着陪审制的盛行而被广泛采用，并取得了它的灵魂。”[④] “裁判结果不仅关系特定当事人的利益，它有时也会产生一定的社会影响，甚至会在全社会传输某种价值导向，影响公众的行为选择。”[⑤] 通过公开宣判将裁判结果公之于众，有利于增强司法裁判的法律效果和社会效果。本节将对我国公开宣判运行情况进行考察和研究。

一、革命根据地时期

1911年，辛亥革命爆发，封建社会终结。此后，经历了军阀混战、抗

---

① 熊秋红：《解读公正审判权——从刑事司法角度的考察》，载《法学研究》2001年第6期。

② ［英］丹宁勋爵：《法律的正当程序》，李克强、杨百揆、刘庸安译，法律出版社1999年版，第1～2页。

③ 龚海南、石珍：《司法实质公开之困境与突围》，载《人民司法》2014年第11期。

④ 韦汉克：《论刑事诉讼中的当庭宣判》，载陈兴良主编：《刑事法评论》（第21卷），北京大学出版社2007年版，第306页。

⑤ 楚仑：《当庭宣判不应成“特例”》，载《人民法院报》2017年6月5日，第2版。

日战争、解放战争等中国历史上大动荡、大转变的时期。人民群众基于对封建社会和国民党统治时期秘密审判、刑讯逼供的恐惧和反对，主张维护自身合法权益，迫切要求公开审判。中国共产党顺应历史潮流，将公开审判原则确立为基本司法政策。

中华苏维埃政权立法确认公开审判原则，坚持公开宣布判决。“如1932年6月9日中华苏维埃共和国中央执行委员会公布的《中华苏维埃共和国裁判部暂行组织及裁判条例》第16条规定，审判案件必须公开，倘有秘密关系时，可用秘密审判的方式，但公布判决时仍需作公开。”①

在中华苏维埃政权的司法实践中，常召开公审大会。公审大会是通过召集群众旁听的方式，公开查明案情，公开作出判决。在苏区和延安，公审大会常常吸引成千上万名群众旁听，审理后当庭作出判决，当庭宣布判决。那一时期，最著名的是1937年10月11日在延安陕北公学操场上召开的黄克功故意杀人案的公审大会，大会由陕甘宁边区高等法院院长雷经天担任审判长，抗大、陕北公学群众选出的李培南、王惠子、周一明、沈新发担任陪审员，抗大政治部副主任胡耀邦、边区保安处黄左超及高等法院检察官徐世奎担任公诉人，中共中央总负责人张闻天也来到会场，抗大和陕北公学的全体师生以及其他机关、学校、部队代表近千人参加了大会。法庭经过审理查明，1937年10月5日傍晚，延安抗大十五队队长黄克功将未满16周岁的进步女学生刘某约到延水畔谈话，当刘某明确表示拒绝与黄克功结婚时，黄克功掏出手枪向刘某连击两枪将她杀害。法庭认为，案件证据确凿，本人供认不讳，黄克功故意杀人罪名成立。法庭当庭宣判，判处黄克功死刑，立即执行。此案当庭公布判决，向群众宣示了一个重要法律原则：法律面前人人平等。一个人不管他对党和人民曾作出过多大贡

① 辛敏：《公开审判是人民法院自身改革的重要内容》，载《学习与辅导》1988年第11期。

献，只要是他触犯了法律，就应当受到法律的惩处。[①]（参见图 2.1，黄克功故意杀人案公开宣判后所张贴布告的文物照片，现藏于中国法院博物馆）

图 2.1　黄克功案布告照片

二、新中国成立至改革开放

（一）新中国成立初期

《宪法》和《人民法院组织法》确立了公开审判原则后，人民法院将推动公开审判落实作为工作重点。面对公开审判中遇到的实际问题，最高人民法院向全国人大常委会请示“什么案件可以不公开进行审理”，1956 年 5 月 8 日，全国人大常委会作出了《关于不公开进行审理的案件

---

① 参见裔兆宏：《张闻天在延安》，载《中国作家》2011 年第 8 期；参见曹慕尧：《我所亲历的“黄克功事件”》，载《党史博采》2003 年第 9 期。

的决定》[①] 规定，“人民法院审理有关国家机密的案件，有关当事人阴私[②]的案件和未满十八周岁少年人犯罪的案件，可以不公开进行”。时任最高人民法院院长董必武同志于 1957 年 3 月 18 日在军事检察院检察长、军事法院院长会议上发表重要讲话时强调，“法院的工作是审判，而审判工作的重心就是公开审判”。[③] 董必武同志还指出，要将 1956 年公开审判日籍战犯的案例，作为公开审判的范例。

这一时期，公开审判是相对秘密审判而言的，主要包括“公开审理”和“公开宣判”两个环节。地方各级法院在司法实践中遇到了公开宣判的具体问题，最高人民法院通过“批复”统一法律适用。

关于依法不公开进行审理的案件是否公开宣判问题。1957 年 10 月最高人民法院作出《关于依法不公开审理的案件其判决仍应向社会公开的批复》（〔1957〕法研字第 20865 号），在答复陕西省高级人民法院时认为，“这类案件的判决可以公开宣判。如果审理后可以立即宣判，虽无群众旁听，仍应立即宣判。全国人民代表大会常务委员会《关于不公开进行审理的案件的决定》中所说的‘不公开进行审理’，据我们的理解，是指审理不公开，并非指宣判不公开。其次，某些案件依法可以不公开进行审理，是为了避免公开审理可能产生某种不良后果。审判人员在判决书中叙述犯罪事实时，对于可能产生不良后果的细节，应注意避免叙述；涉及国家机密的案件，应注

---

① 全国人民代表大会常务委员会《关于不公开进行审理的案件的决定》于 1956 年 5 月 8 日全国人民代表大会常务委员会第三十九次会议通过并实施，于 1987 年 11 月 24 日被《全国人民代表大会常务委员会关于批准法制工作委员会关于对 1978 年底以前颁布的法律进行清理的情况和意见的报告的决定》废止。

② 这里的“阴私”仅指与男女两性关系有关的生活秘密，是隐私在外延上涵盖的一部分。我国法律、法律解释和司法解释等规范性法律文件，在新中国成立之初常使用“阴私”一词，直至改革开放后才逐步使用“隐私”一词。

③《董必武同志在军事检察院检察长、军事法院院长会议上的讲话（摘要）》，载《人民司法》1978 年第 1 期。

意保密；为了保全个人阴私案件的被害人的名誉，对于需要省略而且可以省略的被害人名字，应注意省略。这样，公开宣判似也并无实际困难”。①

关于涉及当事人隐私以及少年人犯罪的案件是否公开问题。1963 年 6 月最高人民法院作出《关于不公开进行审理的案件的函》(〔1963〕法研字第 69 号)，在答复安徽省高级人民法院时认为，“人民法院在处理（包括审理、宣判、出布告）这类案件时，应严格执行全国人民代表大会常务委员会关于不公开进行审理的案件的决定，其中对受害人家属和群众都要求公开处理的个别案件也不例外，以免发生问题和引起不良影响”。②

关于阴私案件是否可以公开宣判等问题，1964 年 10 月最高人民法院作出《关于阴私案件可否公开宣判等问题的批复》(〔1964〕法研字第 90 号)，在答复辽宁省高级人民法院时认为，“人民法院对于依法不公开进行审理的阴私案件，审理后可以立即宣判的，虽无群众旁听，仍应立即宣判；审理后需要另订日期宣判的，可以酌情在有关知情人员的范围内进行宣判，一般地不要在群众中公开宣判或召开群众大会宣布执行。但对强奸妇女、奸淫幼女等案件，为了有效地打击和预防这类严重危害社会治安的犯罪活动，在发案比较突出的地区，可以选择个别罪恶严重、民愤很大的典型案件，组织一定范围的群众会或群众代表会（如街道、公社、工厂、商店、学校等一定范围的群众会或群众代表会）公开宣判或宣布执行。对于通奸案件和阴私案件中的少年犯，不得在群众会上进行宣判或宣布执行”。③

最高人民法院通过司法政策推动和司法答复释疑等方式，推动包括公

---

① 参见最高人民法院《关于依法不公开审理的案件其判决仍应向社会公开的批复》（法研字第 20865 号），该批复于 1957 年 10 月 18 日发布并实施，于 2012 年 9 月 29 日被最高人民法院《关于废止 1979 年底以前发布的部分司法解释和司法解释性质文件（第八批）的决定》（法释〔2012〕13 号）废止。

② 参见最高人民法院《关于不公开进行审理的案件的函》(〔1963〕法研字第 69 号)，该函于 1963 年 6 月 15 日发布并实施，现行有效。

③ 参见最高人民法院《关于阴私案件可否公开宣判等问题的批复》(〔1964〕法研字第 90 号)，该批复于 1964 年 10 月 10 日发布并实施，现行有效。

开宣判在内的公开审判工作不断规范化。这一时期，公开宣判以“密切联系群众”为功能定位。“审判案件要坚持执行党委领导下的群众路线，公开审判正是人民法院走群众路线的一种法定形式。”① 公开宣判，是将案件的审理结果告知人民群众，更是审判工作与人民群众相联系的一种重要方式。这一时期，更强调公开宣判的宣传教育作用。“公开审判案件是开展社会主义法制教育的良好形式。”② 这种形式主要体现在“通过活人活事进行具体而生动的宣传教育，往往比上课、听报告的效果更好。在公开审判法庭上，对案情调查得越清楚，适用法律越正确，判决越公平合理，总之审判工作越成功，教育作用也就越大”。③ 这一时期往往组织大规模的庭审旁听活动，并进行当庭宣判，一方面体现对犯罪活动的打击力度，另一方面为了宣传法制教育群众。

（二）“文革”期间

“文革”期间，我国经历了一段特殊的历史时期。比较新中国成立之初制定的1954年《宪法》与“文革”期间制定的1975年《宪法》，基本审判制度发生了重大变化。在法院、检察院组织机构方面，1954年《宪法》将审判权赋予人民法院、检察权赋予人民检察院；而1975年《宪法》将审判权依然赋予人民法院，但将检察权赋予公安机关，实质上撤销了“人民检察院”这一国家机关。在公开审判方面，1954年《宪法》规定的公开审判原则——“人民法院审理案件，除法律规定的特别情况外，一律公开进行”，在1975年《宪法》中被删除。

“文革”时期，公判大会或宣判大会经常在全国城乡召开，千余名群

① 任嘉在：《说说“公开审判是审判活动的重心”》，载《人民司法》1978年第3期。

② 王忠诚：《我们是怎样公开审判的》，载《人民司法》1978年第1期。

③ 王桂五：《必须重视公开审判制度》，载《法学杂志》1980年第1期。

众聚集在一起，宣判大会的组织者公开宣读“判决”。从裁判结果透明化角度，可以说“公开宣判”的形式仍然存在，但其主要目的并非是通过公开追求公正，而是羞辱式的游斗示众。因审理的不公开，公开宣判已与公开审判脱节，仅具有形式意义。

三、改革开放以来

（一）公开宣判的法制重建

改革开放后，中国特色社会主义法治首先经历了“法制创建新时期”，[①] 全面修宪和大规模立法引领法制恢复重建。1978 年《宪法》恢复公开审判原则，1982 年《宪法》继续坚持公开审判原则；1979 年《人民法院组织法》继续规定公开审判原则；1979 年《刑事诉讼法》、1982 年《民事诉讼法（试行)》、1989 年《行政诉讼法》、1991 年《民事诉讼法》也相继确立公开审判法律制度，并逐步将公开宣判规定为公开审判制度的子制度。

第一，就刑事诉讼而言，1979 年《刑事诉讼法》第 121 条设立公开宣判制度，“宣告判决，一律公开进行。当庭宣告判决的，应当在五日以内将判决书送达当事人和提起公诉的人民检察院；定期宣告判决的，应当在宣告后立即将判决书送达当事人和提起公诉的人民检察院”。后于 2018 年修订时，增加了向辩护人、诉讼代理人同步送达判决书的规定。[②] 最高人民法院从司法实践出发，颁布司法解释进一步完善刑事公开宣判制度。归纳起来，刑事公开宣判制度包含以下七个方面：（1）基本原则，宣告判决

---

① 参见张文显：《中国法治 40 年：历程、轨迹和经验》，载《社会科学文摘》2018 年第 11 期。

② 《刑事诉讼法》（2018 年修正）第 202 条规定：“宣告判决，一律公开进行。当庭宣告判决的，应当在五日以内将判决书送达当事人和提起公诉的人民检察院；定期宣告判决的，应当在宣告后立即将判决书送达当事人和提起公诉的人民检察院。判决书应当同时送达辩护人、诉讼代理人。”

一律公开，无论是否公开审理。（2）基本模式，分为当庭宣判和定期宣判。当庭宣判又称“立即宣判”，“是指在独任法官休庭并作出裁判后或合议庭休庭评议并作出裁判后，立即恢复由独任制法官或合议庭审判长口头宣告判决结果的诉讼活动”。[①] 定期宣判，是指法庭审理结束后，独任法官或合议庭作出裁判并形成判决书文本后，在指定时间宣告判决结果的诉讼活动。(3) 宣告内容，必须宣告判决结果，也可一并宣告判决理由。(4) 宣判公告，定期宣判须先期公告宣判的时间和地点；当庭宣判因开庭前已公告，无须再次公告。(5) 参加人员，宣判前应传唤当事人并通知公诉人和其他诉讼参加人；宣判时，仅须被告人到场，公诉人和其他诉讼参加人未到庭不影响宣判进行。(6) 法院的释明义务，即宣告一审判决时，均应告知当事人有上诉的权利，说明上诉的法定期限、方式、程序和法院。(7) 宣判仪式，即宣告判决结果时，法庭内全体人员应当起立。

第二，就民事诉讼而言，1982 年 10 月试行的《民事诉讼法（试行）》第 115 条规定，“人民法院宣告判决，一律公开进行。当庭宣判的，应当在十日内发送判决书；定期宣判的，宣判后立即发给判决书。宣告判决时，必须告知当事人上诉权利、上诉期限和上诉审法院。宣告离婚判决，必须告知当事人在判决发生法律效力前不得另行结婚”。自此“公开宣判”正式成为我国民事诉讼法律制度。1991 年正式颁行的《民事诉讼法》第 134 条规定，“人民法院对公开审理或者不公开审理的案件，一律公开宣告判决。当庭宣判的，应当在十日内发送判决书；定期宣判的，宣判后立即发给判决书。宣告判决时，必须告知当事人上诉权利、上诉期限和上诉的法院。宣告离婚判决，必须告知当事人在判决发生法律效力前不得另行结婚”。相较于 1982 年试行的《民事诉讼法》，1991 年《民事诉讼法》确定

① 沈德咏主编：《最高人民法院民事诉讼法司法解释理解与适用》，人民法院出版社 2015 年版，第 653 页。

了民事判决宣告的绝对性原则，即不论是否公开审理，都一律公开宣判。①最高人民法院相继出台司法解释进一步细化民事公开宣判制度。归纳起来，民事公开宣判制度包含基本原则、基本模式、法律效力和释明义务四个方面。(1) 基本原则，即判决均公开宣告，不论是否公开审理。(2) 基本模式，包括当庭宣判和定期宣判。定期宣判还可分为自行宣判和委托宣判。(3) 法律效力，当庭宣判后，法院应告知当事人或者诉讼代理人领取裁判文书的时间和地点以及逾期不领取的法律后果；定期宣判后，若当事人拒不签收裁判文书，司法解释赋予宣判“视为送达”的法律效力。(4) 释明义务，一审宣判时，必须告知当事人上诉权利、上诉期限和上诉的法院；一审宣判时，当事人口头表示上诉的，法院应告知其必须在法定上诉期间内递交上诉状和上诉费用，当事人未在上诉期间内提出符合法律规定的上诉的，一审判决或裁定即发生法律效力；宣判时，告知当事人离婚判决生效后，婚姻关系始才解除；宣判时，告知当事人有关申请执行的法律规定。

第三，就行政诉讼而言，1989 年《行政诉讼法》将公开审判确立为行政诉讼基本法律制度，但未规定公开宣判制度。直至 2014 年修订，才增设了“公开宣判制度”，即《行政诉讼法》（2014 年修正）第 80 条规定，“人民法院对公开审理和不公开审理的案件，一律公开宣告判决。当庭宣判的，应当在十日内发送判决书；定期宣判的，宣判后立即发给判决书。宣告判决时，必须告知当事人上诉权利、上诉期限和上诉的人民法院”。

随着中国特色社会主义法律体系的形成，我国诉讼法律制度上的公开宣判制度日臻完善。

---

① 1991 年《民事诉讼法》历经 2012 年、2017 年两次修订，公开宣判制度条款内容未变，仅条款顺序从第 134 条调整为第 148 条，保持了公开宣判制度的稳定性。

（二）公开宣判的渐进式推进

改革开放之初公开审判是法院工作的重要目标。法院系统在中级人民法院、基层法院开展了“公开审判”试点工作，随后最高人民法院在其主办的《人民司法》杂志上总结推广公开审判的先进经验，① 以及对典型案件公开审判的工作亮点。② 对于未按照要求实行公开审判的法院，最高人民法院还通报批评以推动落实公开审判原则。③ 从那一时期的经验总结来看，公开审判主要体现为公开开庭审理和召开宣判大会。公开宣判的实现受制于公开审判的实现能力。由于改革开放初期人民法院办案物质条件匮乏，法庭用房、提押犯罪嫌疑人交通工具的缺乏往往使公开开庭准备工作显得非常繁重，很多基层法院需要借用场所、车辆、设备才能保障公开开庭顺利进行，客观因素的限制导致了公开审判的选择性实现。④ 此外，程序意识的缺位，也是公开审判不易推进的主观原因。1988 年，时任最高人民法院院长任建新（1925 年～）在第十四次全国法院工作会议上指出，

---

① 如 1978 年第 1 期《人民司法》刊登了山东省平度县人民法院公开审判几件刑事案件的经验介绍文章《我们是怎样公开审判的》，1978 年第 3 期《人民司法》刊登了天津市河西区人民法院《民事案件公开审判试点工作介绍》和湖南省临湘县人民法院《我们首次公开审判的做法》，1979 年第 9 期《人民司法》刊发了湖南省桃源县人民法院的经验总结性文章《公开审判制度好》，1980 年第 2 期《人民司法》刊发了天津市河西区人民法院在刑事诉讼中开展公开审判工作的经验介绍文章《认真实施“两法”，搞好公开审判》，1980 年第 6 期刊《人民司法》发了河南省郑州市中级人民法院克服实际困难实施公开审判的文章《坚持公开审判确保办案质量》，1980 年第 8 期《人民司法》刊发了《公开审判武明生案的一些做法和体会》，等等。

② 如 1980 年第 8 期《人民司法》刊发了《贵阳市公开审判孟贵平盗窃案扩大办案效果促进企业管理》，1982 年第 5 期《人民司法》刊发了《河池中院公开审判李扬海走私贩私、投机倒把案件》，1983 年第 2 期《人民司法》刊发了《湖南省凤凰县人民法院公开审判破坏森林的犯罪分子》和《瑞金县法院公开审理一起拐卖人口案件》，等等。

③ 如吉林省通榆县人民法院就因 1980 年上半年刑事案件应公开而未实行公开审理的问题受到批评。参见吉林省通榆县人民法院：《吉林省通榆县法院关于上半年未实行公开审判案件的检查》，载《人民司法》1980 年第 11 期。

④ 参见王海清：《关于公开宣判的若干思考》，载《中国审判》2007 年第 4 期。

“长期以来，在法院审判工作中，存在‘重实体，轻程序’的现象，对公开审判的重要意义认识不足，有少数一审刑事案件，相当一部分一审民事案件和经济纠纷案件，以及绝大多数二审、再审案件依照法律规定应当公开审理的，没有公开审理；有些案件虽然公开审理了，也常常流于形式……”[①] 在主客观因素共同作用下，公开审理的选择性实现，也导致了公开宣判的选择性开展。

审判方式改革继续推动公开审判并明确要求公开宣判。1997 年 3 月，在第八届全国人民代表大会第五次会议上，时任最高人民法院院长任建新在《最高人民法院工作报告》中指出，“全面推进审判方式改革。……核心是进一步贯彻公开审判的原则，凡是依法应当公开审判的案件，都做到公开审判，把审判活动更好地置于社会监督之下”。[②] “审判方式改革，强调的就是强化庭审功能，当庭举证、当庭质证、当庭认证，甚至当庭宣判。”[③] 1998 年，时任最高人民法院院长肖扬（1938～2019 年）在全国法院教育整顿工作座谈会上强调，“使审判活动处于公众的直接监督之下”。[④] 1999 年 3 月，最高人民法院《关于严格执行公开审判制度的若干规定》（法发〔1999〕3 号）颁布，明确要求，“人民法院进行审判活动，必须坚持依法公开审判制度，做到公开开庭，公开举证、质证，公开宣判”。特别强调，“人民法院审理的所有案件应当一律公开宣告判决”。

---

① 辛敏：《公开审判是人民法院自身改革的重要内容》，载《学习与辅导》1988 年第 11 期。

② 任建新：《最高人民法院工作报告——1997 年 3 月 11 日在第八届全国人民代表大会第五次会议上》，载《中华人民共和国最高人民法院公报》1997 年第 2 期。

③ 《中国律师》杂志编辑部：《司法公正如何面对公开审判——本刊与海南大学在海口召开专题研讨会》，载《中国律师》1999 年第 2 期。

④ 肖扬：《深入开展教育整顿和执法大检查　努力建设一支高素质的法院队伍——在全国法院教育整顿工作座谈会上的讲话（摘要）》，载《中华人民共和国最高人民法院公报》1998 年第 2 期。

（三）公开宣判的规范化建设

1997年，中共十五大划时代地确立了依法治国的基本方略，并提出司法改革的明确要求。20年的司法改革历程，始终坚持顶层设计、科学规划，逐步推进公开宣判规范化。

1999年10月，“一五改革纲要（1999～2003）”发布，对公开宣判提出改革目标。一方面，以“提高当庭宣判率”作为重要指标，客观上增强了裁判结果的透明化。① 另一方面，鉴于20世纪末，我国诉讼程序中二审程序尚未完全实现开庭审理和公开宣判，“一五改革纲要（1999～2003）”在“继续深化刑事审判方式改革”部分，提出“对第二审案件除依法可以不开庭审理的以外，应当做到开庭审理，公开宣判”。②

2005年10月，“二五改革纲要（2004～2008）”出台，原则性地提出“进一步落实依法公开审判原则，采取司法公开的新措施，确定案件运转过程中相关环节的公开范围和方式，为社会全面了解法院的职能、活动提供各种渠道，提高人民法院审判工作、执行工作和其他工作的透明度”。③ 为落实司法改革纲要提出的健全公开审判制度的要求，最高人民法院于2007年6月颁布《关于加强人民法院审判公开工作的若干意见》，④ 在公开宣判方面作出详细规定。第一，要逐步提高当庭宣判比率，“人民法院审理案件，能够当庭宣判的，应当当庭宣判”；第二，要规范定期宣判，

---

① 在最高人民法院“一五改革纲要（1999～2003）”发布前不久，最高人民法院《关于严格执行公开审判制度的若干规定》（法发〔1999〕3号）印发，因此，“一五改革纲要（1999～2003）”第12条要求：“严格执行最高人民法院1999年3月8日发布的《关于严格执行公开审判制度的若干规定》，全面落实公开审判制度。人民法院开庭审判的案件，应当逐步提高当庭宣判率。”

② 参见最高人民法院“一五改革纲要（1999～2003）”第15条。

③ 参见最高人民法院“一五改革纲要（1999～2003）”第10条。

④ 最高人民法院《关于加强人民法院审判公开工作的若干意见》（法发〔2007〕20号），2007年6月4日颁布并实施，现行有效。

定期宣判应当在裁判文书签发后及时进行，“宣判前应当通知当事人和其他诉讼参与人”，“宣判时允许旁听”，“宣判后应当立即送达法律文书”；第三，要规范委托宣判，受委托法院应当在收到委托函后及时“通知当事人和其他诉讼参与人”，“宣判时允许旁听”，“宣判后应当立即送达法律文书”。

2009 年 3 月，“三五改革纲要（2009 ~ 2013）”颁布，在改革和完善上下级法院关系部分，强调了“完善委托宣判”工作机制。对于定期宣判的案件，法院应提前公告。

2015 年 2 月，“四五改革纲要（2014 ~ 2018）”强调“建立以审判为中心的诉讼制度”。为此，最高人民法院、最高人民检察院、公安部、国家安全部、司法部于 2016 年 7 月联合印发《关于推进以审判为中心的刑事诉讼制度改革的意见》（法发〔2016〕18 号），专门对“公开宣判”改革提出要求：“完善当庭宣判制度，确保裁判结果形成在法庭。适用速裁程序审理的案件，除附带民事诉讼的案件以外，一律当庭宣判；适用简易程序审理的案件一般应当当庭宣判；适用普通程序审理的案件逐步提高当庭宣判率。规范定期宣判制度。”

2019 年 2 月，“五五改革纲要（2019 ~ 2023）”提出“健全开放、动态、透明、便民的阳光司法制度体系”，强调“深化庭审活动公开。进一步健全庭审公开的范围、流程和保障机制”。[①] 公开宣判是庭审活动公开的有机组成部分，通过中国庭审公开网，公开宣判的法律效果和社会效果将进一步提升。

---

① 参见最高人民法院“五五改革纲要（2019 ~2023）”第 18 条。

第二节　公开宣判的价值性和局限性

一、公开宣判可以实现判决结果透明化

公开宣判作为裁判结果透明化的主要渠道，在保障当事人诉讼权利和公民知情权中发挥了重要作用。从裁判结果透明化所要实现的目标看，公开宣判可以实现“判决”结果的透明化。

“判决”是法院在案件审理程序终结时对案件的实体问题作出的权威性判定，具有终局性、确定性、约束性的特点。第一，判决是法院经过法庭调查、法庭辩论、最后陈述等诉讼程序，最终作出的终局性判定；第二，判决是对当事人实体法律关系的最终裁决，使处于争议、变动或受损的社会关系通过判决的调整重新处于确定性状态；第三，判决对社会具有普遍的约束力，任何人非经法定程序都不得推翻判决所认定的事实和法律关系。以宣告方式将判决结果公开，使当事人知悉，让社会公众知晓，从而实现判决所具有的重新调整并确定社会关系的功能。

二、公开宣判不能实现裁判结果全样态透明化

在司法实践中，除判决外，法院还能作出裁定和决定。裁定是法院代表国家在诉讼程序或执行程序中对程序性问题和个别实体性问题所作出的权威性判定。所谓程序性问题，是指不处分实体权利义务、不判定实体法律责任的问题，如驳回自诉裁定、准许撤诉裁定、终止审理裁定、准许撤回上诉裁定、维持原判裁定、发回重审裁定；等等。所谓个别实体性问题，主要是针对财产的处置，如财产保全裁定。决定是法院代表国家在诉讼中对特定事项作出的权威性判定。具有结案性质的决定，如刑事诉讼程

序中的再审决定书、国家赔偿程序中的赔偿决定书等。此外，双方当事人的纠纷经人民法院调解后，法院还将作出的调解书。

公开宣判作为裁判结果透明化的实践模式，能够实现“判决”结果的透明化。据统计，在我国“判决”结果仅占裁判结果的40%左右，通过公开宣判，还无法实现裁判结果的全样态透明化。

三、公开宣判仅能实现判决结果选择性透明化

在我国司法实践中，除法定情形外，公开开庭审理作为必经程序已得到全面实现，但囿于司法成本等因素，“公开宣判”逐渐蜕变为选择性适用程序。

法官选择适用“公开宣判”程序，一般是为了满足社会公众知情权，实现法的“预防”作用，并通过新闻媒体扩大公开宣判的社会效果，此类报道也常见诸报端。第一，某一类型案件集中公开宣判，起到震慑犯罪、预防犯罪的法律效果，如《人民法院报》2019年1月30日报道《四起特大跨国电信网络诈骗案宣判》①、2019年3月28日报道《黑龙江：同步宣判18件涉黑恶犯罪案》②。第二，新类型案件选择适用公开宣判，起到普及法律新知识的效果，如《人民法院报》2019年4月4日分别报道《陕西首例“套路贷”涉黑案一审公开宣判》③《河北雄安新区中级人民法院宣判两起污染环境犯罪案件》④。第三，原高级领导干部职务犯罪案件公开宣

① 余建华、芮萱：《四起特大跨国电信网络诈骗案宣判》，载《人民法院报》2019年1月30日，第3版。

② 段春山、范海涛：《黑龙江：同步宣判18件涉黑恶犯罪案》，载《人民法院报》2019年3月28日，第1版。

③ 贺雪丽、邸岩：《陕西首例“套路贷”涉黑案一审公开宣判》，载《人民法院报》2019年4月4日，第3版。

④ 史风琴：《河北雄安新区中级人民法院宣判两起污染环境犯罪案件》，载《人民法院报》2019年4月4日，第3版。

判，起到预防腐败、惩前毖后的作用，如《人民法院报》2019 年 4 月 4 日报道《安徽原副省长陈树隆一审被判无期徒刑》①、2019 年 4 月 24 日报道《贵州省人民政府原副省长王晓光受贿、贪污、内幕交易案一审宣判》②。第四，广受社会关注的案件选择适用公开宣判，满足社会公众的知情权，如《人民法院报》2019 年 3 月 2 日报道《温州男子杀害女儿同学案宣判》③、2019 年 4 月 26 日报道《湖南一男子抢夺公交车方向盘致车辆失控——犯以危险方法危害公共安全罪获刑二年》④。

法官不选择适用公开宣判程序，往往基于以下两方面原因：第一，当庭宣判的顾虑——错案终身负责制。司法责任制的推行，使法官对案件裁判更加审慎。随着多元化纠纷解决机制的推行，事实简单、脉络清晰的案件往往还未进入诉讼渠道就已得到化解。最终进入诉讼渠道的纠纷一般都较为复杂，当庭作出裁判的难度不断增加，法官更倾向于庭审后进一步深入研究，并保留庭后继续做好调解工作的时间和空间，当庭作出裁判的主观意愿较低。⑤ 第二，定期宣判的障碍——司法成本限制。定期宣判须再次组织审判组织成员和各方当事人到场，无形中增加了司法成本和当事人诉讼成本。在司法资源相对紧张的情况下，案案都公开宣判在客观上也不易实现。此外，常有败诉方当事人在公开宣判后拒收裁判文书，造成裁判文书送达难以顺利完成，不仅拖延了程序进度，也增加了司法成本。

---

① 安海涛：《安徽原副省长陈树隆一审被判无期徒刑》，载《人民法院报》2019 年 4 月 4 日，第 3 版。

② 孙航：《贵州省人民政府原副省长王晓光　受贿、贪污、内幕交易案一审宣判》，载《人民法院报》2019 年 4 月 24 日，第 3 版。

③ 余建华、温宣：《温州男子杀害女儿同学案宣判》，载《人民法院报》2019 年 3 月 2 日，第 3 版。

④ 陈文广：《湖南一男子抢夺公交车方向盘致车辆失控——犯以危险方法危害公共安全罪获刑二年》，载《人民法院报》2019 年 4 月 26 日，第 3 版。

⑤ 参见程思源、李奕信、孔德洲：《论新型独立合议庭的当庭宣判制度——以东莞中院的实践为例》，载齐树洁主编：《东南司法评论》（2017 年卷 · 总第 10 卷），厦门大学出版社 2017 年版，第 213 ~ 222 页。

公开宣判在我国成为可选择适用的诉讼程序，主要有两方面的原因。一是公开宣判并未被诉讼法规定为必要程序，未经公开宣判不属于“违反法定程序”的情形，不是二审或再审发回重审的法定事由。二是诉讼法确立送达生效原则，不以是否宣判作为裁判文书生效要件，仅司法解释规定特定情况下宣判后不在指定时间、指定地点领取裁判文书的情形视为送达。因此，司法实践中往往为提高司法效率而省略了公开宣判程序。

综上所述，受制于主客观因素的双重影响，公开宣判仅能实现判决结果选择性透明化。

第三章 裁判结果文本公开：裁判文书公开

裁判结果文本须通过一定载体公之于众。在人类历史的长河中，青铜器①、

① 我国西周时期，青铜器制造工艺精湛，在青铜器上铸刻铭文成为当时贵族记录重要事宜的传统。约公元前976～前711年，西周一位名为“倂”的贵族在诉讼胜诉后，用得来的铜铸礼器——匜，在其内铭文记录其涉诉案件的诉讼过程和裁判结果。因“匜”为中国先秦礼器之一，用于沃盥之礼，为客人洗手所用，故倂意在向外人公开自己胜诉的过程和裁判结果。后人对此“匜”命名为“倂匜”，简称朕匜。纵向看，朕匜比我国历史上第一次公布成文法——铸刑书，要早约200年；横向看，其比古罗马公布第一部成文法典——十二铜表法，还要早约300年。朕匜，于1975年2月在陕西岐山董家村一号青铜器窖藏出土，高20.5厘米，腹深12厘米，腹宽17.5厘米，长31.5厘米，重3850克。其器盖和腹底内壁连续铭文157字，其中器盖六行，90字，器腹七行，64字。铭文大意为：在三月底甲申日这一天，周王到达旁京上宫这个地方。随从周王的法官伯扬父在那里审理了一个案件，作出判决。伯扬父谴责上诉人牧牛（人名）说：“你违背了你以前的誓言，敢与你的上司打官司，并进行诬告，现在，你要信守誓约，到啬（人名）那里去见倂，以表示和好，并且还要给他5名奴隶。你应当恪守誓言。按照我最初的判决，应打你1000鞭子，还要施以墨刑。现在减轻对你的刑事处罚，只鞭打你500下，罚你300锊的铜。”法官伯扬父又要求牧牛当场发誓：“从今以后，我不敢再给你添任何麻烦了。”伯扬父又警告牧牛说：“你的上司如再告你，就要对你施以墨刑。”牧牛立了誓。一些官员旁听了审判活动，听取了裁判结果。倂胜诉后，用得来的铜做了这件水器——匜，用以记载诉讼过程和裁判结果。朕匜铭文中，详细记载了审理案件的时间、地点、案由、案情、双方当事人、主审法官、合议庭成员（或陪审人员、旁听人员）名单及实行公开开庭审理的全过程。其判案依据为当时的刑典，小贵族控告大贵族，违反了宗法等级制度，构成了诬告罪。这篇距今2800年前的铭文，内容包括罪名认定和裁判结果，是目前我国已经发现的最早、最完整的裁判结果记载。铸刻青铜器记录诉讼活动并通过青铜器公开，是人类历史特定时期的特定现象。朕匜，现藏于陕西省岐山县博物馆。参见百度百科：https://baike.baidu.com/item/朕匜/8367296?fr=aladdin，最后访问时间：2019年2月20日。

竹简、纸张、电子文档相继成为裁判结果文本的载体。裁判结果文本通过一定的载体，为公众所接触、阅知和了解，裁判结果文本公开也就得以实现。当代，裁判结果文本公开主要通过裁判文书公开来实现。

第一节 裁判文书公开方式及其演进

一、裁判文书通过纸质媒体公开

纸质媒体，是社会公众接收审判权运行信息的重要渠道。在中华苏维埃时期，纸质媒体已公开报道重大案件的裁判结果和裁判理由。例如，江西省苏维埃裁判部于1933年6月16日创刊《司法案刊》,① 主要刊登江西省苏维埃裁判部的裁判文书。陕甘宁边区党的机关报《新中华报》于1937年10月14日第一版刊载了黄克功故意杀人案的裁判结果。新中国成立以后，各类报刊逐步丰富起来，对具有广泛社会影响的案件的裁判文书也通过报刊向社会公开。比如，1951年8月19日《光明日报》头版刊登了《北京市军事管制委员会军法处判决美政府特务间谍阴谋武装暴动案》的新闻报道并附1951年度军判字第1146号《中国人民解放军北京市军事管制委员会军法处判决》（如图3.1所示，当期《光明日报》原件现存于中国法院博物馆）。再如，1952年2月2日《人民日报》报道了最高人民法院组织的临时法庭在北京市中山公园举行公审大会，公开审判贪污犯薛昆山、宋德贵、夏茂如、杭效祖等七人，并当庭宣判，判决主文也当期刊载，进一步向全国公开（如图3.2和图3.3所示，当期《人民日报》原件现存于中国法院博物馆）。1992年10月1日，最高人民法院机关报《人民

① 《司法案刊》创刊号，现藏于中国法院博物馆。

法院报》创刊，作为法院宣传工作的主阵地，主动公开各类典型案件的裁判文书。

光明日報

北京市軍事管制委員會軍法處
判決美政府特務間諜陰謀武裝暴動案
主犯意人李安東日人山口隆一昨執行槍決

中國人民解放軍北京市軍事管制委員會軍法處判決

社論

又一次證明美帝國主義是中國人民的死敵

朝鮮解放六週年紀念日
金日成電斯大林致敬
斯大林電金日成祝賀

蘇決派遣代表團參加舊金山會議

日共議員團發表聲明

慶祝印尼獨立六週年
印尼代辦舉行招待會

停戰談判聯合小組委會
昨舉行第一次會議

图 3.1 1951 年 8 月 19 日《光明日报》实物照片

人民日報

北京昨天公審大貪污犯

在北京公審大貪污犯大會上的講話

中央人民政府最高人民法院臨時法庭關於大貪污犯薛崑山等的判決主文

图 3.2　1952 年 2 月 2 日《人民日报》头版实物照片

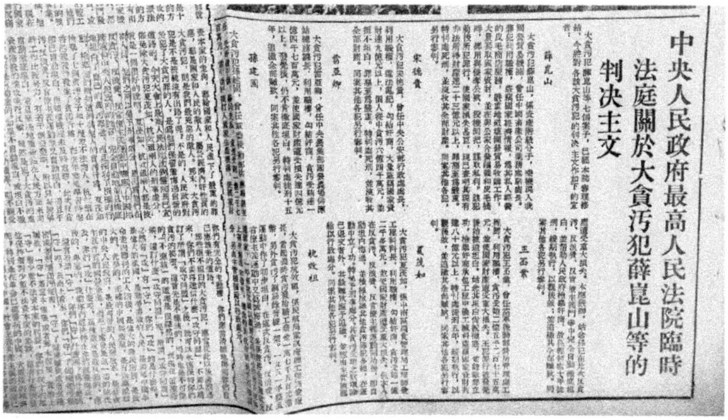
中央人民政府最高人民法院臨時法庭關於大貪污犯薛崑山等的判決主文

图 3.3　1952 年 2 月 2 日《人民日报》刊载中央人民政府最高人民法院临时法庭关于大贪污犯薛昆山等的判决主文的实物照片

通过纸质媒体公开裁判文书的司法规则逐步确立。在我国，2000 年最高人民法院《裁判文书公布管理办法》[①] 首次明确《人民日报》《法制日报》《人民法院报》等报刊可以公布最高人民法院具有重大影响或者指导作用的案件的裁判文书。“随着公众对司法案件关注程度的逐渐提升，新闻媒体为满足公众的深度需求，客观全面报道案件审理过程和结果，需要以裁判文书为基本素材。法院能否向新闻媒体提供其所需的裁判文书正本的复印件，各地做法不一。”[②] 为解决这一问题，最高人民法院于 2009 年 12 月印发《关于人民法院接受新闻媒体舆论监督的若干规定》，保障新闻媒体舆论监督的权利，规范法院接受舆论监督工作，法院可以向新闻媒体提供裁判文书复印件，从而通过新闻媒体报道案件的方式公开裁判结果。[③]

二、裁判文书通过案例汇编公开

（一）我国案例汇编的基本历程

通过案例汇编公开裁判文书，在我国封建社会就已有之。现存可考的《名公书判清明集》，就辑录了南宋时期朱熹、真德秀、吴毅夫、陈子华、徐清叟、王伯大、蔡抗、赵汝腾等人所作的经典判词，如立继必须听命于家长；立继不得立异姓子；“衣冠”的后裔不得卖与“非类”之人的农民；儿子不准对继母起诉；读书人娶妓女为妻是“名教罪人”等。这些判词集

---

① 最高人民法院《裁判文书公布管理办法》（法办发〔2000〕4 号），于 2000 年 6 月 15 日颁布并实施，现行有效。

② 胡玉明：《裁判文书公开问题研究》，载《社会科学战线》2015 年第 4 期。

③ 最高人民法院《关于人民法院接受新闻媒体舆论监督的若干规定》（法发〔2009〕58 号）第 1 条规定：“人民法院应当主动接受新闻媒体的舆论监督。对新闻媒体旁听案件庭审、采访报道法院工作、要求提供相关材料的，人民法院应当根据具体情况提供便利。”第 5 条规定：“新闻媒体因报道案件审理情况或者法院其他工作需要申请人民法院提供相关资料的，人民法院可以提供裁判文书复印件、庭审笔录、庭审录音录像、规范性文件、指导意见等。如有必要，也可以为媒体提供其他可以公开的背景资料和情况说明。”

中反映了封建社会礼法合一的宗法秩序与伦理道德。[①]

我国封建社会结束至新中国成立前，清代的旧法不再适用，而中华民国的新法尚未制定，为解决法律适用问题，中华民国的“最高司法机关大理院以判例、解释例的方式事实上代行了立法机关的一部分立法权力”。[②]中华民国有实据可考的案例汇编，是中华民国九年《大理院现行六法释例续编》，共八册，涉及法院法、刑法、商法、民刑诉讼法（如图 3.4 所示，中华民国九年《大理院现行六法释例续编》现藏于中国法院博物馆）。

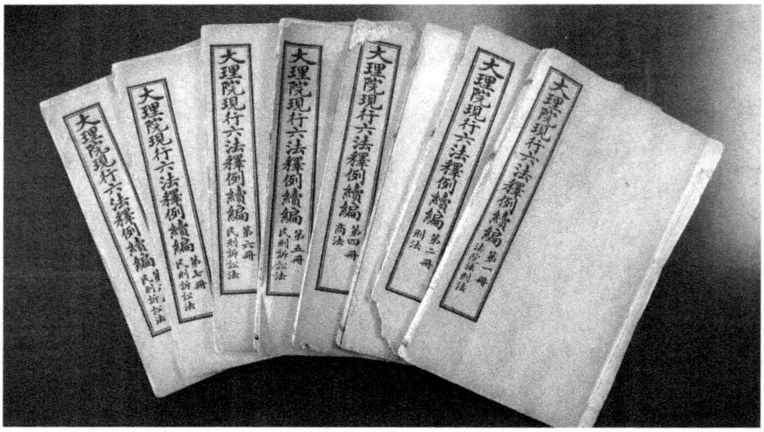

图 3.4 中华民国九年《大理院现行六法释例续编》

中华人民共和国成立后，发布案例是我国法院选择性公开裁判文书的一种常见方式，案例发布的主要载体是出版物。最高人民法院发布案例，主要有三类载体。一是《最高人民法院公报》，其于 1985 年开始向国内外发行，每一期都刊登典型案例。二是《人民法院案例选》，其自 1992 年下

① 参见《名公书判清明集》，载搜狗百科：http://baike.sogou.com/v7581340.htm?fromTitle=%E5%90%8D%E5%85%AC%E4%B9%A6%E5%88%A4%E6%B8%85%E6%98%8E%E9%9B%86，最后访问时间：2019 年 2 月 20 日。

② 张道强：《大理院判例、解释例——民国初期的司法机关“立法”》，载《三峡大学学报》（人文社会科学版）2006 年 7 月第 28 卷专辑。

半年由最高人民法院中国应用法学研究所编辑，定期出版发行至今，主要刊载各级人民法院刑事、民事、商事、知识产权、行政、国家赔偿、执行等各类典型案例。三是最高人民法院各审判业务部门的指导与参考系列丛书，如自 1999 年 4 月创办的《刑事审判参考》，几乎每期均有案例和裁判文书选登，此外还有《民事审判指导与参考》《商事审判指导》《知识产权审判指导》《行政执法与行政审判》《涉外商事海事审判指导》《强制执行指导与参考》等。“地方各级法院除积极向上述出版物编撰单位报送典型案例外，也通过编撰案例类图书的方式公开裁判文书，如北京法院编辑出版的《北京法院指导案例》、上海法院编辑出版的《上海法院案例精选》、天津法院编辑出版的《天津法院案例选》、重庆法院编辑出版的《重庆审判案例精选》等。”① 2009 年 12 月，最高人民法院颁布《关于司法公开的六项规定》，将“文书公开”作为司法公开六个方面之一，鼓励各级人民法院根据“案例指导、统一裁判标准的需要，集中编印、刊登各类裁判文书”。定期公布典型案例，虽主要基于统一裁判规则的价值目标，但客观上公开了裁判文书，实现了裁判结果的透明化。

通过案例汇编的方式公开裁判文书，对于统一法律适用具有重要作用。但限于出版物的篇幅，发布的典型案例数量有限，因而案例汇编方式公开裁判文书具有一定局限性。

（二）英美法系国家判例汇编与我国案例汇编的区别

1. 英美法系国家判例汇编具有先例约束力

在英美法系国家，普通法确立了遵循先例原则，即包含在以往判例中的法律原则对此后同类案件有约束力，即对作出判例的法院本身及其司法辖区内的下级法院此类案件均具有约束力。对判例引用的需要促使

① 胡玉明：《裁判文书公开问题研究》，载《社会科学战线》2015 年第 4 期。

英美法系国家发展出成熟的判例汇编出版制度。出版（publication）是指将法院意见书收录在正式出版的判例集中，汇编印刷成册，成为普通法中先例的一部分。法院意见书是否出版，对诉讼当事人都有相同的法律效力。

美国官方汇编的《美国最高法院判例汇编》（United States Reports）始于1790年，美国联邦最高法院指定费城律师亚历山大·J. 达拉斯（Alexander J. Dallas）收集整理本院的判例，达拉斯完成了4卷，而后又指定其他人进行了汇编。《美国最高法院判例汇编》前90卷均以汇编者的名字命名，自90卷以后，都以数字顺序命名。《美国最高法院判例汇编》是美国联邦最高法院的判决、命令、案件表（每一个已判决案件的列表）的正式记录，一旦印刷和装订，是最终版本的法院意见，不能更改。美国2017年修订的《最高法院诉讼规则》（Rules of the Supreme Court of the United States）① 第41条②规定，“法院意见，一经法官宣布或依据法院其他规定，书记官即予公布。此后，书记官将以书面形式发布法院意见，判决记录发布官将为出版法院意见而准备印刷品初稿和标注《美国最高法院判例汇编》卷号”。与美国联邦最高法院法院意见书全部出版不同，美国联邦上诉法院和地区法院的法院意见书则是有选择地出版。1964年，美国司法会议（The Judicial Conference of the United States）③ 作出一项决议，

① 美国2017年《最高法院诉讼规则》（Rules of the Supreme Court of the United States），于2017年9月27日通过，于2017年11月13日生效。

② Rules of the Supreme Court of the United States Rule 41. Opinions of the Court Opinions of the Court will be released by the Clerk immediately upon their announcement from the bench, or as the Court otherwise directs. Thereafter, the Clerk will cause the opinions to be issued in slip form, and the Reporter of Decisions will prepare them for publication in the preliminary prints and bound volumes of the United States Reports.

③ 美国司法会议（The Judicial Conference of the United States），是美国联邦法院的国家决策机构。美国联邦最高法院首席大法官是司法会议的主持人，司法会议的参加人包括各司法巡回区法院的首席法官、国际贸易法院的首席法官和各联邦地区法院的一名地区法官。

"鉴于美国联邦地区法院和上诉法院出版的法院意见书数量的急剧增加，对外开放的私立或公立法律图书馆的运营成本不断上涨、基础设施的维护越来越难，经全体会议审议，最终决议如下：联邦地区法院和上诉法院的法官仅授权出版具有普遍判决先例价值的法院意见书，出版内容应简明练达"。①

美国各州法院也有本州的官方判例汇编。美国州法院系统分为三级，州最高法院、州上诉法院和州初审法院。州最高法院的法院意见书一般都是出版的，州上诉法院的法院意见书如需建立新的法律规则须通过州最高法院确认后出版，州初审法院的法院意见书一般是不出版的。②

除了官方判例汇编，美国还有非官方判例汇编，较为系统规范的是西方出版公司（West Publishing Corporation）的美国全国判例汇编系统（National Reporter System，N. R. S.），其出版的《最高法院判例汇编》（Supreme Court Reporter），收录了自 1882 年以来美国最高法院的判例；其出版的《联邦判例汇编（1880～1924）》（Federal Reporter 1880－1924）主要收录了 1880～1924 年美国联邦上诉法院和联邦地区法院的判例，其出版的《联邦判例汇编（第二辑 1924～1993）》（Federal Reporter，Second Series 1924－1993）主要收录了 1924～1993 年美国联邦上诉法院的判例和 1924～1932 年美国联邦地区法院的判例，其出版的《联邦判例汇编（第三辑 1993～）》（Federal Reporter，Third Series 1993－）主要收录了 1993 年至今美国联邦巡回上诉法院和美国权利申诉法院的判例；其出版的《联邦判例

① Admin. Office of the U. S. Courts，"Report of the Proceedings of the Judicial Conference of the United States（1964）"，https://www. uscourts. gov/sites/default/files/1964－09_0. pdf，April 26，2019. 参见［美］杰弗里·S. 吕贝尔斯（Jeffrey S. Lubbers）：《美国司法公开面面观》，林娜译，载《中国应用法学》2017 年第 5 期。

② 参见郎贵梅：《美国联邦最高法院判例汇编制度及其启示》，载《法律文献信息与研究》2008 年第 2 期。

补编（1932～1988）》（Federal Supplement 1932－1988）收录了1932～1988年美国联邦地区法院的判例，其出版的《联邦判例补编（第二辑1988～）》（Federal Supplement，Second Series 1988－）主要收录1988年至今美国联邦地区法院、美国权利申诉法院、美国国际贸易法院、跨区诉讼司法小组的判例。N. R. S. 还把美国50多个州分成7个区域进行判例汇编，主要收录区域内的各州州最高法院和一些州上诉法院的判例。

英国没有成文法典，尤其是没有民法典，先例是非常重要的法律渊源。从1936年开始汇编出版的《全英格兰判例汇编》，将英国法院判决的案例按年月顺序汇编成书，在出版前法官要检查判决书的准确性保障了判决文本的确定性。《全英格兰判例汇编》包括了英国上议院、枢密院、上诉法院的上诉庭和所有高等法院的上诉庭的判例等。① 英国最高法院于2010年成立，取代上议院行使终审权，其裁判的全部案件的法院意见书，都可以通过英国最高法院的网站公开查阅。

2. 我国指导性案例具有参照效力，案例汇编仅具有参考价值

纵观中国法制史，我国始终是成文法国家。从公元前536年3月（阴历）中国历史上第一次公布成文法——郑国执政子产将郑国的法律铸在象征诸侯权位的青铜鼎上向全社会公布，② 历经两千多年历史变迁，至中华人民共和国宪法和法律，我国始终延续着成文法传统，案例在我国往往仅具有参考价值。我国各类案例汇编，其主要功能在于归纳总结裁判规则，为法官裁判提供参考。

随着司法改革深入推进，我国逐步建立起案例指导制度。2010年11月，最高人民法院印发《关于案例指导工作的规定》（法发〔2010〕51号），标志着中国特色案例指导制度初步确立。最高人民法院设立案例指

---

① 李晓梅：《〈全英格兰判例汇编〉简评》，载《现代法学》1989年第6期。

② 《左传·昭公六年》。

导工作办公室，负责指导性案例的遴选、审查和报审工作。从 2011 年 12 月最高人民法院发布第 1 批指导性案例，[①] 截至 2019 年 2 月最高人民法院发布第 21 批指导性案例，已累计发布指导性案例 112 例。[②] 2018 年修订的《人民法院组织法》首次明确赋予最高人民法院发布指导性案例的工作职能。[③]

在我国，指导性案例是裁判已经发生法律效力，认定事实清楚，适用法律正确，裁判说理充分，法律效果和社会效果良好，对审理类似案件具有普遍指导意义的案例。[④] 最高人民法院发布的指导性案例，不同于最高人民法院发布的公报案例、典型性案例等，也不同于各高级人民法院发布的参考性案例，更不同于各类出版物刊载的案例。一则程序不同，“指导性案例均统一由最高人民法院案例指导工作办公室编选，必须预先征求最高人民法院相关业务部门、案件原审法院的意见，必要时还可以征求专家学者及有关方面的意见，均须经最高人民法院审判委员会讨论通过，且由最高人民法院统一发布，其他案例的编选和发布则无此程序要求”。[⑤] 二则效力不同，“指导性案例所确定的裁判要点，对人民法院审理类似案件、作出裁判具有指导作用，即在根据法律、有关司法解释作出裁判的同时，

---

① 参见最高人民法院《关于发布第一批指导性案例的通知》（法〔2011〕354 号），2011 年 12 月 20 日发布并实施。

② 参见最高人民法院《关于发布第 21 批指导性案例的通知》（法〔2019〕3 号），2019 年 2 月 25 日发布并实施。

③ 《人民法院组织法》（2018 年修正）第 18 条第 2 款规定：“最高人民法院可以发布指导性案例。”第 37 条第 2 款规定：“最高人民法院对属于审判工作中具体应用法律的问题进行解释，应当由审判委员会全体会议讨论通过；发布指导性案例，可以由审判委员会专业委员会会议讨论通过。”

④ 参见《〈最高人民法院关于案例指导工作的规定〉实施细则》（法〔2015〕130 号）第 2 条规定：“指导性案例应当是裁判已经发生法律效力，认定事实清楚，适用法律正确，裁判说理充分，法律效果和社会效果良好，对审理类似案件具有普遍指导意义的案例。”

⑤ 张先明：《用好用活指导性案例、努力实现司法公正——最高人民法院研究室负责人就案例指导制度答记者问》，载《人民法院报》2011 年 12 月 21 日，第 3 版。

各级人民法院在审判类似案件时应当参照，并可以作为裁判文书的说理依据加以引用。其他任何形式的案例均无此明确、权威的裁判指导作用，更不能在裁判文书中加以引用”。[①] 三则称谓不同，正因程序和效力上的重大差别，“指导性案例”成为规范性特定称谓，只有最高人民法院发布的符合《关于案例指导工作的规定》要求的案例，才能够称为“指导性案例”，其他最高人民法院发布的或各高级人民法院发布的典型或具有指导意义的案例仅能称为“参考性案例”，任何其他途径刊发的各类案例也都不能称为“指导性案例”。

我国“指导性案例”具有参照效力。[②] 参照效力，笔者认为可以从四个方面理解。一是基本案情的对比，法官在审理案件时应主动查找指导性案例，对比所审理案例的基本案情与指导性案例的基本案情的相似度，确认是否属于“类案”。二是裁判规则的查明，法官在裁判案件时除应查明所需适用的法律、司法解释外，还应查明指导性案例的裁判要点。三是类案裁判的尺度，与指导性案例在基本案情和法律适用方面类似的案件，应“参照指导性案例明确的裁判规则、阐释的法理、说明的事理”[③]，实现“同案同判”。四是错案认定的依据，与指导性案例在基本案情和法律适用方面相类似的案件，如未参照适用已经发布的指导性案例进行裁判，案件

① 张先明：《用好用活指导性案例、努力实现司法公正——最高人民法院研究室负责人就案例指导制度答记者问》，载《人民法院报》2011 年 12 月 21 日，第 3 版。

② 最高人民法院《关于案例指导工作的规定》（法发〔2010〕51 号）第 7 条规定：“最高人民法院发布的指导性案例，各级人民法院审判类似案例时应当参照。”《〈最高人民法院关于案例指导工作的规定〉实施细则》第 9 条规定：“各级人民法院正在审理的案件，在基本案情和法律适用方面，与最高人民法院发布的指导性案例相类似的，应当参照相关指导性案例的裁判要点作出裁判。”第 10 条规定：“各级人民法院审理类似案件参照指导性案例的，应当将指导性案例作为裁判理由引述，但不作为裁判依据引用。”第 11 条规定：“在裁判文书中引述相关指导性案例的，应在裁判理由部分引述指导性案例的编号和裁判要点。”

③ 张先明：《用好用活指导性案例、努力实现司法公正——最高人民法院研究室负责人就案例指导制度答记者问》，载《人民法院报》2011 年 12 月 21 日，第 3 版。

进入二审或再审程序后，应当参照指导性案例改判。

对于“指导性案例”的参照适用方式，2016 年 8 月，最高人民法院制定的《人民法院民事裁判文书制作规范》（法〔2016〕221 号）规定，指导性案例虽不是裁判依据，但可在论述“裁判理由”时引述，即“正在审理的案件在基本案情和法律适用方面与最高人民法院颁布的指导性案例相类似的，应当将指导性案例作为裁判理由引述，并写明指导性案例的编号和裁判要点”。

指导性案例的司法应用情况，已成为学术研究的新领域。据《最高人民法院指导性案例司法应用研究报告（2018）》统计，截至 2018 年 12 月 31 日，最高人民法院发布的指导性案例，已有 78 例在司法实践中被应用于 3098 例案例。其中，民商事类指导性案例有 33 例被应用于 2171 例案例，刑事类指导性案例有 13 例被应用于 55 例案例，行政类指导性案例有 14 例被应用于 768 例案例，执行类指导性案例有 3 例被应用于 63 例案例，知识产权类指导性案例有 14 例被应用于 32 例案例，国家赔偿类指导性案例有 1 例被应用于 17 例案例。① 由于指导性案例的数量不多，所覆盖的司法实践中的案件类型有限，指导性案例司法应用的总体数量还不高。但是，对于司法实践中常出现的人身损害赔偿（指导性案例 24 号）、消费者权益保护（指导性案例 23 号）等类型案件，参照适用率很高，充分发挥了指导性案例统一裁判尺度、规范自由裁量权的功能。

三、裁判文书通过申请查阅公开

申请查阅裁判文书，从申请主体角度可分为三个层次：一是当事人申请查阅；二是诉讼代理人申请查阅；三是社会公众申请查阅。

---

① 《最高人民法院指导性案例 2018 年度司法应用报告》，载北大法宝微信公众号 2019 年 4 月 1 日。

（一）当事人申请查阅

按照诉讼法律制度，裁判文书以送达当事人为发生法律效力的前提，因此一般来说当事人会收到裁判文书正本。如当事人因公告送达或遗失裁判文书而需要查阅、复制裁判文书，法律、司法解释及司法文件都保障了当事人这一权利。

第一，当事人有权查阅民事裁判文书。我国民事诉讼法律制度赋予当事人查阅和复制本案法律文书的权利。1982 年《民事诉讼法（试行)》，首次规定当事人查阅权，第 45 条第 2 款规定，“经人民法院许可，当事人可以查阅本案的庭审材料，请求自费复制本案的庭审材料和法律文书。但是，涉及国家机密或者个人隐私的材料除外”。1991 年《民事诉讼法》延续并扩大了当事人查阅权，该法第 50 条第 2 款规定，“当事人可以查阅本案有关材料，并可以复制本案有关材料和法律文书。查阅、复制本案有关材料的范围和办法由最高人民法院规定”。① 当事人查阅权的具体实施方式，采取参照适用模式，参照适用最高人民法院《关于诉讼代理人查阅民事案件材料的规定》。②

第二，当事人有权查阅刑事裁判文书。我国《刑事诉讼法》未明文规定当事人查阅案卷权，但最高人民法院办公厅《关于案件当事人及其代理人查阅诉讼档案有关问题的复函》③ 以司法文件方式明确了当事人可以查

---

① 1991 年《民事诉讼法》历经 2007 年、2012 年、2017 年三次修订，当事人查阅权的条款内容均未改变，仅条款序号在 2012 年修订时调整为第 49 条。

② 最高人民法院《关于诉讼代理人查阅民事案件材料的规定》（法释〔2012〕39 号）第 10 条规定：“民事案件的当事人查阅案件有关材料的，参照本规定执行。”

③ 最高人民法院办公厅《关于案件当事人及其代理人查阅诉讼档案有关问题的复函》（法办〔2005〕415 号），“湖北省高级人民法院：你院《关于案件当事人及其代理人查阅诉讼档案有关问题的请示》（鄂高法〔2005〕260 号）收悉。经研究，我们认为，按照《人民法院档案管理办法》和《最高人民法院关于诉讼代理人查阅民事案件材料的规定》（法释〔2002〕39 号）的规定，当事人也可以查阅刑事案件、行政案件和国家赔偿案件的正卷。此复”。

阅刑事案件正卷。因裁判文书的正本装入诉讼档案正卷，也属于查阅范围之内。

第三，当事人有权查阅行政裁判文书。1989 年《行政诉讼法》第 30 条第 2 款规定，“经人民法院许可，当事人和其他诉讼代理人可以查阅本案庭审材料，但涉及国家秘密和个人隐私的除外”。2014 年第一次修订后，第 32 条第 2 款规定，“当事人和其他诉讼代理人有权按照规定查阅、复制本案庭审材料，但涉及国家秘密、商业秘密和个人隐私的内容除外”。这次修订，进一步保障了当事人查阅权，又作了必要限制，一方面，当事人查阅权行使不再以法院许可为前提；另一方面，在保护国家秘密、个人隐私基础上，增加了对商业秘密的保护。最高人民法院办公厅《关于案件当事人及其代理人查阅诉讼档案有关问题的复函》明确当事人查阅行政案件正卷的权利，当事人也即有权查阅行政案件裁判文书。

第四，当事人有权查阅国家赔偿裁判文书。按照最高人民法院办公厅《关于案件当事人及其代理人查阅诉讼档案有关问题的复函》，当事人还可以查阅国家赔偿案件的正卷，当事人也即有权查阅国家赔偿案件裁判文书。

第五，当事人有权查阅执行案件裁判文书。按照最高人民法院办公厅《关于诉讼档案查阅范围的复函》，[①] 当事人有权查阅执行案件的正卷，当事人也即有权查阅执行案件裁判文书。

（二）诉讼代理人申请查阅

在我国，诉讼法和有关司法文件赋予诉讼代理人、辩护人查阅其所代

① 最高人民法院办公厅《关于诉讼档案查阅范围的复函》（法办〔2006〕110 号）规定，“上海市高级人民法院办公室：你院《关于扩大诉讼档案查阅范围的请示》（沪高法办〔2006〕7 号）收悉。关于诉讼档案查阅范围的问题，我们已在 2005 年答复湖北省高级人民法院的《关于案件当事人及其代理人查阅诉讼档案有关问题的复函》（法办〔2005〕415 号）中作了规定，现将该《复函》转发给你们，请遵照执行。关于执行案件的正卷，经研究，我们认为，当事人及其代理人也可以查阅。此复”。

理的案件的卷宗材料的权利，因而，其也有权查阅其所代理案件的裁判文书。

第一，在民事诉讼中，诉讼代理人有权查阅案卷材料。[①] 最高人民法院《关于诉讼代理人查阅民事案件材料的规定》，未区分对待代理诉讼的律师和其他诉讼代理人，将二者统称为诉讼代理人，二者权利和义务是相同的，都能够查阅所代理案件的裁判文书。

第二，在刑事诉讼中，法律明确赋予辩护人查阅案卷权。但是区分了律师辩护人和其他辩护人的查阅权，律师辩护人行使查阅权无须“经人民法院、人民检察院许可”。[②]《关于推进以审判为中心的刑事诉讼制度改革的意见》要求依法保障辩护人“阅卷”等权利，[③] 在司法实践中对查阅权进一步予以保障。

第三，在行政诉讼中，代理诉讼的律师的查阅范围相较于其他诉讼代理人更为广泛。在依法履行保密义务的前提下可以查阅涉及国家秘密、商业秘密和个人隐私的材料，而其他诉讼代理人无权查阅涉及国家秘密、商业秘密和个人隐私的材料。[④] 代理诉讼的律师对其所代理的行政案件的行政裁判文书都可查阅，其他诉讼代理人对于涉及国家秘密、商业秘密和个

---

① 《民事诉讼法》（2017 年修正）第 61 条规定：“代理诉讼的律师和其他诉讼代理人有权调查收集证据，可以查阅本案有关材料。查阅本案有关材料的范围和办法由最高人民法院规定。”

② 《刑事诉讼法》（2018 年修正）第 40 条规定：“辩护律师自人民检察院对案件审查起诉之日起，可以查阅、摘抄、复制本案的案卷材料。其他辩护人经人民法院、人民检察院许可，也可以查阅、摘抄、复制上述材料。”

③ 最高人民法院、最高人民检察院、公安部、国家安全部、司法部《关于推进以审判为中心的刑事诉讼制度改革的意见》（法发〔2016〕18 号）第 17 条第 3 款规定：“依法保障辩护人会见、阅卷、收集证据和发问、质证、辩论辩护等权利，完善便利辩护人参与诉讼的工作机制。”

④ 《行政诉讼法》（2017 年修正）第 32 条规定：“代理诉讼的律师，有权按照规定查阅、复制本案有关材料，有权向有关组织和公民调查，收集与本案有关的证据。对涉及国家秘密、商业秘密和个人隐私的材料，应当依照法律规定保密。当事人和其他诉讼代理人有权按照规定查阅、复制本案庭审材料，但涉及国家秘密、商业秘密和个人隐私的内容除外。”

人隐私的裁判文书无权查阅。

第四，在执行程序中，诉讼代理人也可以查阅执行案件裁判文书。最高人民法院《关于人民法院执行公开的若干规定》规定，“委托代理人申请查阅执行卷宗的，经人民法院许可，可以按照有关规定查阅、抄录、复制执行卷宗正卷中的有关材料”。[①]

（三）社会公众申请查阅

社会公众依申请查阅裁判文书，是当代各国实现司法透明的重要保障机制，也是实现社会公众知情权的主要途径之一。

1. 域外申请查阅制度

（1）美国的基本情况

在美国，社会公众可以查阅包括裁判文书在内的联邦法院案件档案。查阅案件档案可分为电子档案查阅、纸质档案查阅和档案电话查询。第一，电子档案查阅，有三种途径。一是社会公众可以通过互联网使用“公众访问法院电子记录系统”（Public Access to Court Electronic Records，PACER）[②]，查阅以电子方式保存的案件档案，公众访问法院电子记录系统允许任何注册用户使用 PACER 案件定位器搜索和定位美国联邦上诉、地区和破产法院案件和案卷信息，通过 PACER 访问法院电子档案，每页收费 10 美分，每份文件的最高收费为 3 美元。二是社会公众可以从案件受理

---

① 最高人民法院《关于人民法院执行公开的若干规定》（法发〔2006〕35 号）第 16 条规定：“人民法院对执行过程中形成的各种法律文书和相关材料，除涉及国家秘密、商业秘密等不宜公开的文书材料外，其他一般都应当予以公开。当事人及其委托代理人申请查阅执行卷宗的，经人民法院许可，可以按照有关规定查阅、抄录、复制执行卷宗正卷中的有关材料。”

② 公众访问法院电子记录系统（Public Access to Court Electronic Records，PACER），是美国联邦司法部建立的电子档案公共访问服务系统，通过集中服务向公众提供法院信息。PACER 允许用户从联邦上诉法院、地区法院、破产法院以及 PACER 案件定位器在线获取已结和未结案件的信息。载 https://www.pacer.gov/，最后访问时间：2019 年 4 月 27 日。

法院书记官办公室的公共访问终端访问案件电子档案，访问是免费的，从公共访问终端打印的费用为每页 10 美分。三是社会公众到案件受理法院，查阅法院存储的电子档案，在法院内查阅是免费的。第二，纸质档案查阅，也有三种途径。一是社会公众到案卷归档法院查阅案件纸质档案，在法院内查阅是免费的。二是社会公众到联邦档案中心（FRC）查阅存档于其内的纸质档案。三是社会公众到国家档案和记录管理局（National Archives and Records Administration，NARA），查阅符合永久保存条件而移交给该局存储和保存的历史纸质档案。第三，档案电话查询，仅限于破产法院案卷。所有破产法院都有一个电话信息系统，也称为语音案件信息系统，它能使来电者通过按键电话获得基本案件信息，24 小时自动提供查询服务，而且是免费的。

在美国，社会公众查阅裁判文书的权利并不是绝对化的，受到美国司法隐私政策的限制。美国 2008 年《司法会议关于隐私和公众获取案件电子档案的决定》（Judicial Conference Policy on Privacy and Public Access to Electronic Case Files）① 规定，刑事案件档案中的 8 类案卷材料不向社会公众提供查阅，其中之一为“定罪判决中的理由陈述”（statements of reasons in the judgment of conviction）。也就是社会公众只能查阅到美国联邦法院刑事案件的判决结果。

（2）其他国家的简要情况

在英国，“《民事诉讼规则》中对司法文书面向非诉讼当事人的公开作了规定，部分文书公众可以基于司法公开原则自由获取，但调解协议、法庭与当事人的通信等文书必须在法院许可后，非诉讼当事人才可以获得”。②

① The Judicial Conference of the U. S.，“Judicial Conference Policy on Privacy and Public Access to Electronic Case Files”，https://www. uscourts. gov/rules-policies/judiciary-policies/privacy-policy-electronic-case-files，April 27，2019.

② 宋亚静：《中外司法公开制度比较研究》，载《法制博览》2018 年第 33 期。

在德国，公民可以凭借有效证件到裁判作出法院查阅生效的裁判文书。

在法国，诉讼之外的第三人也就是公众“有权得到公开宣布的裁决的复印件”。①

在韩国，“所有公众可以在大法院特别阅览室不受限制地查阅、搜索判决书”，② 也可以通过互联网申请查阅电子档案。

2. 我国申请查阅制度

我国借鉴域外司法制度经验，逐步建立起社会公众申请查阅制度。第一阶段，司法文件积极推动建立申请查阅制度。2009 年 2 月，最高人民法院颁布《关于进一步加强司法便民工作的若干意见》，③ 要求“人民法院应当逐步建立裁判文书和诉讼档案公开查询制度”。各级法院在推进司法公开中，研究建立社会公众申请查阅裁判文书制度，但受司法神秘主义影响进展缓慢，并没有形成统一的工作规则。第二阶段，立法确立申请查阅制度。2012 年修订的《民事诉讼法》，首次建立申请查阅民事裁判文书制度。④ 2014 年修订的《行政诉讼法》，随之建立申请查阅行政裁判文书制度。⑤ 第三阶段，司法解释扩大查阅范围。2013 年最高人民法院《关于人民法院在互联网公布裁判文书的规定》（法释〔2013〕26 号）⑥ 要求，从

---

① ［法］皮埃尔·特鲁仕主编：《法国司法制度》，丁伟译，北京大学出版社 2012 年版，第 105 页。

② 杨建文：《韩国的文书公开制度》，载《人民法院报》2013 年 8 月 23 日，第 8 版。

③ 《最高人民法院印发〈关于进一步加强司法便民工作的若干意见〉的通知》（法发〔2009〕6 号），2009 年 2 月 13 日发布并实施，现行有效。

④ 《民事诉讼法》（2012 年修正）第 156 条规定：“公众可以查阅发生法律效力的判决书、裁定书，但涉及国家秘密、商业秘密和个人隐私的内容除外。”

⑤ 《行政诉讼法》（2014 年修正）第 65 条规定：“人民法院应当公开发生法律效力的判决书、裁定书，供公众查阅，但涉及国家秘密、商业秘密和个人隐私的内容除外。”

⑥ 最高人民法院《关于人民法院在互联网公布裁判文书的规定》（法释〔2013〕26 号）于 2013 年 11 月 13 日由最高人民法院审判委员会第 1595 次会议通过，自 2014 年 1 月 1 日起实施。2016 年 7 月 25 日最高人民法院审判委员会第 1689 次会议对该司法解释进行了修订，并于 2016 年 10 月 1 日起依照修订后的最高人民法院《关于人民法院在互联网公布裁判文书的规定》（法释〔2016〕19 号）实施。

2014年1月1日起人民法院生效裁判文书（除法定不公开）均应上传“中国裁判文书网”，2016年该司法解释修订后，又进一步扩大了上传文书的范围。社会公众可登录中国裁判文书网自行查询裁判文书。我国申请查阅裁判文书制度，经历了从实践探索到立法确认的过程，法律赋予公众查阅权，司法解释扩大查阅范围，最高人民法院积极推动查阅权的保障和实现。

我国申请查阅裁判文书制度，由六个方面构成：（1）申请查阅的权利主体；（2）申请查阅的义务主体；（3）申请查阅的范围；（4）申请查阅的程序；（5）申请查阅的例外规则；（6）申请查阅的个人信息保护。

第一，申请查阅的权利主体。法律规定“公众”是申请查阅的权利主体，无论与本案是否有利害关系，公众均可以申请查阅生效的裁判文书。“公众”可理解为是公民、法人或其他组织。① 外国或我国台湾地区、香港特别行政区、澳门特别行政区的公民、法人或其他组织，提供合法身份证明也可以申请查阅。

第二，申请查阅的义务主体。作出生效裁判文书的人民法院是义务主体。裁判文书在结案后均装入卷宗，存放在作出该裁判文书的人民法院的档案管理部门。作出该生效裁判文书的人民法院有义务向公众提供生效裁判文书的查询服务，保障公众查阅权的实现。

第三，申请查阅的范围。从专业类别上，仅限于民事、行政裁判文书，由于我国《刑事诉讼法》尚未规定刑事裁判文书的申请查阅制度，因而申请查阅的范围尚不包含刑事裁判文书；从文书类型上，仅限于判决书和裁定书，不包括决定书、调解书等其他类型裁判文书；从文书效力上，仅限于发生法律效力的裁判文书，尚未发生法律效力或者已失去法律效力

① 参见沈德咏主编：《最高人民法院民事诉讼法司法解释理解与适用》，人民法院出版社2015年版，第656页。

的裁判文书不提供查阅。需要说明的是，社会公众若申请查阅诉讼法规定的申请查阅范围之外的、但已上传中国裁判文书网的裁判文书，人民法院应当引导申请人自行查阅，并提供必要的技术辅助和设备支持。

第四，申请查阅的程序。公众应通过书面方式申请查阅，并提供具体的案号或当事人姓名、名称。人民法院应为公众书面申请提供制式申请单，公众填写必要信息即可，不应设置不合理的限制条件。人民法院认为申请不符合法律规定的，以口头方式“告知”申请人不予准许的具体原因。若申请查阅的裁判文书不是本院作出的，且尚未通过中国裁判文书网向社会公开，人民法院应向申请人详细解释说明并引导其向作出该生效裁判文书的人民法院申请查阅。

第五，申请查阅的例外规则。首先，《民事诉讼法》《行政诉讼法》以列举方式明确涉及国家秘密、商业秘密和个人隐私的裁判文书不准许查阅。其次，司法解释规定了“确认人民调解协议效力的”裁定书、“离婚诉讼或者涉及未成年子女抚养、监护的”裁判文书，不在互联网公布，①社会公众向人民法院申请查询上述裁判文书的权利，应受到限制。最后，司法解释还规定，在互联网公开裁判文书时，对“婚姻家庭、继承纠纷案件中的当事人及其法定代理人”的姓名进行非实名化处理，客观上割裂了上述当事人及其法定代理人与裁判文书之间的外在关联性，无法通过该公开裁判文书识别和关联上述当事人及其法定代理人。因而社会公众申请查阅婚姻家庭、继承纠纷案件裁判文书的权利也应受到限制。

第六，申请查阅的个人信息保护。我国《民法总则》将个人信息确立

---

① 最高人民法院《关于人民法院在互联网公布裁判文书的规定》（法释〔2016〕19号）第4条规定，“人民法院作出的裁判文书有下列情形之一的，不在互联网公布：（一）涉及国家秘密的；（二）未成年人犯罪的；（三）以调解方式结案或者确认人民调解协议效力的，但为保护国家利益、社会公共利益、他人合法权益确有必要公开的除外；（四）离婚诉讼或者涉及未成年子女抚养、监护的；（五）人民法院认为不宜在互联网公布的其他情形”。

为一项独立的民事权利，《刑法》明确规定侵犯个人信息罪，因此人民法院在保障社会公众查阅权的同时，也应保障具体案件诉讼参与人的个人信息安全。故人民法院向申请人提供查阅时，应当隐去下列信息：（1）自然人的家庭住址、通信方式、身份证号码、银行账号、健康状况、车牌号码、动产或不动产权属证书编号等个人信息；（2）未成年人姓名等相关信息；（3）法人以及其他组织的银行账号、车牌号码、动产或不动产权属证书编号等信息；（4）人民法院认为不宜公开的其他个人信息。

四、裁判文书通过互联网公开

（一）域外的规则和路径

随着互联网的普遍应用，许多国家和地区建立了公布裁判文书的网络平台，将裁判文书通过互联网公开。

1. 美国

美国法院，分联邦法院系统和州法院系统，在裁判文书上网方面，美国联邦法院系统的规则比较统一，50个州和哥伦比亚特区的法院系统的规则略有差异。

（1）美国联邦法院系统

美国2002年《电子政务法》（E-Government Act of 2002）[①] 第205条要求，美国联邦最高法院、上诉法院和地区法院应建立和维护本院的政务网站，在每一个联邦法院的政务网站，须可以访问每个案件的摘要信息，可以获取法院作出的法院意见书，这些数据资料要保持在线并定期更新。

美国联邦最高法院的官方网站（网址：https://www.uscourts.gov/）

---

① the United States, "E-Government Act of 2002", https://www.govinfo.gov/content/pkg/PLAW-107publ347/html/PLAW-107publ347.htm, March 30, 2019.

首页设有“法院档案”（Court Records）栏目，下设“查找案例”［Find a Case（PACER）］专栏，通过使用公众访问法院电子记录系统（PACER）或访问案件电子卷宗归档法院的书记官办公室来定位案件，并可查看包括裁判文书在内的案件电子档案。

美国联邦巡回上诉法院、联邦地区法院的网站，也参照联邦最高法院公开法院意见书，但未出版的法院意见书并不全对公众开放。

（2）美国州法院系统

美国各州法院，分为三级，分别为州最高法院、州上诉法院和州初审法院。以加利福尼亚州法院网（网址：www. courts. ca. gov）为例，该网站提供加利福尼亚州最高法院和州上诉法院的判决意见，包括“出版的意见书”（published opinion）[①] 和“未出版的意见书”（unpublished opinion）[②] 两个板块。加利福尼亚上诉法院案例信息系统，为加利福尼亚最高法院和上诉法院提供上述案例信息，案例信息在工作日每小时更新一次。加利福尼亚州各初审法院的判决意见未在该网站公布。网站还提供加利福尼亚州从1850年至今的官方判例汇编的案例，这些判例是可搜索、可引用的，是备案后更正的“出版的意见书”，由LexisNexis系统提供免费服务。

2. 新西兰

新西兰通过立法，明确规定裁判文书公开的方式和途径。新西兰《刑事诉讼法》规定，每个公民都有权利获得法院备案的庭审记录和法院判决。新西兰《司法法》规定了民事案件的审判公开和判决公开。[③]

---

① 出版的意见书（published opinion），是指判决意见在法院官方的判例汇编中出版，从而已出版的意见成为必须遵循的先例，在特定的法院辖区内具有先例约束力。See “What is a published opinion?”，http://www. courts. ca. gov/opinions. htm，March 30，2019.

② 未出版的意见书（unpublished opinion），不能作为先例在其他案件中被援引作为依据。See “What is an unpublished opinion?”，http://www. courts. ca. gov/opinions. htm，March 30，2019.

③ 李林、田禾主编：《司法透明国际比较》，社会科学文献出版社2013年版，第191页。

新西兰法院分为四个层级，最高法院、上诉法院、高等法院和地区法院。新西兰地区法院每年处理大约20万件刑事、家庭、未成年人和民事案件，这些案件中具有代表性的判例，通过新西兰地区法院网站（网址：http://www.districtcourts.govt.nz/）向社会公众公开。最高法院、上诉法院、高等法院的判决通过新西兰司法部建立的“司法判例在线”（Judicial Decisions Online）系统向社会公众公开，该系统网站（网址：https://forms.justice.govt.nz/jdo/Introduction.jsp）数据库收录了新西兰最高法院（The Supreme Court）的全部判决、上诉法院（The Court of Appeal）2003年以来的判决、高等法院（The High Court）2005年以来的判决。

新西兰法院的历史判决和其他法律材料可从新西兰法律信息研究所（New Zealand Legal Information Institute）维护的数据库（网址：http://www.nzlii.org/）中获得。

新西兰法院网站（网址：http://courtsofnz.govt.nz/）首页设有“判决”（JUDGMENTS）栏目，在该栏目项下，提供了上述“司法判例在线”“新西兰地区法院”“新西兰法律信息研究所”的链接。该网站首页还设有“法院”（THE COURTS）栏目，其项下设有各层级法院的判决板块，直接提供了最高法院、上诉法院和高等法院发布的具有特殊公共利益的判决，这些判决在上传后保留90天，并定期更新。

3. 新加坡

新加坡最高法院网站（网址：www.supremecourt.gov.sg），在首页设置“法院判决”（COURT JUDGMENT）栏目，最高法院2015年以来的判决都在此项下公开，可以通过年份或关键词搜索，提供PDF版判决书，可以免费下载。2015年以前的最高法院判决可以在新加坡法律观察网站上找到。新加坡法律观察网站（网址：https://www.singaporelawwatch.sg/）是新加坡法律学院建立并维护的新加坡最重要的每日法律新闻联合网站，其首页设有“判决”（Judgments）专栏，该栏目项下公开上诉法院（Court of Appeal)、高等法院（High Court)、新加坡知识产权局（Intellectual Property Office of Singapore)、个人资料保护委员会（Personal Data Protection Commission）的裁判文书。

4. 我国台湾地区、香港特别行政区、澳门特别行政区

（1）台湾地区

“自1998年起，除了依法不得公开审理的案件外，台湾‘司法院’将所有案件的裁判书在互联网上全文公开，其他各级法院的裁判书也陆续开始在互联网上公开。”我国台湾地区2010年修订的“法院组织法”第83条规定，“各级法院及分院应定期出版公报或以其他适当方式，公开裁判书。但其他法律另规定者，依其规定”。“根据该规定，台湾各级法院及分院的裁判书宣示后均统一公布在台湾‘司法院’全球资讯网上。”“台湾‘司法院’全球资讯网首页中有查询服务一栏，其中包括裁判书查询栏目。目前，该系统中可以查询的裁判书包括台湾‘最高法院’、‘最高行政法院’及台北、台中、高雄等行政法院，台湾高等法院及台中分院、台南分院、高雄分院、花莲分院，智慧财产法院，台湾各地方法院，高雄少年及家事法院，‘公务员惩戒委员会’，台湾‘司法院’刑事补偿、诉愿决定，‘司法院’职务法庭等的所有应当公开的裁判书。”①

（2）香港特别行政区

香港司法机构网站（网址：www. judiciary. gov. hk)，首页设有“判案书及法律参考资料”专栏，可以查阅终审法院、高等法院、竞争事务审裁处、区域法院、家事法庭、土地审裁处、其他（东区裁判法院传票案件、东区裁判法院刑事案件、九龙城裁判法院传票案件、九龙城裁判法院刑事案件、劳资审裁处申索书、小额钱债申索、屯门裁判法院刑事案件、死因裁判法庭死因研讯、沙田裁判法院刑事案件、淫亵物品审裁处案件）的判

① 龙飞：《台湾地区裁判书上网制度》，载《人民法院报》2013年9月27日，第8版。

案书，提供中文和英文两种版本。

香港司法机构网站还提示，如社会公众欲申请查阅此网站内没有收载的判案书，需要以书面方式陈述申请查阅的理由，直接向有关的法庭登记处提出申请。若申请被接纳，申请人有可能会被收取费用。

（3）澳门特别行政区

澳门特别行政区法院网站（网址：www. court. gov. mo）统一公开澳门终审法院、中级法院、初级法院、行政法院的“裁判书”和“批示”，提供中文和葡萄牙文的裁判书和批示的全文，有 PDF 和 TXT 两种格式供免费下载。在首页“法院裁判”栏目下，还提供“裁判书搜寻”，可以输入关键词检索裁判书。但是，刑事起诉法庭的裁判书未在法院网站上公开。

（二）我国的规律和特点

2000 年，最高人民法院确定互联网为公开裁判文书的渠道之一，并逐步推动在互联网公开裁判文书。近 20 年的探索历程，形成了四个方面的规律：其一，在司法政策上经历了从选择性公开到依法全面公开；其二，在公开责任上经历了从授权性公开到义务性公开；其三，在公开平台上经历了从多平台公开到统一平台公开；其四，从公开层级上经历了从最高人民法院率先公开到全国四级法院全部公开。

1. 司法政策——从选择性公开到依法全面公开

（1）选择性公开阶段（2000 年 6 月至 2013 年 12 月）

2000 年 6 月，最高人民法院颁布《裁判文书公布管理办法》，决定“有选择地”向社会公布本院作出的裁判文书，并首次确定互联网是公开裁判文书的渠道之一，指定人民法院报网和最高人民法院政务网为公布网站。2007 年 6 月，最高人民法院出台《关于加强人民法院审判公开工作的若干意见》，要求各高级人民法院根据本辖区内情况制定通过互联网公布生效裁判文书的具体办法，逐步加大生效裁判文书公开的力度。2009 年 12

月，最高人民法院《关于司法公开的六项规定》明确“裁判文书可以在互联网上公开发布”。

2010 年 11 月，最高人民法院《关于人民法院在互联网公布裁判文书的规定》（法发〔2010〕48 号）[①] 首次对人民法院在互联网公布裁判文书做出专门性规定，仅强制性要求“最高人民法院和高级人民法院具有法律适用指导意义的生效裁判文书应当在互联网公布”，对于中级、基层法院的生效裁判文书和最高人民法院及高级法院的其他生效裁判文书，除法定情形外，“可以”在互联网公布。

（2）依法全面公开阶段（2014 年 1 月至今）

2013 年 11 月，最高人民法院《关于人民法院在互联网公布裁判文书的规定》（法释〔2013〕26 号）[②] 颁布，要求人民法院的生效裁判文书自 2014 年 1 月 1 日起统一在中国裁判文书网公布。这一司法文件的出台，标志着我国裁判文书通过互联网公开进入全面公开阶段。2016 年 8 月，最高人民法院《关于人民法院在互联网公布裁判文书的规定》（法释〔2016〕19 号），[③] 进一步要求公开各类型裁判文书，不在互联网公布的裁判文书的相关信息也须公开。

---

① 最高人民法院《关于人民法院在互联网公布裁判文书的规定》（法发〔2010〕48 号）于 2010 年 11 月 21 日发布并实施，于 2014 年 1 月 1 日因最高人民法院《关于人民法院在互联网公布裁判文书的规定》（法释〔2013〕26 号）实施而同时废止。

② 最高人民法院《关于人民法院在互联网公布裁判文书的规定》（法释〔2013〕26 号）于 2013 年 11 月 13 日由最高人民法院审判委员会第 1595 次会议通过，自 2014 年 1 月 1 日起实施。其第 15 条规定：“最高人民法院 2010 年 11 月 8 日制定的《关于人民法院在互联网公布裁判文书的规定》（法发〔2010〕48 号）同时废止。最高人民法院以前发布的司法解释和规范性文件与本规定不一致的，以本规定为准。”2016 年 7 月 25 日最高人民法院审判委员会第 1689 次会议对该司法解释进行了修正，并于 2016 年 10 月 1 日起依照修改后的最高人民法院《关于人民法院在互联网公布裁判文书的规定》（法释〔2016〕19 号）实施。

③ 最高人民法院《关于人民法院在互联网公布裁判文书的规定》（法释〔2016〕19 号）2016 年 8 月 29 日发布，2016 年 10 月 1 日实施，现行有效。

司法解释的有效实施，呈现出四个全面的特点：一是各级各家法院全覆盖，二是各民族语言裁判文书全公开，三是各类型裁判文书全上网，四是不上网裁判文书信息全录入。这四个维度之内的公开目标渐次实现。

第一，各级各家法院全覆盖。“全覆盖”意味着全国四级法院中的每一家法院都实现了裁判文书上网公布。

裁判文书统一上网公开的第一个年度（2014 年度），充分考虑各省、直辖市、自治区发展的不平衡性，最高人民法院作出了分地域分步推进的总体部署。一是东中部十三省（区、市）法院的高级、中级和基层三级法院自 2014 年 1 月 1 日起要全部实现生效裁判文书上网公布；二是其余十八个省（区、市）以及新疆生产建设兵团的高级和中级人民法院自 2014 年 1 月 1 日起要全部实现生效裁判文书上网公布，基层人民法院也应逐步实现生效裁判文书上网公布。经过一年的推进，截至 2014 年 12 月 31 日，全国所有高级、中级人民法院全部实现生效裁判文书上网公布，28 个省（区、市）三级法院全部实现生效裁判文书上网公布，尤其是浙江、江苏、山东、河北、广东、四川、福建、安徽、陕西等省份上网裁判文书数量居于全国领先水平。新疆、云南、西藏、新疆生产建设兵团 4 个地区的大部分基层人民法院已开始在中国裁判文书网上传裁判文书，但仍有 54 个基层人民法院尚未开始在中国裁判文书网上传裁判文书。①

裁判文书统一上网公开的第二个年度（2015 年度），截至 2015 年 12 月 31 日，我国 31 个省（市、区）及新疆生产建设兵团的三级法院已全部实现生效裁判文书上网公布，累计上传裁判文书 14, 481, 757 篇。② 按照上网裁判文书的案件类型分类：民事案件类 9, 108, 267 篇，约占 62. 89%；刑事案件类

① 资料来自最高人民法院办公厅《关于 2014 年全国法院裁判文书上网情况的通报》（法办〔2015〕15 号）。

② 资料来自最高人民法院办公厅《关于 2015 年全国法院裁判文书上网情况的通报》（法办〔2016〕24 号）。

2,684,022 篇，约占 18.53%；执行案件类 2,208,533 篇，约占 15.25%；行政案件类 477,998 篇，约占 3.3%；赔偿案件类 2937 篇，约占 0.02%。

第二，各民族语言裁判文书全公开。为保护少数民族用本民族语言进行诉讼的权利，最高人民法院印发了《关于新版中国裁判文书网开通及少数民族语言文书公开等有关事宜的通知》。2015 年 12 月，中国裁判文书网增设了“民族语言文书”版块，要求各级法院从 2016 年 1 月 1 日起上传已生效的少数民族语言裁判文书。经过一年的推进，截至 2016 年 12 月 31 日，中国裁判文书网已公布少数民族语言裁判文书 6248 篇，① 约占全部上网裁判文书的 0.0242%。

首先，按语种分析，维吾尔语裁判文书最多，共 2700 篇，约占 43.21%；其次是蒙古语裁判文书，共 1642 篇，约占 26.28%；藏语裁判文书共 1146 篇，约占 18.34%；朝鲜语裁判文书 655 篇，约占 10.48%；哈萨克语裁判文书 105 篇，约占 1.68%。

其次，按地域分析，公布少数民族语言裁判文书的法院主要是少数民族聚居地区的吉林、新疆及新疆生产建设兵团、内蒙古、西藏、甘肃、青海、四川的法院。吉林法院公布朝鲜语裁判文书 655 篇，约占 10.48%；新疆及新疆生产建设兵团法院共公布维吾尔语裁判文书 2700 篇、哈萨克语裁判文书 105 篇、蒙古语裁判文书 1 篇，共计 2806 篇，约占 44.91%；内蒙古法院公布蒙古语裁判文书 1612 篇，约占 25.80%；西藏法院公布藏语裁判文书 823 篇、蒙古语裁判文书 27 篇，共计 850 篇，约占 13.60%；甘肃法院公布藏语裁判文书 204 篇、蒙古语裁判文书 2 篇，共计 206 篇，约占 3.30%；青海法院公布藏语裁判文书 98 篇，约占 1.57%；四川法院公布藏语裁判文书 21 篇，约占 0.34%。

---

① 资料来自最高人民法院办公厅《关于 2016 年度全国法院裁判文书上网情况的通报》（法办〔2017〕27 号）。

最后，按法院层级分析，截至2016年12月31日，最高人民法院上传0篇少数民族语言裁判文书；2个高级人民法院上传10篇，其中，西藏自治区高级人民法院上传5篇，四川省高级人民法院上传5篇，约占已公开少数民族语言裁判文书的0.16%；18个中级人民法院上传822篇，约占已公开民族语言裁判文书的13.16%，其中，吉林省延边朝鲜族自治州中级人民法院上传90篇，新疆生产建设兵团第三师中级人民法院上传68篇，新疆生产建设兵团第十四师中级人民法院上传22篇，新疆生产建设兵团第十三师中级人民法院上传2篇，新疆吐鲁番地区中级人民法院上传163篇，新疆维吾尔自治区高级人民法院伊犁哈萨克自治州分院上传30篇，新疆克孜勒苏柯尔克孜自治州中级人民法院上传18篇，新疆阿克苏地区中级人民法院上传1篇，内蒙古锡林郭勒盟中级人民法院上传70篇，内蒙古呼伦贝尔市中级人民法院上传32篇，内蒙古鄂尔多斯市中级人民法院上传15篇，西藏那曲地区中级人民法院上传149篇，西藏拉萨市中级人民法院上传75篇，西藏日喀则市中级人民法院上传33篇，西藏昌都市中级人民法院上传16篇，西藏山南地区中级人民法院上传6篇，西藏阿里地区中级人民法院上传2篇，青海省黄南藏族自治州中级人民法院上传30篇；129个基层法院上传5416篇民族语言裁判文书，约占已公开民族语言裁判文书的86.68%，其中，吉林辖区的8个基层法院共上传565篇，新疆生产建设兵团辖区的12个基层法院共上传440篇，新疆辖区的28个基层法院共上传2062篇，内蒙古辖区的20个基层法院共上传1495篇，西藏辖区的46个基层法院共上传564篇，甘肃辖区的8个基层法院共上传206篇，青海辖区的3个基层法院共上传68篇，四川辖区的4个基层法院共上传16篇。

第三，各类型裁判文书全上网。最高人民法院《关于人民法院在互联网公布裁判文书的规定》（法释〔2016〕19号）列举式地规定10大类应当公布的裁判文书：①刑事、民事、行政判决书；[①] ②刑事、民事、行政、执行裁定书；[②] ③支付令；④刑事、民事、行政、执行驳回申诉通知书；⑤国家赔偿决定书；⑥强制医疗决定书或者驳回强制医疗申请的决定书；⑦刑罚执行与变更决定书；⑧对妨害诉讼行为、执行行为作出的拘留、罚款决定书，提前解除拘留决定书，因对不服拘留、罚款等制裁决定申请复议而作出的复议决定书；⑨行政调解书、民事公益诉讼调解书；⑩其他有中止、终结诉讼程序作用或者对当事人实体权益有影响、对当事人程序权益有重大影响的裁判文书。[③] 此外，虽然以调解方式结案或者确认人民调解协议效力的裁判文书不在互联网公布，但为保护国家利益、社会公共利益、他人合法权益确有必要公开的除外。截至 2016 年 12 月 31 日，按照上网文书类型区分，2016 年度上传裁定书 6,194,078 篇，约占所有上网裁判文书的 54.52%；判决书 5,002,233 篇，约占所有上网裁判文书的 44.03%；决定书 61,857 篇，约占所有上网裁判文书的 0.54%；通知书 79,227 篇，约占所有上网裁判文书的 0.70%；调解书 8493 篇，约占所有上网裁判文书的 0.07%；其他类型文书 15,967 篇，约占所有上网裁判文书的 0.14%。

---

① 包含一审、二审、再审判决书。

② 包含：1. 一审、二审、再审裁定书；2. 维持、撤销或者变更一审判决、裁定或原判决、裁定的二审、再审裁定书；3. 发回重审、指令（定）再审、提审的裁定书；4. 不予受理、驳回起诉的裁定书，准许、不准许撤诉裁定书，按撤诉处理裁定书，驳回再审申请裁定书；5. 终结诉讼裁定书、终结执行裁定书、终结本次执行裁定书；6. 撤销或者不予执行仲裁裁决的裁定书；7. 驳回执行申请、执行异议、执行复议裁定书；8. 承认或不承认外国判决的裁定书，承认或不承认港澳台地区判决的裁定书；9. 承认或不承认外国仲裁裁决的裁定书，承认或不承认港澳台地区仲裁裁决的裁定书；10. 不予执行公证机关赋予强制执行效力债权文书的裁定书；11. 准许或者不准许执行行政机关具体行政行为的行政裁定书；12. 终结督促程序、公示催告程序、特别程序的裁定书，驳回支付令申请裁定书；13. 管辖权异议裁定书以及指定管辖、管辖权移送裁定书；14. 中止诉讼裁定书、中止执行裁定书；15. 诉前保全、诉讼保全裁定书、先予执行裁定书；16. 变更、追加被执行人的裁定书；17. 减刑、假释裁定书、撤销缓刑裁定书。

③ 包含：1. 执行结案通知书；2. 刑事再审决定书。

第四，不上网裁判文书信息全录入。最高人民法院《关于人民法院在互联网公布裁判文书的规定》（法释〔2016〕19号）第6条规定，除可能泄露国家秘密的情形外，不在互联网公布的裁判文书，应当公布案号、审理法院、裁判日期及不公开理由。截至2018年9月30日，全国各级法院共在中国裁判文书网上传裁判文书47,354,720篇，共上传6,446,866篇不公开裁判文书的相关信息，占全部上传信息的11.98%。

2. 公开责任——从授权性公开到义务性公开

最高人民法院《关于人民法院在互联网公布裁判文书的规定》（法释〔2013〕26号）与以往在互联网公布裁判文书的规定相比，最大的变化是"将符合条件的裁判文书上网要求由'可以'改为'应当'；将生效裁判文书'上网审批'改为'不上网审批'"。[①] 从"可以"到"应当"，体现出理念的变化，"可以"是授权性条款，"应当"是义务性条款，法院必须要依法全面公开生效裁判文书。"上网审批"改为"不上网审批"，确立了"公开为原则、不公开为例外"的裁判文书公开基本原则。[②] 人民法院"五五改革纲要（2019~2023）"继续要求"深化裁判文书公开"进一步"加大裁判文书全面公开力度，严格不上网核准机制，杜绝选择性上网问题"。

从授权性公开到义务性公开，明确了公开的法定性。公开的法定性，意味着推定公开，即在没有禁止性规定的情况下，裁判文书一律应当公开。公开的法定性要求公开义务主体，在没有法律特别允许或合法程序批准的情况下，必须公开裁判文书，明确了公开义务主体的公开责任，在一定程度上对于推动裁判文书公开、提升司法透明度起到了积极作用。

从授权性公开到义务性公开，明确了不公开的法定性。不公开的法定性，意味着不公开裁判文书，须符合规范性法律文件明确规定的例外规

① 参见江必新、程琥：《司法程序公开研究》，载《法律适用》2014年第1期。

② 胡玉明：《裁判文书公开问题研究》，载《社会科学战线》2015年第4期。

则，严格适用例外规则的审批责任，从而进一步规范司法行为，提升司法公信力。如浙江法院细化了裁判文书上网规范和工作流程，推行严格的文书不上网在线审批机制。①

3. 公开平台——从多平台公开到统一平台公开

在最高人民法院将互联网明确为公开裁判文书的渠道之后，2000 年 10 月，广州海事法院首次将吴瑞贤诉海南渔业资源开发公司渔船承包合同欠款纠纷案判决书在该院政务网站公开。② 2002 年 1 月，中国涉外商事海事审判网开通，开始集中公布涉外商事海事案件裁判文书。③ 2003 年 11 月，北京法院开始将知识产权裁判文书通过“北京法院网”向社会公开。2003 年 12 月，上海法院开始通过互联网向社会公开辖区内三级法院裁判文书。从 2005 年开始，各级人民法院陆续在中国法院网“裁判文书”专栏公开裁判文书。2006 年 3 月，由最高人民法院知识产权庭与中国法院网联合主办的中国知识产权裁判文书网开通，集中公开知识产权类裁判文书。

2007 年 6 月，最高人民法院《关于加强人民法院审判公开工作的若干意见》颁布后，“各高级法院相继在政务网站上建立裁判文书专栏，选择性地公开辖区内三级法院的裁判文书”。④ 此后，各地法院逐步开始改版本院政务网站，专设裁判文书公开专栏，通过互联网选择性地公开本院审结的典型案件的生效裁判文书。

2010 年 10 月，最高人民法院《关于确定司法公开示范法院的决定》出台，确立《司法公开示范法院标准》，为文书公开设置 10 分的标准，第

---

① 参见最高人民法院：《中国法院的司法公开》（白皮书），人民法院出版社 2015 年版，第 5 ~6 页。

② 杨建文、陈东升：《人民法院网上公布裁判文书过程揭秘——15 年前地方法院迈出公开第一步 15 年后全国性公开网络平台建成》，载《法制日报》2014 年 1 月 8 日，第 4 版。

③ 同上。

④ 胡玉明：《裁判文书公开问题研究》，载《社会科学战线》2015 年第 4 期。

17 条规定，“在法院网站设立专门的裁判文书公开栏目。除不予上网公布的裁判文书以外，人民法院按照有关规定应当将审理各类案件公开宣告的裁判文书上网公布。(5 分)”。第 18 条规定，“指定专门机构或专门人员管理裁判文书上网公布工作，监督管理上网公布的文书数量、质量和信息安全等问题，并建立相应的管理制度。(5 分)”。部分司法公开示范法院专门就裁判文书公开制定规范性文件，如吉林省高级人民法院出台了《全省法院裁判文书上网公布实施办法》、河南省高级人民法院颁布了《裁判文书上网管理实施细则》、云南省昆明市中级人民法院印发了《裁判文书上互联网管理办法》、辽宁省海城市人民法院制定了《网上公开裁判文书及诉讼档案管理制度》、四川省成都市武侯区人民法院发布了《裁判文书公信力保障规范》等。

2010 年 11 月，最高人民法院发布《关于人民法院在互联网公布裁判文书的规定》(法发〔2010〕48 号)，要求“最高人民法院建立全国统一的裁判文书网站”。为落实此项要求，2013 年 7 月，中国裁判文书网（网址：http://wenshu.court.gov.cn/）正式开通，着力破解“公开平台不统一”问题。2013 年 11 月，最高人民法院印发《关于推进司法公开三大平台建设的若干意见》(法发〔2013〕13 号)，[①] 要求推进裁判文书公开机制的完善和公开平台的建设。

2013 年 11 月，最高人民法院出台《关于人民法院在互联网公布裁判文书的规定》，要求自 2014 年 1 月 1 日起各级人民法院生效裁判文书统一在中国裁判文书网公布。最高人民法院《关于在中国裁判文书网站平台公布的裁判文书的格式要求及技术处理规范》也同时颁布。经过一年的推行，截至 2014 年 12 月 31 日，全国各级法院共在中国裁判文书网上传裁判

① 《最高人民法院印发〈关于推进司法公开三大平台建设的若干意见〉的通知》（法发〔2013〕13 号），2013 年 11 月 21 日发布并实施，现行有效。

文书5,691,450篇，其中最高人民法院上传7595篇，地方各级法院上传5,683,855篇。从案件类型看，民事案件类裁判文书占比最高，达到62.94%，共3,582,123篇；其次是刑事案件类裁判文书，达到22.03%，共1,253,978篇；执行案件类裁判文书约占10.84%，共616,745篇；行政案件类裁判文书约占3.26%，共185,521篇；知识产权类裁判文书约占0.91%，共51,616篇；赔偿案件类裁判文书，约占0.02%，共1467篇。[①]

2016年1月最高人民法院印发《中国裁判文书网数据传输接口规范》，要求全国各级法院统一实现裁判文书一键上网公开，即承办法官通过办案平台一键点击，裁判文书自动在中国裁判文书网公开，实现了从办公内网上传外网平台的技术规范统一。

如今，中国裁判文书网已成为中国大陆地区统一公布各级法院裁判文书的唯一平台，也成为世界上最大的裁判文书公开平台。

4. 公开层级——从最高法院率先公开到地方法院全部公开

从2000年开始，最高人民法院有选择地公开本院各审判庭作出的判决书、裁定书，以上率下，拉开了裁判文书通过互联网公开的序幕。此后，最高人民法院相继出台《关于加强人民法院审判公开工作的若干意见》《关于进一步加强司法便民工作的若干意见》《关于司法公开的六项规定》等司法文件，积极允许、鼓励和推动地方各级法院在本院政务网依法公开典型案例的裁判文书。信息化建设较快的地方法院相继通过本院政务网站公开具有参考价值的裁判文书。

2013年7月1日，中国裁判文书网正式开通。同日，针对最高人民法院本级的《裁判文书上网公布暂行办法》生效实施。按照该办法，除法律有特殊规定的以外，最高人民法院各业务庭生效裁判文书全部在中国裁判

① 资料来自最高人民法院办公厅《关于2014年全国法院裁判文书上网情况的通报》（法办〔2015〕15号）。

文书网公布。随后，最高人民法院在中国裁判文书网率先公布第一批裁判文书。2013 年 11 月，最高人民法院《关于人民法院在互联网公布裁判文书的规定》（法释〔2013〕26 号）明确要求全国四级法院的生效裁判文书统一在中国裁判文书网公布。截至 2014 年年底，实现了三级法院（最高法院、高级法院、中级法院）全覆盖；截至 2015 年年底，实现了全国四级法院全覆盖，其中，最高人民法院上传 11,378 篇，约占 0.08%；高级人民法院上传 217,319 篇，约占 1.50%；中级人民法院上传 2,519,324 篇，约占 17.40%；基层人民法院上传 11,733,736 篇，约占 81.02%（参见图 3.5）。

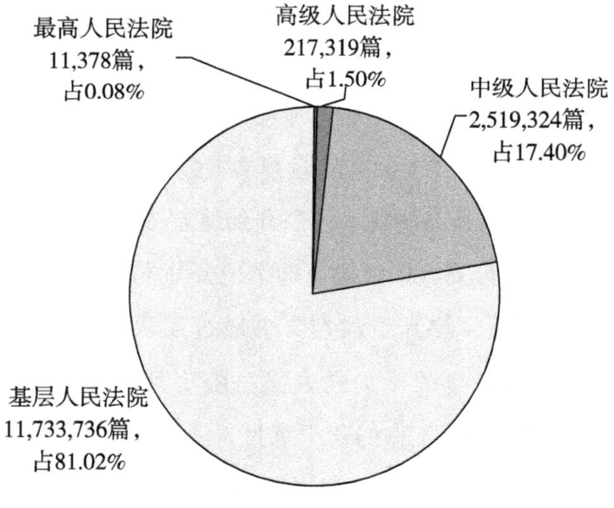

图 3.5　截至 2015 年 12 月 31 日不同层级法院裁判文书上网总体情况

综上所述，比较域外与我国大陆裁判文书通过互联网公开，首先，“从裁判文书网上公开的启动时期看，我国大陆地区与外国及我国台湾地区、香港特别行政区、澳门特别行政区法院基本同期启动，大致于 2000 年前后启动”；[①] 其次，从裁判文书的公开范围看，域外法院裁判文书大多是

① 胡玉明：《裁判文书公开问题研究》，载《社会科学战线》2015 年第 4 期。

部分公开、有限公开，我国大陆除法定情形外依法全面公开；最后，从作出裁判文书的法院层级上看，我国大陆公开了全部层级法院的裁判文书，而域外国家和地区有的不公开初审法院的裁判文书，有的选择性地公开初审法院的裁判文书。

第二节　裁判文书公开制度的审思与完善

一、公众查阅权保障的再探析

（一）公众查阅权救济机制缺失

社会公众申请查阅裁判文书制度的建立，是我国的法律发展和法治现代化进程的重要一步，是对社会公众知情权、监督权的重要保障机制。

"法律权利是规定或隐含在法律规范中，实现于法律关系中的，主体以相对自由的作为或不作为的方式获得利益的一种手段。"① 首先，法律权利的客观法律效力，来源于法律的规定和确认。我国民事、行政诉讼法规定了公众查阅权，而刑事诉讼法尚未规定公众查阅权，社会公众只能申请查阅民事、行政裁判文书，而不能申请查阅刑事裁判文书。其次，任何法律权利的行使都有程度上的限定，超出了权利的边界，权利就不再是"权利"。公众查阅权的边界是法律保护的其他价值或权益，涉及国家秘密、商业秘密、个人隐私的判决书、裁定书，社会公众无权查阅；调解书、决定书等其他裁判文书，社会公众也无权查阅。最后，法律权利是实现人们普遍享有的利益的手段，对利益的争取促进了权利的发展。如

---

① 张文显：《法哲学范畴研究》（修订版），中国政法大学出版社 2001 年版，第 309 页。

何使法律规定的权利成为公众实际享有的权利，还需要在法律原则性规定的基础上，设计出切实可行的实施机制，保障公众查阅权，约束法院的提供义务。

2015 年最高人民法院《关于适用〈中华人民共和国民事诉讼法〉的解释》（法释〔2015〕5 号），在解释法律条文的基础上补充设定了公众查阅权的基本行使规则，其第 254 条规定，“公民、法人或者其他组织申请查阅发生法律效力的判决书、裁定书的，应当向作出该生效裁判的人民法院提出。申请应当以书面形式提出，并提供具体的案号或者当事人姓名、名称”。第 255 条规定，“对于查阅判决书、裁定书的申请，人民法院根据下列情形分别处理：（一）判决书、裁定书已经通过信息网络向社会公开的，应当引导申请人自行查阅；（二）判决书、裁定书未通过信息网络向社会公开，且申请符合要求的，应当及时提供便捷的查阅服务；（三）判决书、裁定书尚未发生法律效力，或者已失去法律效力的，不提供查阅并告知申请人；（四）发生法律效力的判决书、裁定书不是本院作出的，应当告知申请人向作出生效裁判的人民法院申请查阅；（五）申请查阅的内容涉及国家秘密、商业秘密、个人隐私的，不予准许并告知申请人”。2015 年最高人民法院《关于适用〈中华人民共和国行政诉讼法〉若干问题的解释》（法释〔2015〕9 号），未对公众查阅权作出进一步解释和说明。在司法实践中，可以参照适用《民事诉讼法》司法解释的规定。

如果法院不予准许公众查阅申请，那么公众查阅权如何得到救济呢？现行法律、司法解释尚未给予明确答案。公众查阅申请的“一局终裁”机制，是否符合新时代人民群众对司法公开的新期待新要求呢？是否能够充分保障社会公众知情权、监督权呢？法谚云“没有救济，就没有权利”。没有救济机制的权利，不能称为真正的法律权利。

（二）建立救济机制的必要性

1. 破除司法神秘主义的要求

从实践层面看，司法神秘主义仍是“提供义务主体”的惯性思维模式。依照司法解释，提供义务主体是作出生效裁判的人民法院。那么，法院内部哪个部门是具体的提供义务主体呢？司法解释并没有明确说明。笔者认为，应当是生效裁判文书的保管部门，而不是生效裁判文书的作出部门。因为，社会公众无法知晓生效裁判文书的作出部门，因此不应以作出部门作为具体提供义务主体。而生效裁判文书均由各级法院的档案管理部门负责保管，社会公众到各级法院档案管理部门申请查阅裁判文书，更符合司法便民的原则。因此，各级法院档案管理部门应是具体提供义务主体。另外，档案管理部门司法神秘主义思维惯性主要体现在两个方面：一是保密推定主义，即没有法律、行政法规、司法解释明确规定为公开的档案内容，推定为工作秘密予以保密；二是保密避责主义，在无法确定或不能确定档案内容应公开还是保密时，选择保密，以规避可能产生的泄密责任。因此，如社会公众申请查阅有重大、特别重大影响案件的裁判文书，或涉及敏感问题的裁判文书，档案管理部门很可能以“不宜公开”为由不予准许。此时档案管理部门的决定，就存在合法性审查的必要。

2. 法定权利转化为现实权利的要求

从理论层面看，公民知情权、监督权从法定权利转化为现实权利要求权利得到救济。公众查阅权，是社会公众实现知情权、监督权的一种手段性权利，更是每个个体获得公开审判的保障性权利。立法应为公众查阅权的实现创设完善的法律制度，司法应为公众查阅权的实现制定细致的实施规则。

档案管理部门应为公众查阅权的行使提供便利条件。如果档案管理部门对社会公众查阅裁判文书的申请不予重视，怠于查找，甚至设置“土政策”，那么公众查阅权就无法从法定权利转化为现实权利，公民对审判权运行的知情权、监督权也将无法顺利实现。因此，档案管理部门的初次不予准许决定，应是接受监督审查的对象，应建立公众查阅权救济机制。

3. 完善司法公开制度的要求

从比照适用角度看，公众查阅裁判文书制度应比照政府信息公开制度，设立救济机制。作为公民民主权利的知情权、监督权不仅要求政府信息公开，也要求司法信息公开。在政府信息公开制度框架内，不仅为申请政府信息公开设置了救济途径，而且是司法审查方式的诉讼救济途径，救济途径层级之高，足以显示对申请政府信息公开权利的保障力度。在司法信息公开中，公众查阅权至少应设置权利救济机制，虽不至于通过诉讼途径进行救济，但可以通过法院内部司法行政系统“本院再次审查”或“申请上一级法院复议”等方式，畅通权利的救济渠道，增设权利的救济机制。

二、自然人实名公开裁判文书机制的再探讨

（一）各国和地区公开模式比较分析

通过已公开的裁判文书分析，对自然人是否实名公开，可分为部分实名公开和全部非实名公开。

1. 自然人部分实名公开模式

目前，部分国家和地区采取这种模式，力图平衡社会秩序和个人权益的关系。那么裁判文书通过互联网公开，哪些自然人的姓名公开？哪些自然人的姓名不公开？

美国 2002 年《电子政务法》规定，当事人不得滥用隐私权要求法院隐去个人姓名，除非当事人是未成年人和性犯罪被害人。美国《司法会议

关于隐私和公众获取案件电子档案的决定》① 规定，根据联邦规则在将包含裁判文书在内的电子档案上传网络数据库前，需将未成年人的姓名修改成未成年人的姓名首字母。

我国最高人民法院《关于人民法院在互联网公布裁判文书的规定》（法释〔2016〕19 号）规定，三类自然人作非实名化处理：一是婚姻家庭、继承纠纷案件中的当事人及其法定代理人；二是刑事案件被害人及其法定代理人、附带民事诉讼原告人及其法定代理人、证人、鉴定人；三是未成年人及其法定代理人。

2. 自然人非实名公开模式

韩国采取非实名公开模式。韩国《刑事诉讼法》规定，自 2013 年 1 月 1 日起所有已经发生法律效力的刑事判决书以电子及非电子形式公开，任何人都可以通化互联网查阅。韩国《民事诉讼法》规定，自 2015 年 1 月 1 日起已生效的民事判决，任何人都可通过网络查阅。② 在裁判文书上网前对自然人的姓名作非实名化处理，“不管该自然人是否属于当事人（含专利判决），但法官、检察官和律师的姓名不进行非实名化处理。……非实名化单词为 A，B，C……AA……BB 及任意列举的罗马字”。③

我国澳门特别行政区法院网公开的裁判文书，也采取非实名公开模式，其自然人的姓名作非实名化处理，用“甲”“乙”……替代。

我国台湾地区，曾因当事人强烈要求保护隐私权而在 2007 年至 2010 年，采取非实名公开模式，现已放弃这种模式。④

---

① The Judicial Conference of the U. S. , “Judicial Conference Policy on Privacy and Public Access to Electronic Case Files”, https://www. uscourts. gov/rules-policies/judiciary-policies/privacy-policy-electronic-case-files, April 27, 2019.

② 参见杨建文：《韩国的文书公开制度》，载《人民法院报》2013 年 8 月 23 日，第 8 版。

③ 何帆、林娜、杨建文、龙飞：《外国裁判文书上网概况》，载《法制资讯》2013 年第 5 期。

④ 龙飞：《台湾地区裁判书上网制度》，载《人民法院报》2013 年 9 月 27 日，第 8 版。

（二）自然人实名公开的态度观察

目前，中国裁判文书网公布的裁判文书达到千万量级、[①] 访问量达到亿次量级，[②] 有效保障了人民群众的知情权和监督权，切实实现了对审判权的制约和监督，全面提升了司法公信力和司法权威，受到社会各界的普遍赞誉。在大数据时代，人们对自然人实名公开裁判文书渐渐产生了隐忧。

1. 制度设计者的态度观察

《〈关于人民法院在互联网公布裁判文书的规定〉的理解与适用》一文认为，“保留当事人的真实姓名或者名称有十分重要的意义：一是满足公众获取真实信息的需要，充分接受社会对司法的监督；二是通过实名公开，向社会提供真实的交易信息，有利于社会诚信体系的建立”。[③]

2016 年《关于人民法院在互联网公布裁判文书的规定》修订后，最高人民法院审判管理办公室有关负责人表示，保留当事人姓名、名称等有关信息，“除满足社会各界监督司法的需求外，有利于约束参与诉讼的各方当事人和代理人、辩护人，对于构建社会诚信体系也有重要作用”。[④]

---

① 截至 2015 年 12 月 31 日，中国裁判文书网的文书总量已达 1448 万篇；截至 2019 年第一季度末，中国裁判文书网的文书总量已达 6567 万篇。

② 2016 年 8 月起，中国裁判文书网每日访问量均超过 2000 万次，单日最高访问量高达 5463 万次，总访问量突破 20 亿次，用户覆盖全球 190 多个国家和地区，超过 5 亿的访问量来自海外，其中北美地区的访问量超过 1 亿。参见胡永平：《中国裁判文书网已经成为全球最大裁判文书公开平台》，载中国网：http://www.china.com.cn/legal/2016-08/30/content_39200412.htm，最后访问时间：2019 年 2 月 20 日。

③ 贺小荣、刘树德、杨建文：《〈关于人民法院在互联网公布裁判文书的规定〉的理解与适用》，载《人民司法》2014 年第 1 期。

④ 罗书臻：《扩大裁判文书公开范围　健全裁判文书公开机制——〈最高人民法院关于人民法院在互联网公布裁判文书的规定〉亮点解读》，载《人民法院报》2016 年 8 月 31 日，第 1 版。

2. 学者的态度观察

近年来，自然人实名公开裁判文书问题研究也是司法学研究的热点之一，理论界见仁见智提出各自的观点，归纳起来有三种主要观点。

第一种观点，从民众司法文化心理角度分析，认为“在中国人的观念当中，打官司依旧是一件不光彩的事情，在心底里，人们是不愿意将自己上过法庭、打过官司这个事情告诉别人、甚至放到网上去。这也在于，中国人民的法律意识还不强，还不能很自然地把诉讼当成一种习以为常的生活方式，难免对曾经打过官司的人会产生一些偏见。这些都决定了中国的诉讼当事人不会很坦然地接受自己的判决书实名上网”。①

第二种观点，从保护当事人财产权益的角度分析，认为“裁判文书中很大一部分是涉及当事人财产状况的信息。……财务状况公开确实能起到一些积极作用，但是网络世界纷繁复杂，对信息的保护还不到位，不排除一些心术不正之人通过搜集当事人财产信息而实施违法犯罪行为，给当事人的人身和财产造成极大威胁”。②

第三种观点，从犯罪记录制度价值目标的角度分析，认为“目前我国裁判文书公开以实名制为原则，与犯罪记录制度的价值目标存在冲突”。“德语国家匿名公开源自其对人格权价值的优先选择，而英美实名公开是因为更强调宪政价值与程序价值。”“从人权国际公约的角度出发，前者直接体现为基本人权，而后者只能算人权的保障手段，德式方案更具合理性。裁判文书公开制度与犯罪记录制度都应以人权价值作为首要价值目标，实行裁判文书实名公开的英美港台等地的犯罪记录制度不完善，也正是因为忽视了这一点。我国应当立即贯彻裁判文书匿名公开，并尽快建立

① 孔丽：《裁判文书实名上网之隐忧与对策》，载《郑州航空工业管理学院学报》（社会科学版）2014年第2期。

② 陈清、王禹：《隐私权视野下的网上公开裁判文书的限度问题》，载《华北水利水电大学学报》（社会科学版）2017年第6期。

完善的犯罪记录制度。"①

3. 社会公众的态度观察

全国法院裁判文书统一在中国裁判文书网公开后，社会公众对裁判文书实名公开问题也给最高人民法院和各高级人民法院的"大法官信箱"留言，有的申明部分裁判文书未实名公开与公众知情需求之间的矛盾需要解决，有的为裁判文书实名公开可能出现的个人信息泄露而深深忧虑。裁判文书的公开有效保障了人民群众的知情权、监督权，但网络实名公开也让社会公众产生了担忧和疑虑。

4. 当事人的态度观察

对实名公开裁判文书，当事人一般有三种态度。一是积极支持公开，认为"阳光是最好的防腐剂"，裁判文书公开有利于防止司法擅断，确保裁判结果公平。二是强烈反对公开，认为裁判文书公开已给其工作和生活造成困扰，强烈要求撤回已公开的裁判文书。例如，有的劳动者在求职应聘时，因其既往的劳动争议裁判文书公开而被多家用人单位拒之门外；有的婚姻家庭纠纷当事人，因裁判文书公开而受到邻里的不当议论，产生负面情绪和心理压力。这实质上，是实名公开导致了他们在后续生活中被不公平地对待。三是沉默状态，对于实名公开裁判文书既不表示支持也不提出反对。

（三）自然人实名公开裁判文书的再思考

笔者认为，我国裁判文书通过互联网公开，可以进一步扩大非实名化处理的范围，将当事人为自然人的裁判文书，均做非实名化处理。理由如下。

---

① 周子实：《犯罪记录制度与裁判文书公开制度兼容问题的比较研究》，载《西部法学评论》2016年第1期。

第一，应尊重我国传统文化的源流深邃和现实存在的合理性。“法律是特定民族的历史、文化、社会的价值和一般意见与观念的集中体现。”①“惧讼”“厌讼”是中华传统司法文化心理，普遍意义上民众不愿诉讼、更不愿将涉诉公之于众。尊重文化传统，尊重民众心理，也是司法公开“以人为本”的体现。

第二，法律移植应辨析社会结构差异性。美国作为移民国家，属于典型的“陌生人社会”，经济规模较大、人员流动性强，美国《电子政务法》确立实名公开原则，向社会公开当事人真实诉讼信息，对于降低社会运行成本、重构社会信任，具有积极意义。中国传统社会结构属于血缘和地缘组织的结合体，社会治理原本依赖以亲情和乡土观念为基础的伦理规范。进入21世纪后，我国社会人口流动频繁，社会分工高度化发展，更尊崇契约和法律，虽向“陌生人社会”转型已不可避免，但仍处于“熟人社会”阶段。因此，自然人实名公开裁判文书，不仅对生活在“朋友圈”的中国人带来个人生活安宁的烦扰，而且对中国人看中的名誉、信誉、人缘、口碑等也会造成一定影响。

第三，公共领域并不是一个绝对且至高无上的领域。重视公共领域，不能忽略构成这一公共领域的每一个个体。如果每个构成个体的权益无法得到保障，公共领域的保障就失去了价值基础。诉讼的发生往往并非因双方均违约、违规或违法，往往是因一方当事人不诚实守信或违法犯罪。诉讼程序的启动，使诚实守信或被侵害的一方当事人也随之进入公共领域，被迫承受舆论场的纷扰，带来二次“伤害”，违背了“善”的基本要义。即使是对于不诚实守信或违法犯罪的当事人，因公开真实姓名而产生的网络社会的游街示众效应，使其处于内心不宁或羞愤难当的精神痛苦中。如果将这种“精神痛苦”视作违法犯罪的舆论惩戒，在一定时间内存在也是

---

① ［美］玛丽·A. 格林顿：《比较法律传统》，米健译，法律出版社2004年版，第7页。

合乎情理的。但网络数据的永久留存性，仿佛使其自身形象被施以“墨刑”,[①] 违规违法乃至犯罪的标签恒久地刻在其“数据人像”的“额头”，不利于其重新融入社会建立适法合规的社会关系。

第四，当事人的个人信息安全价值具有平等性。法律适用平等原则是法治的基本原则，是社会公平正义的逻辑起点。裁判文书网上公开规则中，部分自然人基于例外情形或文书公开但作非实名化处理，个人姓名得以隐匿；而另一部分自然人的姓名与裁判文书一并真实公开，公之于众。自然人当事人实名公开裁判文书，可能导致个人信息泄露的风险。目前，网络诈骗犯罪呈爆发式增长，其中冒充司法机关诈骗的成功率较高，实名公开的裁判文书很可能成为犯罪分子实施犯罪的信息来源之一。自然人在法律面前人人平等，个人信息安全保护亦具有平等性，应受到同等对待和同等保护。

---

① 墨刑，古代刑罚，在犯人额上刺字并染以墨，古代五刑之一。出自蔡沉集传：“墨，墨刑也。臣下而不能匡正其君，则以墨刑加之。”墨刑对犯人的身体状况实际影响不大，但脸上的刺青会令犯人失去尊严。既是刻人肌肤的具体刑，又是使受刑人蒙受耻辱、使之区别于常人的一种耻辱刑。

第四章　裁判结果数据公开：裁判结果数据库制度

裁判结果是重要的司法数据，虽经公开宣判、裁判文书公开两种渠道进行公开，但还存在裁判结果公开不全面、不规范问题，尚缺乏采集、共享、使用的规范化、统一化的数据库管理。故本章深入研究裁判结果数据库制度的理论模型、制度模型，以期裁判结果数据库制度成为“开放、动态、透明、便民的阳光司法制度体系”的有机组成部分。

第一节　制度创新驱动力

中共十九大报告指出，“实践没有止境，理论创新也没有止境。世界每时每刻都在发生变化，中国也每时每刻都在发生变化，我们必须在理论上跟上时代，不断认识规律，不断推进理论创新、实践创新、制度创新、文化创新以及其他各方面创新”。[①] 中国特色社会主义已进入新时代，我国社会主要矛盾已经转化为人民日益增长的美好生活需要和不平衡不充分的

① 习近平：《决胜全面建成小康社会　夺取新时代中国特色社会主义伟大胜利——在中国共产党第十九次全国代表大会上的报告（2017 年 10 月 18 日）》，载《人民日报》2017 年 10 月 28 日，第 1 版。

发展之间的矛盾。人民美好生活需要日益广泛，不仅对物质文化生活提出了更高要求，而且在民主、法治、公平、正义、安全、环境等方面的要求日益增长。① 近年来，我国民主法治建设迈出重大步伐，积极推进全面依法治国，全社会法治观念明显增强，人民群众对权力运行制约和监督的要求成为民主法治进程的重要推动力量。

一、制度创新是司法制度现代化的迫切要求

中共中央《关于全面深化改革若干重大问题的决定》将“完善和发展中国特色社会主义制度，推进国家治理体系和治理能力现代化”作为全面深化改革的总目标，这是继农业现代化、工业现代化、国防现代化、科学技术现代化之后，② 中国共产党提出的“第五个现代化”③ 目标。2014 年 1 月，习近平总书记在《求是》杂志上撰文指出，“国家治理体系和治理能力是一个国家制度和制度执行能力的集中体现。国家治理体系是在党领导下管理国家的制度体系，包括经济、政治、文化、社会、生态文明和党的建设等各领域体制机制、法律法规安排，也就是一整套紧密相连、相互协调的国家制度；国家治理能力则是运用国家制度管理社会各方面事务的能力，包括改革发展稳定、内政外交国防、治党治国治军等各个方面。国家治理体系和治理能力是一个有机整体，相辅相成，有了好的国家治理体系

① 习近平：《决胜全面建成小康社会 夺取新时代中国特色社会主义伟大胜利——在中国共产党第十九次全国代表大会上的报告（2017 年 10 月 18 日）》，载《人民日报》2017 年 10 月 28 日，第 1 版。

② 我国在改革开放之初确立了“四个现代化”奋斗目标，即中共十一届三中全会通过的《中国共产党第十一届中央委员会第三次全体会议公报》中提出的“实现农业、工业、国防和科学技术的现代化”。

③ 李景鹏：《关于推进国家治理体系与治理能力现代化——“四个现代化”之后的第五个“现代化”》，载《天津社会科学研究》2014 年第 2 期；褚松燕：《论中国国家治理能力现代化——国家构建的视角》，载中国共产党新闻网：http://theory.people.com.cn/n/2015/0512/c40531-26988567.html，最后访问时间：2019 年 2 月 20 日。

才能提高治理能力，提高国家治理能力才能充分发挥国家治理体系的效能”。“推进国家治理体系和治理能力现代化，就是要适应时代变化，既改革不适应实践发展要求的体制机制、法律法规，又不断构建新的体制机制、法律法规，使各方面制度更加科学、更加完善，实现党、国家、社会各项事务治理制度化、规范化、程序化。要更加注重治理能力建设，增强按制度办事、依法办事意识，善于运用制度和法律治理国家，把各方面制度优势转化为管理国家的效能，提高党科学执政、民主执政、依法执政水平。”①

中共十九大报告对我国全面建设社会主义现代化国家作出战略安排，实现国家治理体系和治理能力现代化是实现社会主义现代化的重要组成部分。第一阶段从2020年到2035年，“在全面建成小康社会的基础上，再奋斗十五年，基本实现社会主义现代化。到那时……人民平等参与、平等发展权利得到充分保障，法治国家、法治政府、法治社会基本建成，各方面制度更加完善，国家治理体系和治理能力现代化基本实现……”第二阶段从2035年到21世纪中叶，“在基本实现现代化的基础上，再奋斗十五年，把我国建成富强民主文明和谐美丽的社会主义现代化强国。到那时，我国物质文明、政治文明、精神文明、社会文明、生态文明将全面提升，实现国家治理体系和治理能力现代化……”②

国家治理体系现代化是在党领导下管理国家的制度体系现代化，司法制度现代化是国家治理体系现代化的重要层面。司法制度现代化就是国家司法制度体系从传统向现代转型，从司法神秘向司法透明转型。健全开放、动态、透明、便民的阳光司法制度体系是司法制度体系现代化的重要

① 习近平：《切实把思想统一到党的十八届三中全会精神上来》，载《求是》2014年第1期。

② 习近平：《决胜全面建成小康社会　夺取新时代中国特色社会主义伟大胜利——在中国共产党第十九次全国代表大会上的报告（2017年10月18日）》，载《人民日报》2017年10月28日，第1版。

内容，是国家治理体系现代化不可或缺的组成部分。

有法可依、依法而治，是国家治理体系和治理能力现代化的基础。国家治理体系和治理能力现代化要求治理的制度化、程序化和规范化。因而，司法制度现代化必然要求裁判结果透明化制度化、程序化和规范化。

二、制度创新是司法体制改革的紧迫任务

司法体制改革积极回应人民群众的新期待新要求，“五五改革纲要（2019～2023）”坚持以人民为中心，提出“全面拓展司法公开的广度和深度”“健全司法公开形式”，将“健全开放、动态、透明、便民的阳光司法制度体系”设定为司法体制改革主要任务之一，提出“健全完善司法公开制度体系”。①

阳光司法制度体系，是一个适应时代发展变化不断完善的开放体系，裁判结果透明化制度体系，亦应属于阳光司法制度体系的子制度体系。裁判结果的宣告公开、文本公开、数据公开三个层面的进路各成一体，遵循规律运行，在裁判结果透明化理论框架内相互呼应、互为补充，形成裁判结果外在透明化制度体系。

从审判权运行情况看，司法实践中很多问题阻碍裁判结果透明化的客观实现。一方面，单纯依靠一种制度或机制已无法满足审判权运行透明化需求，当其无法完成自身使命时，都会备受批评。应统筹协调现行裁判结果透明化制度或机制，发挥每一种制度或机制的优势并改革和完善其缺陷和不足。另一方面，随着现代通信、网络、数据库技术的发展，将司法数据汇总、整合和分析逐渐成为司法研究的新方向。顺应时代发展趋势，利用信息化技术成果，创新裁判结果透明化制度成为可能。

当事人诉讼权利和公民民主权利的保障需求推动了裁判结果以不同模

① 参见最高人民法院“五五改革纲要（2019～2023）”。

式、渠道、方式公开，以趋向、接近、实现透明化，而司法实践中的局限、困境、冲突不仅阻碍了权利的实现，甚至致使正当权利受到了损害，因而客观上要求对裁判结果透明化制度体系进行完善和创新。

第二节　裁判结果数据库的理论模型

一、裁判结果数据库的含义和特征

（一）裁判结果数据库的含义

裁判结果数据库制度，是指在一国或一个地区内，对所有生效裁判文书的案号、当事人、审理法院、裁判结果、裁判日期等信息项录入统一的数据库，进行数据管理，保障裁判结果司法数据的真实性、准确性、完整性和及时性，推进司法数据收集、处理、传输、共享、存储技术和司法数据库体系的现代化，并向社会公众提供查询服务。

（二）裁判结果数据库的特征

1. 确定性

确定性意味着，对同一诉讼标的经不同诉讼程序审理后的裁判结果进行智能化梳理，仅将生效的裁判文书确定的裁判结果录入数据库。未生效的裁判文书的裁判结果，因尚未最后确定，不录入裁判结果数据库。

2. 完整性

完整性意味着，各级法院生效的裁判文书作出的裁判结果全部录入数据库，涵盖全部类型案件裁判结果。从裁判文书类型看，既包括判决结果、裁定结果、决定结果，也包括调解结果；从是否公开审理看，无论案件是否公开审理，全部裁判结果都录入裁判结果数据库，不存在例外规则和豁免情形；从裁判文书是否公开看，无论案件的裁判文书是否公开，其裁判结果均录入裁判结果数据库。

3. 真实性

真实性意味着，裁判结果数据库录入真实的当事人个人信息，不作非实名化处理，不删除自然人的家庭住址、通信方式、身份证号码等个人信息，保障司法数据的真实性。

4. 及时性

及时性意味着，生效裁判文书作出后，在法定时限内，第一时间将当事人、裁判结果、裁判日期等必要信息项录入裁判结果数据库，确保司法数据与法律关系变动信息一致。

二、裁判结果数据库的功能

（一）为科学决策提供真实的社会关系变动数据

同一诉讼标的，可能因上诉、申诉、抗诉经历二审、再审，法院计算的案件数量是以每一家法院立案数为基数累加计算，社会实际发生的进入诉讼程序的纠纷数量事实上小于法院实际审理的案件数量，通过裁判结果数据库进行数据整合，对同一诉讼标的经不同诉讼程序审理后的裁判结果进行智能化梳理，提供同一诉讼标的生效裁判结果。据此，可以分析出社会实际发生纠纷的数量以及纠纷发生的领域和类型，为司法决策乃至政治经济决策提供真实的社会关系变动数据。例如，目前民间借贷纠纷成为民事案件中数量最多的纠纷类型，反映出我国实体经济盈利能力下降导致的借贷债务违约增多，为国家调整产业政策和金融政策提供真实社情依据。因此，应加强裁判结果司法数据研究，健全科学的司法数据指标体系，不断改进司法数据分析方法，提高政策决策的科学性。

（二）为社会公众获取裁判结果信息提供便捷服务

第一，为社会公众提供法律关系变动的准确信息。由于裁判结果数据库数据的真实性和完整性，社会公众在需要法律主体的法律关系变动信息时，可提出查询申请，经审查符合法定条件的，即可获取真实、准确、全面的法律主体身份变动信息、财产变动信息等。以查询公民婚姻关系变动信息为例，中国裁判文书网目前无法满足社会公众查询公民婚姻关系变动信息的需要。按照司法解释规定，2016 年 10 月 1 日前上传的离婚案件裁判文书均作了非实名化处理，而 2016 年 10 月 1 日后所有离婚诉讼的裁判文书不再上传中国裁判文书网。如果建立裁判结果数据库，社会公众可依申请查询特定公民婚姻变动信息。同时为保障这些信息不被滥用，应同步设定预防机制和救济制度。

第二，为裁判文书申请查阅制度提供索引机制。通过裁判结果数据库所记录的裁判结果来源数据，为生效裁判文书申请查阅提供索引支持。按照现行申请查阅制度，社会公众需要到作出生效裁判文书的法院申请查阅裁判文书。通常情况下，社会公众并不知晓其关注的某一案件最终由哪一级法院作出了终局性的裁判。如果建立裁判结果数据库，申请人可先申请查询裁判结果的来源信息，确定生效裁判文书的作出法院，再去作出法院申请查阅裁判文书，必将极大地便利公众查阅权的实现。

（三）为社会信用体系建设提供准确司法数据

社会信用体系是市场经济体制和社会治理体制的重要组成部分，以法律、法规、标准和契约为依据，以健全覆盖社会成员的信用记录为基础，以守信激励和失信约束为奖惩机制，目的是提高全社会的诚信意识和信用水平。我国社会信用体系建设虽然取得一定进展，但是，覆盖全社会的征信系统尚未形成，社会成员信用记录严重缺失，守信激励和失信惩戒机制尚不健全。商务诚信水平是社会信用体系之重点，商务诚信是商务关系维护、运行成本降低、营商环境改善的基本条件，是各类商务主体可持续发展的生存之本。①

裁判结果数据在客观上反映了各类市场主体开展经营行为是否遵守契约承诺，是信用信息的重要来源。在美国、德国等社会诚信体系建设较为完善的西方国家，法院裁判结果数据均作为重要的社会信用信息，向公众公开。裁判结果数据库，能够增强征信系统的风险提示功能，社会公众可充分获知对方既往的涉诉情况，进而对相对方的信用状况进行评估，从而减少交易成本，降低经营风险。将裁判结果数据纳入社会整体信用体系，对于倡导全社会尊重契约、信守承诺的风尚，对提升社会整体信用水平具有重要意义。

第三节　裁判结果数据库的制度模型

本书设计的裁判结果数据库的制度模型，分为总则、裁判结果数据库、查询受理、查询与告知、应用与反馈、异议与投诉、法律责任、附则共 8 部分，下文以规范性法律文件形式表述。

一、制度建构的必要性

（一）社会诚信体系建设需要完整的司法数据

中国裁判文书网提供的司法数据还缺乏全面性和完整性。一方面，我

① 参见国务院《关于印发社会信用体系建设规划纲要（2014～2020 年）的通知》（国发〔2014〕21 号）。

国司法解释允许部分裁判文书不公开。截至2018年9月30日，全国各级法院共在中国裁判文书网上传裁判文书47,354,720篇，此外共上传6,446,866篇不公开裁判文书的相关信息项（包括案号、审理法院、裁判日期及不公开理由等），[①] 未公开的裁判文书占全部上传数据文书的11.98%，即超过十分之一的裁判文书不上网公开。另一方面，我国司法解释要求部分裁判文书须非实名公开。对于社会公众而言，非实名化处理后的裁判文书，当事人与裁判结果的关联性丧失。社会公众无法通过查阅公开的裁判文书获取需要的特定裁判结果信息。因此，中国裁判文书网提供的司法数据还缺乏全面性和完整性，无法构成社会诚信体系的司法数据基础，客观上不能实现提供全面真实信息的目的。因而，建立独立的裁判结果数据库势在必行。

（二）维护公共利益需要全面的司法数据

随着经济社会的发展，人们法治意识的增强，诉讼呈现“井喷式”发展。无论是发达国家如美国的诉讼体制、还是发展中国家如我国的诉讼体制，都开始不堪重负，中外法官们不再一味地倾向于适用繁复的审判程序解决纠纷，纷纷开启司法改革的进程。美国司法改革中，将多元化纠纷解决机制建设成为美国诉讼体制的重要组成部分，即便案件已经进入诉讼阶段，当事人依旧可以通过庭外和解的方式终结诉讼。[②] 在我国，中共中央办公厅、国务院办公厅下发《关于完善矛盾纠纷多元化解机制的意见》，最高人民法院于2016年出台《关于人民法院进一步深化多元化纠纷解决机制改革的意见》（法发〔2016〕14号）。

---

① 资料来自最高人民法院办公厅《关于2018年第三季度全国法院裁判文书上网情况的通报》（法办〔2018〕189号）。

② ［美］约翰·罗伯茨：《美国联邦法院2016年年终报告》，黄斌、杨奕译，载《人民法院报》2017年1月6日，第8版。

作为多元化纠纷解决机制的激励机制之一，美国庭外和解的案件卷宗档案保持不公开性，中国调解结案的案件裁判文书不在互联网公开。通过和解或调解的方式可以迅速解决纠纷，且执行率很高，受到司法实务界的充分肯定和积极运用。但是，此类案件诉讼结果的不公开，导致人们在纠纷预防方面司法数据的缺失。美国最高法院首席大法官罗伯茨（John Glover Roberts Jr. 1955 – ）在《美国联邦法院 2016 年年终报告》中，提到了一个特殊的案例——某枪支收藏家的案件，论及这种不公开的弊端。"该收藏家有一把雷明顿来复枪。某一天，收藏家的妻子正在擦拭这把来复枪，为了把弹药卸下来，她关掉了保险栓。但是，来复枪的扳机却失灵了，收藏家的妻子不小心开了一枪，打死了自己三岁的儿子。事故发生后，收藏家得知，因为这一产品缺陷，雷明顿公司早已被大规模起诉，但由于所有这些案件都是庭外和解，诉讼档案被封存，因此公众无从知晓雷明顿来复枪的这一重大缺陷，雷明顿公司就这样悄无声息地终结了许多此类诉讼，所以没有人知道来复枪在扳机设计上存在缺陷，也没有人知道这家公司在明知设计缺陷的情况下仍继续出售这款产品。"① 这样的案例，促使美国首席大法官也在思考庭外和解案件诉讼档案不公开的弊端，他认为，尽管通过调解等方式终结纠纷通常能产生令各方当事人更易接受的结果，也有许多学者为此著书立说，力证调解结案保持不公开性的明智之处，但在涉及公共利益的案件（尤其是政府为一方当事人的公共领域纠纷）中，法院仍应保留允许调解协议公开的裁量权。②

我国最高人民法院《关于人民法院在互联网公布裁判文书的规定》（法释〔2016〕19 号）也规定，以调解方式结案或者确认人民调解协议效

① ［美］杰弗里·S. 吕贝尔斯（Jeffrey S. Lubbers）:《美国司法公开面面观》，林娜译，载《中国应用法学》2017 年第 5 期。

② 同上。

力的裁判文书不在互联网公开，但为保护国家利益、社会公共利益、他人合法权益确有必要公开的除外。

为了维护公共利益，中外法院均决定公开调解结案类裁判文书。如果建立裁判结果数据库制度，将全部调解结果收录其中，设定严格的查询程序，向社会公众提供查询服务，一方面，可以避免当事人滥用调解程序规避司法公开，使其成为社会征信体系的盲点；另一方面，可以规制法官自由裁量权，避免其因内在的认识不足或外在的当事人闹访而不公开涉及公共利益的调解结案类裁判文书。

二、制度建构的基本内容

（一）裁判结果数据库的建立

本书建议最高人民法院建立全国统一的裁判结果数据库，收录各级法院生效的裁判文书的案号、当事人、审理法院、裁判结果、裁判日期等信息，进行数据库管理。裁判结果数据库能够获得信息技术支撑，全国四级法院实现了内网办案系统的四级联网，时时向最高人民法院信息集控中心汇总司法数据。因此，直接在最高人民法院信息集控中心建立裁判结果数据库，直接获取全国四级法院裁判结果数据具有可行性。

为了确保司法数据的准确性，作出生效裁判文书的人民法院，应对裁判结果数据负有更正义务（录入信息内容存在错误、遗漏的）和补正义务（案件再审改判的）。

（二）裁判结果数据申请查询机制

裁判结果数据库申请查询机制，应以依法、及时、规范、便利为原则，应当保障当事人的合法权益，不得泄露国家秘密、商业秘密、个人隐私和个人信息，应当切实保障未成年人合法权益。裁判结果数据库查询工作应接受社会监督。

1. 受理查询申请的法院

为贯彻“以人民为中心”思想，申请查询人可到其所在地的中级人民法院申请查询裁判结果数据。申请查询人包括公民、法人、其他组织。

对于涉外查询，即申请查询人为外国的公民、法人、其他组织或者国际组织，遵循现行国际司法协助的管理模式，应由最高人民法院直接受理更为妥当。

对于涉台港澳查询，即申请查询人为是我国台湾地区、香港特别行政区、澳门特别行政区的公民、法人或者其他组织，为确保司法政策的统一性，也应由最高人民法院直接受理。

2. 查询申请的审查

第一，申请期限。人民法院应当根据查询申请进行查询，在受理查询之日起3个工作日内将查询结果告知查询申请人。

第二，审查原则。人民法院对查询申请应进行必要性审查，应以数据公开为审查原则，不应以数据保密作为审查原则。包括但不限于以下情况，人民法院应当受理申请。

首先，人民法院对申请查询人针对本单位或本人的查询申请应受理。

其次，人民法院对国家机关、公益单位提出的以下针对其他单位或者个人的裁判结果查询，应当受理：（1）为招标进行资格审查需要的；（2）为采购进行供应商资格审查需要的；（3）为行业管理、市场管理、业务监管等进行资质、资格审查需要的；（4）为信用管理需要的；（5）为招聘、录用、选任人员等人事管理需要的；（6）纪检监察机关、司法机关为办案需要的；（7）金融机构为贷款进行资信审查需要的；（8）其他应当受理的情形。

再次，人民法院对企业、个人提出的以下针对其他单位或者个人的裁判结果查询，应当受理：（1）企业根据有关部门或者单位招标要求，为投标需要的；（2）企业、个人为信贷需要的；（3）企业、个人为从事商贸合作或者谈判需要的；（4）企业为招聘、个人为应聘需要的；（5）企业、个人应国（境）外公司、企业或者组织要求，为在国（境）外投标、融资、信贷、商贸合作或者谈判等需要的；（6）其他应当受理的情形。

最后，人民法院对为在中国境内招投标、投资、信贷、商贸合作或者谈判而提出的涉外查询、涉台港澳查询应当受理。

第三，审查结论。人民法院对符合条件、事由正当的查询申请应当受理；对不符合条件、无正当事由的查询申请，不予受理，并应当说明理由。

第四，权利救济。对中级人民法院不予受理决定有异议的，可以申请高级人民法院复议，高级人民法院的复议结果为最终结果。

3. 查询结果的告知

第一，告知形式。查询结果以查询告知函的形式告知查询申请人，加盖人民法院裁判结果查询专用章。

第二，告知内容。查询结果告知的内容包括：（1）有无裁判结果记录；（2）有裁判结果的，应当列明作出裁判的人民法院、裁判时间、裁判结果、当事人姓名（名称）及案号；（3）同一当事人有多个裁判结果的，依人民法院裁判的时间顺序，列明所有裁判结果；（4）其他相关内容。

第三，告知函效力期间。裁判结果查询告知函自出具之日起 1 个月内有效，可以确保所查询的裁判结果及时性和准确性。

第四，告知函防伪措施。任何单位和个人不得伪造、变造裁判结果查询告知函，构成犯罪的，依法追究刑事责任。

4. 查询结果的异议

第一，提出异议。申请查询人可以针对下列情形，向人民法院提出书面异议：（1）查询结果告知函存在瑕疵，需要核查予以确认或者重新出具的；（2）查询结果与事实不符，需要更正的；（3）录入信息内容存在错误、遗漏，需要更正或者补充的；（4）其他情形。提出异议时，应当提交必要的证据材料。

第二，办理异议。人民法院应当对受理的异议进行复核，在受理异议后5个工作日内回复异议人。情况复杂的，可以适当延长复核时间，但是复核时间最长不得超过20个工作日。

5. 裁判结果查询期限

是否设定裁判结果的查询期限，如何设定查询期限比较合理，可考虑以下几方面因素。首先，2012年国务院颁布的《征信业管理条例》第16条第1款规定，“征信机构对个人不良信息的保存期限，自不良行为或者事件终止之日起为5年；超过5年的，应当予以删除”。裁判结果作为社会诚信体系的重要司法数据，在征信价值上，可以参照此5年的查询期限。其次，2013年最高人民检察院颁布的《关于行贿犯罪档案查询工作的规定》（高检发预字〔2013〕2号）第23条规定，“行贿犯罪信息的查询期限为10年。单位犯罪自人民法院判决、裁定生效之日起，个人犯罪自刑罚执行完毕之日起，超过10年的，行贿犯罪信息不向社会提供查询。但是，纪检监察、司法机关为办案需要提出的查询，以及有关部门和单位依据法律法规、管理规定提出具体期限的查询除外”。裁判结果作为社会关系变动的重要司法数据，在预防价值上，可以参照此10年的查询期限。最后，从裁判文书公开的长期性看，世界各国和各地区对历史裁判文书都允许查询，如若限定裁判结果的查询期限，则与此司法公开理念相背离。因而，本书不建议限定裁判结果的查询期限。

6. 查询结果应用

第一，应用原则。应用裁判结果数据库查询结果应当正当、诚实、守信，不得滥用。申请查询人应当按照查询申请的事由应用查询结果，不得用于查询申请事由之外的其他事项。

第二，法律责任。申请查询人不得利用查询结果进行不正当竞争或者从事非法活动，否则应承担相应法律责任。

7. 查询工作投诉

第一，投诉受理。被申请查询人或其他利害关系人认为裁判结果查询工作侵害其合法权益的，可以向提供查询结果告知函的人民法院进行书面投诉。

第二，投诉办理。人民法院受理投诉后应当及时调查处理，并予以书面答复。

第三，法律责任。人民法院工作人员在裁判结果查询工作中违反有关规定，造成国家秘密、商业秘密、个人隐私、个人信息、未成年人犯罪记录泄露的，应当追究相应责任。构成犯罪的，依法追究刑事责任。

第五章　裁判结果证成理由公开：裁判说理

宣判公开、裁判文书公开、裁判结果数据公开是裁判结果透明化的形式进路，裁判结果证成理由公开则是裁判结果透明化的实质进路，因为，当事人和社会公众对审判权运行透明化的深层次期望是法官为他们的决定提供理由。

第一节　裁判结果证成理由公开的价值和功能

从私力救济到公力救济，从信仰神明到相信人的理性，人类解决纠纷的方式逐步走向文明。裁判结果证成理由公开（以下简称裁判理由）是以人的经验和理性为裁判基础的必然要求，是司法文明发展的历史规律。

一、理由公开有助于防止司法擅断

人类社会产生之初，由于生产力发展水平的低下，对自然规律的认识有限，裁判纠纷常常采取水审、火审、神兽断等“神明裁判”模式。这种裁判模式是建立在对“神明”无所不在、无所不知、无所不能的观念之上，“神明”的裁判结果也不需要理由。由于“神明裁判”的随意性和不确定性，人们不断探求查明事实真相的方法，逐渐抛弃了“神明裁判”模式，逐渐以人的经验和理性作为裁判的基础。

在我国，周朝时期大、小司寇“遇到疑难案件时，行三刺之法，‘以三刺断庶民狱讼之中：一曰讯群臣，二曰讯群吏，三曰讯万民’”。[①] 就是分别征求群臣、群吏和民众的意见，然后裁决案件解决纠纷。这种方式是以大多数人的认识和理性作为裁判的依据。另外，大、小司寇还总结出一套心理学意义上的审察案情方法——“五听之法”，“以五声听狱讼，求民情。一曰辞听，二曰色听，三曰气听，四曰耳听，五曰目听”。[②] 五听，实质上是以犯罪者心理变化为观察对象来判决是否真言的裁判方法。东汉末年儒家学者、经学大师郑玄（字康成，127～200年）对“五听”注释为：辞听即“观其出言，不直则烦”；色听即“观其颜色，不直则赧然”；气听即“观其气色，不直则喘”；耳听即“观其听聆，不直则惑”；目听即“观其眸子视，不直则眊”。这种方法一直为我国封建社会裁判案件所沿用。裁判者之所以逐步摸索并归纳总结出“三刺”“五听”之法，是因其既要作出嫌疑人是否有罪的内心判断，又要向民众释明裁断罪与非罪的理由，民众才能信服。

在英美法系，判决理由是先例约束力的法理基础。“判决理由是指判决中有约束力的部分，它们是针对特定案件所作判决中所应用的法律原则。”[③] 撰写判决理由是英美法系法官司法能力的核心。“将法律原则或法律理念具体化为判决理由，进而形成法律观点”，[④] 是英美法系国家法官建立裁判合理性、可接受性的重要方法。

---

① 范忠信、陈景良：《中国法制史》，北京大学出版社2007年版，第61页。

② 《周礼·秋官·司寇》。

③ 肖晖：《中国判决理由的传统与现代转型——以民事判决为中心》，西南政法大学2005年博士学位论文，第8页。

④ 叶榅平：《遵循先例原则与英国法官的审判思维和方法》，载《比较法研究》2015年第1期。

在大陆法系，裁判理由是法律推理的内在进程。“大陆法系的判决理由一般指作出一个特定的判决结论的道理和根由，包括法律推理及法律推理所依据的建立在证据基础上的事实、法律条件、价值判断和政策选择等。”① 大陆法系国家也强调法官对裁判理由的论述，如“德国《民事诉讼法》第286条第1款规定，作为法官心证根据的理由应当在判决中说明”。② 法国《民事诉讼法》第455条规定，“判决应当说明理由”；法国刑事司法理论也要求判决必须说明理由，对于“那些定罪量刑的被告，必须运用证据，给出判决的理由”。③

裁判需要建立在以证据为基础的事实之上，证据的真实性、合法性、关联性都需要法官进行认证和论证。将由概念、原则和规则等要素构成的法律规范与证据有机结合，通过法律推理作出裁判。将这一思维过程真实地记录在裁判文书的文本之中，接受同行的检视和公众的监督，必然促使法官谨慎使用审判权，防止司法擅断。

二、理由公开有利于维护司法权威

司法权威不是来源于权力，更多的是来源于信服。即使是封建统治者，在中央集权和政法合一的政治司法制度框架下，对于案件的裁判也要以说理树立司法权威。在我国漫长的封建社会历史中，传统司法非常注重裁判理由对树立司法权威、教化引导民众的重要作用。以宋代州县司法为例，裁判文书包括案件受理阶段的“批呈词”、案件审理后作出的“断

---

① 肖晖：《中国判决理由的传统与现代转型——以民事判决为中心》，西南政法大学2005年博士学位论文，第8页；参见田勇军：《论我国行政诉讼中法定判决理由既判力——以撤销诉讼为视角》，载《政治与法律》2011年第2期。

② 胡敏、崔茜：《论法官自由心证及其限制》，载《法制与社会》2009年第22期。

③ ［法］皮埃尔·特鲁仕主编：《法国司法制度》，丁伟译，北京大学出版社2012年版，第138～139页。

由”。批呈词是我国古代州县官在民众起诉的状纸——“呈词”上书写的批示，主要表明是否准予立案，准予立案受理即批“准告”，不准予立案受理即批“不准告”。对于“不准告”的案件，州县官会在批呈词中阐明理由，如樊增祥《批雷五时呈词》：“尔为尔子聘季生连之女为媳，未过门而尔子夭忘，不得谓之为子媳也，今季生连将女另嫁，理所当然。该女并非雷门之妇，尔何得希李姓之财？不准。”① 樊增祥所批逻辑清晰，从“聘”与“过门”何为封建礼法认可的确立婚姻关系的法律行为入手，论证了仅“聘”而未“过门”不成立婚姻关系，即“不得谓之为子媳”，从而推出“将女另嫁，理所当然”的结论，阐明了原告一方的起诉缺乏礼法基础，发出了“尔何得希李姓之财？”的诘问。虽寥寥几行，但论证清晰，理由充分，雷五时也不再具状，定分止争。宋代的另一种裁判文书名为“断由”，属于民事判决书。宋高宗二十二年的诏令载明：“今后民户所讼，如有婚田差役之类，曾经结绝，官司须具情与法，叙述定夺因依，谓之断由，人给一本。”② 从古代典籍文献记载可以看出，宋代民事判决书非常重视说理，将情理、法理作为说理的主要内容，“定夺”的原因和依据必须要在“断由”中载明，才能使百姓信服。

裁判理由的公开是民众信赖司法的内在原因。在英美法系国家，判决理由是判例生命力的源泉，其所具有的客观性、合理性、逻辑性产生了超越特定历史时空持续发挥法律效力的力量，熏陶培育民众对法律的信仰。正如美国联邦最高法院大法官奥康纳（Sandra Day O’Connor，1930 –）在

① 《新编樊山批公判牍精华·批牍》卷八。转引自黄晓平：《中国传统司法的公开模式及其对当代中国的借鉴意义——以宋代以来州县司法为中心的考察》，载中南财经政法大学法律文化研究院编：《中西法律传统》（第7卷），北京大学出版社2009年版，第299~300页。

② 《宋会要辑稿》。转引自黄晓平：《中国传统司法的公开模式及其对当代中国的借鉴意义——以宋代以来州县司法为中心的考察》，载中南财经政法大学法律文化研究院编：《中西法律传统》（第7卷），北京大学出版社2009年版，第302页。

题为《作为司法平等维度之一的公众信任》的演讲中所说，“我们的法院判决能否产生力量，取决于公众的信心和信任”。她解释说：“我们没有执行判决的常备军，对于这些判决的正确性，我们信仰公众的信心。所以，我们必须关注民意和公众对司法制度的态度，我们也必须尽力构建和维系这种信任。”①

在美国联邦最高法院审理的宾州计划生育联盟东南分部诉凯西案（Planned Parenthood of Se. Pennsylvania v. Casey②）中，美国联邦最高法院的判决意见，充分表明了美国联邦最高法院对其自身司法权威与民众信赖关系的立场：

宪法授予联邦司法系统，尤其是授予最高法院的权力，是美国政府权力根源的最佳展现。正如每一代美国人都被正确告知的，对最高法院判决的支持是花钱也买不来的，而且，除非在极小程度内，它也不能独自强迫人们遵守其命令。最高法院的权力，来自它的正当性，这种正当性既寓于实体也寓于感知，它体现在法官对法律含义的解释和法律要求的宣示能被广大人们所接受。③

三、理由公开有益于司法能力提升

法经济学以经济分析的方法来探求有关法律制度背后的支撑理由。公共选择理论是法律经济学中富有生命力的分支，它所研究的是个人在一定约束条件（政治和法律）下的选择，以及这种选择如何导向一种集体行动。它以“有约束的最大化”（constrained maximazition）取代了人的行动

---

① Sandra Day O'Connor, "Public Trust as a Dimension of Equal Justice", *Court Review* 36, 1999, pp. 10 –13.

② 505 U. S. 833 (1992).

③ 参见［美］琳达·格林豪斯：《美国最高法院通识读本》，何帆译，译林出版社 2013 年版，第 95 页。

意义，以实现其行为主义的实证研究目的。1986 年诺贝尔经济学奖得主詹姆斯·麦基尔·布坎南（James Mcgill Buchanan，1919 – ），把方法论上的个人主义（methodological individualism）与理性选择（rational choice）作为公共选择理论的两个硬核，将人简约为“在约束条件下追求最大化”的理性人。

当公共选择理论应用于司法领域，可以把“法官”代入研究视域，把法官审判行为看作法官在一定约束条件下理性选择的结果。面对裁判理由公开的要求，作为理性人的法官，作出裁判的约束条件，不仅是案件事实和法律规定的外在性约束，也暗含了自身司法技能的展示和自身司法形象的树立的内在性约束。法官的司法技能主要体现为定分止争的能力，具体为查明事实、论证说理、适用法律的能力。

裁判理由公开，将形成外部动因，促使法官司法技能自觉性、自发性提升。一方面，触发退出机制，司法能力不强但具有法官身份的人员自发性退出审判岗位；另一方面，开启激励机制，意愿从事审判工作的法官学习自觉性提升，研习法律知识以提升法律适用的准确性，深化文化修养以提升论证推理的流畅性。两个方面共同发挥作用，从而实现法官整体司法技能的提升。

四、理由公开促进形成法律智力资源库

裁判理由，是法官通过脑力思维活动认定事实和适用法律的原创性智力成果，但考虑到公共利益的需要，世界各国都不将其作为知识产权法保护的客体。裁判理由将具体的案件事实与抽象的法律规则通过论证说理联系在了一起，成为案例中最具智力价值的部分。

一方面，裁判理由公开可为法学研究提供实践素材，有助于理论研究归纳提炼司法原则和规则，进而发挥法学理论指导司法实践的作用。正如於兴中教授所言，“法院的判决是法学研究的重要对象之一。如果判决不

公布，或者学者们难以获得法院的判决，那么，法学研究就无法及时反映法律现实，也无法有效地针对法律实践中出现的问题提出对策”。[①] 在美国，一个成立于1923年的由法官、法学教授与执业律师组成的私立学术组织——美国法律研究院（American Law Institute），专题研究判例的裁判理由，并编辑出版“美国法律重述”[②] 系列专题著作，旨在将普通法重述为一般的原则或规则，反映美国法律界对法律是什么以及在某些情况下法律应该成为什么的共识。法律重述作为学术著作本身并没有约束力，但具有很强的说服力，被美国法官、执业律师视为重要的审判参考。据统计，截至2016年6月30日，美国联邦和州的各级法院共引用各类“美国法律重述”20多万次。[③]

另一方面，裁判理由公开可直接为司法实践提供理论指引和类案参考。对于独任法官而言，由于无法获得合议意见的启示，也没有法庭内分享共识性结论的机制，只能独立思考案件裁判理由，而通过检索已公开的裁判文书，可以最便捷地获得处理类案的裁判规则参考。对于初任法官而言，当遇有新类型案件需要明确既有规则的含义以及采用何种新的规则之时，可以借鉴类案裁判理由的精髓，结合自身审理案件的具体情况，做出适当而公正的裁判。美国大学华盛顿法学院教授杰弗里·S. 吕贝尔斯（Jeffrey S. Lubbers）也认为，法官撰写书面意见对案件判决结果作进一步

---

① 於兴中：《后全球化时代的中国法哲学：机遇与挑战》，载《太平洋学报》2011年第10期。

② “美国法律重述”是一套关于法律的专题著作。第一版法律重述，是美国法律研究院在1923年至1944年发表的关于代理、法律冲突、合同、判决、财产、归还、担保、侵权和信托的重述。第二版法律重述，始于1952年，通过新的分析和概念更新第一版重述，并扩大权限，还进行了美国对外关系法重述。第三版法律重述，始于1987年，包括关于代理、律师法、财产、恢复原状和不当得利、保证和担保、侵权行为、信托、不公平竞争、就业、美国对外关系法的重述。“Restatements of the Law”，https://en.wikipedia.org/wiki/Restatements_of_the_Law#cite_note-1，最后访问时间：2019年4月20日。

③ ［美］爱伦·M. 芭波里克选编：《侵权法重述纲要》（第3版），许传玺、石宏、董春华等译，法律出版社2016年版，编者中文版序。

解释，能够为其他类似案件的当事人和法官提供指引。①

裁判理由的公开和汇集，不仅可以成为法官裁判所参考的法律智力资源库，还可以成为法律规则、法律原则乃至法治理念不断演进的思想观念渊源。

第二节　裁判结果证成理由的内核和构造

一、理由的多元内核

裁判结果的合理性、公正性需要裁判理由来证成。能够证成裁判结果的理由，可以理解为被广泛接受的、内含证成逻辑体系的规则、准则、原则和道理。广义上应包含六个层面：一是法理，二是事理，三是情理，四是伦理，五是机理，六是义理。在不同的历史时期或不同的文化背景下，法官一般以其中某一个层面的“理”作为最高裁判准则，而辅以其他层面的“理”，综合证成裁判结果。

（一）法理

法理，语义上指“法律的理论根据”。② 在思想观念层面，法理是关于法律制度和法律实践的价值、信仰、认知和评价的理论；在学术研究层面，法理是法学理论体系中最具涵盖性、抽象性、普适性的理论。③ 作为

---

① ［美］杰弗里·S. 吕贝尔斯：《美国司法公开面面观》，林娜译，载《中国应用法学》2017 年第 5 期。

② 中国社会科学院语言研究所词典编辑室编：《现代汉语词典》，商务印书馆 2012 年版，第 353 页。

③ 参见张文显主编：《马克思主义法理学——理论、方法和前沿》，高等教育出版社 2003 年版，第 1 页。

裁判理由的法理，主要指对法的概念、法的理论和法的理念的阐释，是法律建构的理论基础和理论渊源。

对于成文法运行而言，法律的适用过程是将案件事实与法律条文通过法律解释、法律论证、法律推理等法律方法有机结合。每一条法律都有其深厚的理论基础，法律条文背后也有着观点争锋和逻辑证成。这些立法理由，需要法官在适用法律时释放到裁判文书当中，促进公众对概括性的法律文本的理解和对裁判结果的接受。

以吉林省高级人民法院审理的“再审申请人张丹丹与被申请人中国工商银行股份有限公司长春大经路支行银行卡纠纷一案”① 为例，在借记卡被盗刷的情况下，储户能否通过民事诉讼请求商业银行承担民事赔偿责任？这是网上银行业务开展后新出现的法律问题。法官针对“商业银行是否应承担赔偿责任问题”展开论证，充分阐释法理，确立了新问题的裁判规则。判决理由法理深厚：

《中华人民共和国商业银行法》第6条规定：“商业银行应当保障存款人的合法权益不受任何单位和个人的侵犯。”据此，商业银行对形成储蓄存款合同关系的储户（持卡人）的存款负有法定的安全保障义务，应当保障储户账户内资金安全。储蓄存款合同交易的电子化方式要求商业银行采取更为严格的技术保障措施，商业银行作为专业金融机构应当采取技术措施确保交易环境的安全。且根据收益与风险相一致的原则，商业银行作为从电子交易的风险中获得经济利益的一方，应当负有制止危险的义务。电子银行交易系统是由商业银行单方面组织设计开发并负责维护的，储户（持卡人）从未也不可能参与其中的任何环节。因此，从根本上防范和控

① 吉林省高级人民法院（2017）吉民再33号民事判决书，载中国裁判文书网：http://wenshu.court.gov.cn/content/content? DocID = 9160605b-e17e - 462e-bf56 - a724009b1f59&KeyWord = （2017）吉民再33号，最后访问时间：2019年3月20日。

制银行卡欺诈风险，必须而且只能依靠发卡行积极主动地通过不断提高技术和管理水平增强抗击银行卡违法犯罪行为的能力。如果将防范和控制银行卡欺诈风险的责任完全或主要寄希望于持卡人严守密码上，而商业银行方面作为主导方却可以“存在技术风险”和“凭密交易视同本人操作”等为由推卸本应承担的安全保障义务，这不但给持卡人非法强加了其无力承担的不合理责任，更不利于整体银行业的高效、安全运行和良性发展。本案中，大经路支行作为争议所涉借记卡的发卡行及特定电子交易技术和操作平台的提供方、运营方和维护方，应当承担保障储户账户内资金安全的法定义务，保证电子银行系统对银行卡欺诈行为的识别及防范的有效性。本案争议所涉借记卡在明显存在信息异常的情况下，大经路支行仍然对该操作确认正确并进行转账，而未及时采取中止交易、电话确认等临时安全措施，充分证明大经路支行在对电子交易登录终端设备、登录用户身份等关键信息的真伪识别、监控和临时处置等方面存在技术漏洞。大经路支行在储蓄存款合同履行过程中存在未尽到安全保障义务的违约行为，给张丹丹造成了经济损失，依法应当承担相应的赔偿责任。

（二）事理

事理，语义上指“事情的道理”。[①] 事理是历经多代人总结验证的生存和发展的智慧结晶，是调整人与人关系的社会规范。

名言警句、谚语箴言往往是事理的经典记录。《管子·版法解》“慎观终始，审察事理”是说为君要“慎重考察国事的全部过程，详察事物发展的道理”，这本身也是事理。“一言既出，驷马难追”，[②] 告诫人们要重承诺

① 中国社会科学院语言研究所词典编辑室编：《现代汉语词典》，商务印书馆2012年版，第1187页。

② 《论语·颜渊篇》，“子贡曰：‘惜乎，夫子之说君子也！驷不及舌。’”《邓析子·转辞》：“一言而非，驷马不能追；一言而急，驷马不能及。”

守信誉。“己所不欲，勿施于人”，[①] 告诉人们自己不愿意做的事，不要强加给别人。事理，还会以寓言故事的形式存在，如《伊索寓言》中“农夫和蛇”的故事，告诉我们做人一定要分清善恶，只能把援助之手伸向善良的人，对那些恶人即使仁至义尽，他们的本性也不会改变。

以事理作为裁判理由，最易获得民众认同。美国伊利诺伊州最高法院在内伊诉黄色出租车公司案（Ney v. Yellow Cab Co.[②]）的终审判决中就采用“事理”作为裁判理由。黄色出租车公司雇员把出租车停在芝加哥大街上，既无人看守，也没有关闭引擎、锁住打火器或取下钥匙，致使小偷偷走汽车并撞到了原告的汽车，造成损害。原告起诉出租车公司违反了疏忽罪的有关条例，构成疏忽罪。被告向法院请求撤销诉讼，理由是其疏忽行为并不构成疏忽罪，也不是原告汽车遭致损害的直接缘由。伊利诺伊州初审法院认为被告违反了“交通条令”，驳回被告撤销指控的请求，伊利诺伊州上诉法院维持了初审法院判决。伊利诺伊州最高法院终审判决，以汽车作为具有危险性的交通工具为常识性事理，说明发生交通事故是日常生活中的常规事件，从而否定了车辆可能被偷的可预见性与原告损害结果之间的因果关系，裁决疏忽罪不成立。判决理由易于理解和接受：

现在汽车的速度和能量不断增加，以至于即使它们掌握在理智而谨慎的人手里，安全专家仍然为其潜在的危险担心不已。小偷偷车逃跑，或不负责的少年驾车兜风，以及那些“被借走”的汽车，频繁发生严重的交通事故，车毁人亡的消息在早报上频频出现，刺激着读者的神经。在这样的背景下，人们肯定知道如果违反交通条例而让机动车辆很容易地被未经许可的陌生人驾驶，必然会有导致各种损害的危险。但是案件发生的百分率

---

① 《论语·颜渊篇》，“仲弓问仁，子曰：‘出门如见大宾，使民如承大祭。己所不欲，勿施于人。在邦无怨，在家无怨。’”

② Ney v. Yellow Cab Co., 2 Ⅲ. 2d 74, 117 N. E. 2d 74.

或损害发生的概率不能作为量度法律责任的标准。在这里，我们涉及的问题只是，该外力的介入是否在合理的预见范围之内。被告违反交通法而直接导致损害发生也许有其特殊情况，我们相信理智的人对该问题的处理也不会一致。然而就本案来说，从法律上看，没有强有力的理由使法庭相信疏忽罪不成立。①

（三）情理

情理，语义上指“人的常情和事情的一般道理”，② 是“一种普遍的社会情感认同，存在于一般的社会心理，反映一定的民意”，③ 符合社会主流价值观。

以情理断案，古已有之。清代著名画家、书法家郑板桥（字克柔，1693～1765年）在山东潍县担任县令时，以“情理”妙断僧尼案，被后世人传为美谈，该案判牍现存于潍坊郑板桥纪念馆。据记载，石佛寺的和尚和天月庵的尼姑二人原系青梅竹马的同村人，女方因父母欲将其许配给一老财主做妾而抗命不从并削发为尼，男子闻之也愤而出家，后二人在潍县风筝会巧遇，又续前缘在夜晚私会，不料被人遇见，认为二人伤风败俗，扭送到县衙问罪。郑板桥在了解到案件详情后，遂判和尚和尼姑二人还俗完婚，判词入情入理：

一半葫芦一半瓢，合在一起好成桃。从今入定风波寂，此后敲门月影摇。鸟性悦时空即色，莲花落后静偏娇。是谁勾却风流案？记取当堂郑

① 《大法官的智慧——美国经典司法判例精选50例》，邓冰、苏益群编译，法律出版社2012年版，第232～234页。

② 中国社会科学院语言研究所词典编辑室编：《现代汉语词典》，商务印书馆2012年版，第1062页。

③ 陈柏新、陈柏平：《克服司法神秘化的若干对策》，载赖梁盟主编：《当代法学论坛》（2009年第2辑），中国方正出版社2009年版，第148页。

板桥。[1]

"以情理为导向进行案件裁判是中国传统判决理由的实质所在",[2] 顺乎情理，更易于被民众接受。在山东省平度市人民法院 2017 年 12 月作出的判决不准许离婚的民事判决书中，法官从情理入手，使双方均主张离婚的"90 后"当事人接受了不准许离婚的判决。判决说理体现了法者仁心：

常言道，"生儿育女，人生喜事"。原、被告自由恋爱后登记结婚，女儿系二人爱情的结晶，双方理应倍加珍爱，共同将女儿抚养长大。原、被告现在正处于婚姻的磨合期，在从个人向父母转化的过程中，必然会遇到很多问题，双方应正确面对这些问题，互相体谅、互相帮助，共同将自己融合到新的家庭生活中。若遇到一些问题、发生几次争吵就轻易离婚，是对自己的不负责任，更是对孩子的不负责任，本院不愿看到一对恩爱的年轻的夫妻劳燕分飞，更不忍看到一个嗷嗷待哺的幼儿失去父母。庭审过程中，原、被告双方均同意调解，且被告离开法庭后又回来与原告自行调解，说明双方都有和好的意向，也说明原、被告的夫妻感情并未真正破裂。因此，原告要求与被告离婚的诉请，在夫妻感情尚未破裂的情况下，依法不予准许。[3]

（四）伦理

伦理，语义上指"人与人相处的各种道德准则"。[4] 从根本上说，伦理是人的基本行为规范之一。"它以善恶为核心观念，表征了人类在共同生

---

① 马啸：《古代的判词》，载《光明日报》2015 年 8 月 21 日，第 16 版。

② 肖晖：《中国判决理由的传统与现代转型——以民事判决为中心》，西南政法大学 2005 年博士学位论文，第 2 页。

③ 为保护案件当事人的个人隐私，本书引用该判决理由时，隐去该判决书案号、当事人及其未成年人子女姓名。

④ 中国社会科学院语言研究所词典编辑室编：《现代汉语词典》，商务印书馆 2012 年版，第 852 页。

活、发展和完善当中的客观的秩序需求[1]。”伦理规范中，有些规范具有普适性，如“孝道”一直传承至今；有些规范仅有历史的相对性，如古代男尊女卑的伦理规范随着现代人权理念的发展而逐渐被摒弃。

我国古代以伦理为裁判理由的经典，是汉代的“引经决狱”。自汉武帝提出“罢黜百家，表章《六经》”[2]之后，儒家经义不仅成为证明封建皇权权力来源正当性的理论基点，也逐渐被引据为案件裁判理由。汉代思想家、政治家董仲舒（公元前179年~前104年）在《春秋繁露·精华》中解说：“春秋之听狱也，必本其事而原其志：志邪者不待成，首恶者罪特重，本直者其论轻。”也就是要从伦理层面考察行为人主观的善恶，动机邪恶者即使犯罪未遂也不免其责，主观恶性大的要从重惩处，无主观恶性仅是过失者则从轻论处。这种对犯罪行为主观恶意进行考察的裁判方法，延续至今，依然是现代司法的重要原则。明代著名清官、负有“海青天”之誉的海瑞（1514~1587年），在其遇到疑难案件时，权衡的标准就是伦理，如其言“凡讼之可疑者，与其屈兄，宁屈其弟；与其屈叔伯，宁屈其侄；与其屈贫民，宁屈富民；与其屈愚直，宁屈刁顽。事在争产业，与其屈小民，宁屈乡宦，以救弊也。事在争言貌，与其屈乡宦，宁屈小民，以存体也”。[3]这些伦理规范，在中国封建社会深植于民众的社会文化心理。明朝百姓奉海瑞为“海青天”，正说明了海瑞依此“伦理”作出裁判的公正性和可接受性。当然，随着人权观念的发展，“兄弟”“叔侄”都是平等的血亲关系，“贫民”与“富民”都是平等的自然人，伦理观念也发生了质的变化。因此，要以时代的眼光辩证地看待伦理规范，注重伦理的时代特征。

---

① 郑成良主编：《现代法理学》，吉林大学出版社1999年版，第395页。

② 《汉书·武帝纪赞》。

③ 《海瑞集》，陈义钟编校，中华书局1962年版，第117页。转引自黄仁宇：《万历十五年》，三联书店1997年版，第139页。

当代司法实践中，以尊崇孝道伦理为主旨的裁判理由，仍足以让公众信服。安徽省濉溪县人民法院审理的被告人姬某某、高某故意杀人案，①对被告人姬某某、高某义愤杀子而减轻判决的裁判理由，正是建基于伦理规范。判决理由言简意深：

被害人姬某辛长期无端滋事、对父母打骂、猥亵，其行为严重违背伦理道德，有严重过错。被告人姬某某、高某基于义愤将其杀害，应属于情节较轻。

在2017年度社会舆论热切关注的“辱母杀人案”中，公众将于欢的故意伤害行为理解为伦理情景下的防卫行为，山东省高级人民法院在二审判决中回应人民群众的伦理要求：

本案系由吴某等人催逼高息借贷引发，苏某多次报警后，吴某等人的不法逼债行为并未收敛。案发当日被害人杜某2曾当着于欢之面公然以裸露下体的方式侮辱其母亲苏某，虽然距于欢实施防卫行为已间隔约二十分钟，但于欢捅刺杜某2等人时难免不带有报复杜某2辱母的情绪，在刑罚裁量上应当作为对于欢有利的情节重点考虑。杜某2的辱母行为严重违法、亵渎人伦，应当受到惩罚和谴责，但于欢在实施防卫行为时致一人死亡、二人重伤、一人轻伤，且其中一重伤者系于欢持刀从背部捅刺，防卫明显过当。于欢及其母亲苏某的人身自由和人格尊严应当受到法律保护，但于欢的防卫行为超出法律所容许的限度，依法也应当承担刑事责任。认定于欢行为属于防卫过当，构成故意伤害罪，既是严格司法的要求，也符合人民群众的公平正义观念。②

---

① 安徽省濉溪县人民法院（2015）濉刑初字第00243号刑事判决书，载中国裁判文书网：http://wenshu.court.gov.cn/content/content?DocID=8a63b276-5cde-4f9c-bcc9-22d84ab24459，最后访问时间：2016年8月1日。

② 山东省高级人民法院（2017）鲁刑终151号刑事附带民事判决书，载中国裁判文书网：http://wenshu.court.gov.cn/content/content?DocID=604fe188-e24e-4a03-a825-a79b00dc7821&KeyWord=%EF%BC%882017%EF%BC%89%E9%B2%81%E5%88%91%E7%BB%88151%E5%8F%B7，最后访问时间：2019年2月20日。

（五）机理

机理，语义上指“指某些自然现象的物力、化学规律或机体的构造、功能和相互关系”。[①] 从广义上理解，机理可以包括自然科学（Science）所有已证明的自然规律。自然科学包括化学、物理学、数学、统计学、天文学、地质学、生物学、生命科学等。很多刑事案件的侦破和定案都是以自然科学规律为基本依据，如指纹技术、DNA 技术等。

以自然科学规律为根据断狱，也是我国古代司法的裁判理由。我国南宋断狱名吏宋慈，处理狱讼特别重视实证检验。“他认为‘告状切不可信，须是详细检验，务要从实’，对疑难案件尤‘须是多方体访，务令参会归一，切不可凭一、二人口说，便以为信’。”[②] “由于宋慈采取科学实证的裁判方法论，其一生裁断疑狱无数，而无冤诉。”[③]

当代知识产权纠纷案件中，裁判文书说理常用科学技术术语，遵循科学规律。在最高人民法院审理的“中控科技集团有限公司与艾佩斯（苏州）不间断电源有限公司、美国电力转换公司、杭州海龙电子工程公司侵犯商标专用权纠纷案”中，[④] 论证美国电力转换公司、艾佩斯公司在 UPS 产品和 UPS 网络管理卡及配套软件产品上使用“APC”商标的行为是否属于在类似商品上使用与涉案注册商标相近似商标的行为，法官即以计算机科学规律为裁判理由：

1. 关于 UPS 即不间断电源。这是一种含有储能装置、以逆变器为主

---

① 中国社会科学院语言研究所词典编辑室编：《现代汉语词典》，商务印书馆 2012 年版，第 597 页。

② 山东法官培训学院：《宋慈断狱 务求从实》，载《山东审判》2011 年第 5 期。

③ 同上。

④ 最高人民法院（2012）民提字第 8 号民事判决书，载中国裁判文书网：http://wenshu.court.gov.cn/content/content?DocID=eff6cbfc-b647-11e3-84e9-5cf3fc0c2c18&KeyWord=杭州海龙电子工程公司，最后访问时间：2019 年 3 月 20 日。

要元件的稳压稳频输出的智能型电源保护设备，是伴随着计算机的诞生和发展而出现并发展起来的。在功能和用途上，UPS 主要用于计算机的供电保护，与计算机有密切的联系；在生产厂商和销售渠道上，UPS 作为为计算机提供供电保护的设备，与计算机周边设备的生产厂商和销售渠道也经常是一致的；在消费群体上，UPS 是以计算机专业人士及计算机操作者为目标群体。因此，UPS 产品与涉案注册商标核定使用的“……计算机周边设备”商品属于类似商品。

2. 关于 UPS 网络管理卡及配套软件。前述 UPS 既可以为单个计算机提供供电保护，也可以同计算机网络系统连接为整个网络系统的安全运行提供供电保护。对于后一种情况，技术上需要相关的管理产品对 UPS 系统进行管理。UPS 网络管理卡及配套软件就是这样一种对 UPS 进行远程管理和监控的网络管理产品，是随着计算机网络的发展需要而产生的。尽管 UPS 网络管理卡及配套软件具有相对独立性，可以单独销售，UPS 在没有网络管理卡的情况下也可以正常工作，但是 UPS 网络管理卡及配套软件却是专门对 UPS 实施管理的，必须与 UPS 配套使用，离开 UPS 就没有使用意义，其与 UPS 产品的生产厂商、销售渠道、消费群体都具有一致性。因此，UPS 网络管理卡及配套软件作为 UPS 产品的专用设备，其性质同 UPS 产品一样属于涉案注册商标核定使用的“……计算机周边设备”的类似商品。

根据上述分析，可以认定美国电力转换公司、艾佩斯公司在 UPS 产品和 UPS 网络管理卡及配套软件产品上使用“APC”商标的行为属于在类似商品上使用与涉案注册商标相近似商标的行为。

（六）义理

义理，语义上指“符合正义的行为准则和道理”。[①] 义理和法理的主要

① 中国社会科学院语言研究所词典编辑室编：《现代汉语词典》，商务印书馆 2012 年版，第 1540 页。

区别，可以理解为应然与实然的区别。义理往往源自自然规律、历史规律、人类本性、公共利益、道德上的善等，是法理的重要渊源。

英美法系普通法常以义理作为裁判理由，将民众的权益诉求承认为一项新的法律权利。以隐私权被承认为法律权利为例，在1905年的美国，在人身保险广告上擅自使用他人照片是否构成侵犯隐私权尚无先例，美国佐治亚州最高法院在审理派维斯奇诉新英格兰人寿保险公司案（Pavesich v. New England life Ins. Co.①）时认为，虽然没有先例，但普通法将根据自然法和公共利益进行审判，法院可以根据公认的原则裁判一个新类型案件。法院有权将一个自然权利承认为法律权利：

隐私权的基础是自然本能。隐私权能被直观地认识到，意识可以证明确定它的存在。任何智力处于正常状态的人都会立即承认，就个人而言，社会中的每一个成员都有私人事务和公共事务。每一个人都本能地憎恨公众对其私人权利的侵犯，就像他撤回其公共权利一样。因此，纯私人事务中的隐私权起源于自然法。这一观点被罗马的正义观所接受——“正义不仅仅是行为的外部合法性，更是内部冲动和自由意志所推动的外部行为与法律规则的一致性”。可以说，隐私权产生于那些不可改变的法，“因为它们是自然的，所以在任何时候、在任何地方，任何权威都不能改变或废除它们”。隐私权是一些法学学者所称的绝对权利中的一种权利，属于处于自然状态的人，是每个人都有权享有的权利，无论它是在社会之外还是在社会中。②

通过论证，佐治亚州最高法院法官将应然的隐私权承认为实然的法律权利，为原告的损害赔偿请求建立了新的权利基础，最终判决被告侵犯了

---

① 50 S.E. 68，69 –70（Ga. 1905）.

② “Pavesich v. New England Life Insurance Co. et al.”，http://faculty. uml. edu/sgallagher/pavesich_v. htm，March 30，2019.

原告的隐私权。这一判例被后世誉为“普通法权利和自然法法理发展的一个经典判例”。[①]

美国同性婚姻权利的承认，改变了人类社会几千年的婚姻观念和婚姻传统。在奥伯格费尔诉霍奇斯案（Obergefell v. Hodges[②]）中，美国联邦最高法院的判决意见首先从婚姻史中寻求历史发展规律，论证个人选择是基本自由，同性伴侣可以行使结婚权：

婚姻史是连续性和变化性的历史。包办婚姻制度的衰落、包办婚姻保护法的抛弃等变化，使婚姻结构发生了深刻地变革，影响了一度曾经被视为必不可少的婚姻要素。这些新的见解加强了而不是削弱了婚姻制度。新一代人明显感受到自由新维度的国家，其特征就是对婚姻制度理解的革新。这一动态可以从国家对待同性恋权利的经验中看到。直到20世纪，许多州都谴责同性亲密行为是不道德的，同性恋被视为一种疾病。在本世纪后期，文化和政治的发展使得同性伴侣能够过上更加开放和公开的生活。随之而来的是广泛的公共和私人对话，以及公众态度的转变。

受美国宪法第十四修正案正当程序条款保护的基本自由扩展到对个人尊严和自主权至关重要的某些个人选择，包括界定个人身份和信仰的个人选择。法院必须作出合理的判决，以确定如此基本的国家必须尊重的个人权益。历史和传统引导和规范着对个人权益的审查，但没有设定它的外部界限。当新的见解揭示了宪法保护的核心与一个现有的法律限制之间的冲突时，就必须提出自由的要求。根据这些原则，法院长期以来一直认为结婚权受宪法保护。以往的先例，废除了对跨种族联姻的禁令，认为不能剥夺囚犯结婚的权利。当然，这些先例都是以异性伴侣之间的关系为假定前

---

① ［美］阿丽塔·L. 艾伦、理查德·C. 托克音顿：《美国隐私法：学说、判例与立法》，冯建妹、石宏、郝倩、刘相文、许开辰编译，中国民主法制出版社2004年版，第5~6页。

② 576 U. S. ___ (2015).

提的。其他更具启发性的先例也表达了更广泛的原则。法院必须尊重婚姻权长期受到保护的基本理由。这一分析得出结论，即同性伴侣可以行使结婚权。

判决意见还论述了四个不同的理由来解释为什么基本的结婚权利适用于同性伴侣。第一，关于婚姻的个人选择权是个人自主权概念中固有的。第二，结婚权是最基本的，因为它基于彼此忠诚的重要性而支持两个人的结合，这一原则同样适用于同性伴侣。第三，对婚姻的基本权利，如保护儿童和家庭，从而从抚养孩子、生育和教育的相关权利中获得意义；由于同性伴侣有孩子和家庭，因此他们应该得到这种保障，结婚的权利从来没有以生育为条件。第四，婚姻是社会秩序的基石。在这一原则上，同性伴侣和异性伴侣没有区别。因此，阻止同性伴侣结婚会使他们与社会发生矛盾，否认婚姻给他们带来的无数好处，且无正当理由地导致他们的关系不稳定。

二、理由的多维构造

（一）理由的三个维度

在我国，从审判权运行机制的视角，按照作出裁判意见的主体不同，可划分为三个维度：一是独任法官裁判意见的理由，二是合议庭裁判意见的理由，三是审判委员会（以下简称审委会）裁判意见的理由。

其一，独任法官裁判意见的理由。独任法官对全案证据的认证理由、对法律事实的认定理由以及对适用法律的逻辑推理，均属于裁判理由范畴，其载体一般为“案件审理报告”。

其二，合议庭裁判意见的理由。合议庭法官在评议案件时分别提出裁判意见，其裁判意见的理由也包括对证据的认证理由、对法律事实的认定理由、对适用法律的逻辑推理。合议庭评议案件后可能形成一致的合议庭裁判意见，也可能形成两种甚至多种合议庭裁判意见。合议庭裁判意见的理由的载体一般为“合议庭评议案件笔录”。

其三，审委会裁判意见的理由。重大、疑难和社会广泛关注的案件提交审委会讨论，审委会委员分别提出各自的裁判意见并说明理由。审委会按照“一员一权”的审判权分配模式并以少数服从多数的司法民主模式形成最终的裁判意见。审委会裁判意见的理由的载体一般为“审委会讨论案件记录”。

根据审判工作规则，记载裁判理由的“案件审理报告”“合议庭评议案件笔录”“审委会讨论案件记录”，按照《人民法院诉讼档案管理办法》之附件《人民法院诉讼文书材料立卷规范》的规定，将在案件审结后存入“副卷”，[①] 而“副卷”按照有关司法文件规定不对外公开，即不向当事人和社会公众公开。因此，若要公开裁判理由，须将其写入裁判文书。

（二）理由的公开程度

依循是否在裁判文书中公开不同意见及其理由，本书将裁判理由公开分为基本公开和深度公开。

1. 基本公开

裁判理由基本公开，是指在裁判文书中论述能够证成裁判结果的裁判理由。裁判结果一般可源于三种裁判意见，一是源自独任法官的裁判意见，二是源自合议庭评议案件的多数意见，三是源自审委会讨论案件的决定。主审法官在裁判文书中要阐明事理，说明裁判所认定的案件事实及其

---

① 《人民法院诉讼文书材料立卷规范》第6条规定：“诉讼文书按照保密、方便利用的原则分立正卷和副卷。无不宜对外公开材料的，可不立副卷。”第9条规定，“诉讼文书副卷材料：（1）阅卷笔录；（2）案件审理报告；（3）合议庭评议案件笔录；（4）审判委员会讨论案件记录；（5）延长审理期限的申请及批示材料；（6）判决书、裁定书、调解书、决定书、司法建议书和其他法律文书原本；（7）执行死刑照片和其他执行死刑材料；（8）其他不宜对外公开的材料”。

根据和理由；要释明法理，说明裁判所依据的法律规范以及适用法律规范的理由；要讲明情理，体现法理情相协调。从而实现裁判理由的基本公开，这也是成文法国家对裁判理由公开的基本要求。

我国司法实践中，在裁判文书中阐明独任法官裁判意见的理由或合议庭评议案件多数意见的理由，相对而言较易实现；在裁判文书中阐明审委会讨论案件决定的理由，相对而言较难实现。为推动解决这一问题，2019 年 2 月，“五五改革纲要（2019 ~ 2023）”发布，在“完善审判委员会制度”项下提出“完善审判委员会讨论案件的决定及其理由依法在裁判文书中公开机制”。[①] 通过司法体制改革着力推进裁判理由的基本公开。

2. 深度公开

裁判理由深度公开，是指除裁判意见的理由外，合议庭不同意见、审委会委员不同意见及其理由均写入裁判文书或以其他方式公开。

在美国，案件合议（无论是法官合议还是陪审团合议）采取“密室合议”原则，不对外公开。但是，形成裁判结果的多数意见和少数意见，均对当事人公开。例如，美国联邦最高法院审理的格列斯伍德诉康涅狄格州案（Griswold v. Connecticut[②]），格列斯伍德（Griswold）向美国联邦最高法院上诉，称康涅狄格州《康斯托克法案》（Connecticut Comstock Act of 1873）违反了美国宪法第十四修正案，因该法令禁止任何人使用“任何药物、药品或工具以防止受孕”。美国联邦最高法院最终以 7 票对 2 票的表决结果裁定康涅狄格州《康斯托克法案》违宪。法官威廉·奥维尔·道格拉斯（William Orville Douglas，1898 – 1980）代表多数意见法官撰写了判

---

① 参见最高人民法院“五五改革纲要（2019 ~2023）”第 23 条。

② 381 U. S. 479（1965）.

决意见，他认为，尽管《权利法案》[①] 中未列举隐私权，但这项权利被发现在宪法保护的“半阴影”里和“辐射圈”中，如美国宪法第五修正案中的“自证其罪”条款或美国宪法第一修正案中的“结社自由”条款。他写道：“我们会允许警方在婚姻卧室的神圣区域内搜寻避孕药使用的蛛丝马迹吗？这一想法与围绕婚姻关系的隐私概念相悖。”首席大法官亚瑟·戈德伯格（Arthur Goldberg，1908－1990）发表了一致意见（concurring opinion），他写道：“我同意康涅狄格州的节育法违宪地侵犯了婚姻隐私权，我同意对其的意见和判决。虽然我不接受宪法第十四修正案中的‘正当程序’条款包含了前八项宪法修正案的全部内容的观点，但我同意自由的概念保护那些基本的个人权利，而且不局限于《权利法案》的具体条款。我的结论是，自由的概念并没有受到严格的限制，它包含了婚姻隐私权，尽管宪法没有明确提及这一权利，但它得到了众多的支持。”法官拜伦·怀特（Byron White，1917－2002）和法官约翰·马歇尔·哈兰二世（John Marshall Harlan II，1899－1971）也发表了一致意见，他们认为隐私权受美国宪法第十四修正案正当程序条款的保护。还有两位法官写下异议意见（dissenting opinion），法官雨果·布莱克（Hugo Black，1886－1971）认为隐私权在宪法中找不到，此外他还批评了其他法官对美国宪法第九修正案和第十四修正案的解释。法官波特·斯图尔特（Potter Stewart，1915－1985）称康涅狄格州法令是“一项非常愚蠢的法律”，但仍然认为它符合

---

① 1789年9月25日，美国第一届国会提出12项宪法修正案，题为《权利法案》（The Bill of Rights）。12项修正案中的10项于1791年12月15日由四分之三的州立法机关批准，经批准的条款（第3～12条）构成美国《宪法》的前10项修正案，总称为《美国权利法案》（The U. S. Bill of Rights）；1992年，即美国《宪法》实施203年后，第2条被批准为宪法第27条修正案；第1条从未被批准。1789年9月25日美国国会通过的经登记的原始联合决议在美国国家档案馆的圆形大厅展出。United States of America，“The Bill of Rights”，https://www.archives.gov/founding-docs/bill-of-rights，April 22，2019.

美国宪法。①

在大陆法系国家，合议庭作为一级审判组织，其不同意见以少数服从多数的内部司法民主方式解决，多数意见成为最终裁判意见，法官在裁判文书中所论说的裁判理由仅是证成最终裁判意见的。合议庭不同意见在大陆法系国家往往属于应当保密的范畴，“如法国就规定，合议庭成员的少数意见不得对外泄露，不得在判决书中注明，且所有法官都对合议中未被采纳的少数意见负有保密义务”。②

在我国，合议庭评议、审委会讨论案件的不同意见，一般不公开。当然，合议庭不同意见写入裁判文书，也有部分地方法院实践探索。“一五改革纲要（1999～2003）”提出“加快裁判文书的改革步伐”之后，地处改革开放前沿的广州海事法院探索公开一般案件合议庭不同意见，2001年9月该院在审理一起损害赔偿纠纷中，判决书不仅论述了合议庭多数意见，同时也将合议庭少数意见进行论述，这一裁判理由的深度公开，曾引起广泛关注。“2002年，上海市第二中级人民法院在河南证券有限责任公司与上海科交房地产开发经营公司商品房预售合同纠纷案、王焕平与上海香海房地产开发有限公司商品房预售合同纠纷上诉案等案件中，民事判决书公开了合议庭不同意见。”③ 2005年6月，北京市第一中级人民法院在“消费者状告华星影城侵权上诉案”中将合议庭少数意见也呈现在判决书中。④这些突破常规、大胆尝试的做法，引起学术界与实务界的深入讨论。由于合议庭评议秘密原则有助于保障法官独立性、维持合议庭裁判行为的整体

---

① Griswold v. Connecticut，381 U. S. 479（1965），https://supreme. justia. com/cases/federal/us/381/479/，March 30，2019.

② 王琳：《把不同意见写入判决书，应成常态》，载《新京报》2016年1月19日，第1版。

③ 王信芳：《裁判文书公开合议庭不同意见的探索与思考》，载《政治与法律》2004年第2期。

④ 参见李欣悦：《华星影城案判决书公开法官分歧》，载新浪新闻中心：http://news. sina. com. cn/s/2005-06-23/00456244554s. shtml，最后访问时间：2019年2月20日。

性、提升裁判结果的权威性等优势，裁判文书公开合议庭少数意见及其理由的探索并未被广泛学习借鉴，也未被最高审判机关自上而下推广。

在我国，地方法院公开审委会不同意见及其理由的尝试也曾出现。2016年1月，江苏省南京市玄武区人民法院在一起对夫妻财产分割法律适用产生较大争议的离婚案判决书中，法官详细阐释了审委会的三种意见及推理过程，并在判决书最后写明了公开审委会不同意见的理由，并希望通过公开，引发思考和研究，在质疑和讨论中达成共识，促进完善裁判规则。玄武区人民法院审委会不同意见公开的尝试，新闻媒体多给予积极性评价，认为该院作为司法体制改革试点单位，“尝试在裁判文书说理方面进行创新和探索，有助于当事人理解法律，进而理解，甚至认同该案判决”。①

第三节　我国裁判说理的问题和对策

新中国成立以来，我国裁判理由不公开或不充分问题虽始终存在，但就从百废待兴起点上起步的我国司法制度而言，在公开开庭审理尚未全面实现的20世纪末之前，司法机关还没有足够的司法资源去顾及这一深层次问题。

一、政策推进和现实问题

随着改革开放后经济社会的高速发展，裁判说理的呼声越来越高，通过司法改革解决这一问题成为必然选择。“一五改革纲要（1999~2003）”，

① 张羽馨：《玄武民事判决书“晒观点”引关注》，载新浪新闻中心：http://news.sina.com.cn/o/2016-01-18/doc-ifxnrahr8440218.shtml，最后访问时间：2019年2月20日。

明确提出“改革的重点是加强对质证中有争议证据的分析、认证，增强判决的说理性”，特别强调“公开裁判理由”。[①] 此后，最高人民法院通过范本示范方式，在《最高人民法院公报》《人民司法》等刊物上刊载优秀裁判文书以此推动裁判理由公开。2009 年 2 月最高人民法院印发《关于进一步加强司法便民工作的若干意见》，明确提出裁判文书“要力求论证充分、说理透彻、适用法律适当，让当事人信服”。2009 年 3 月，“三五改革纲要（2009 ~ 2013）”发布，继续强调“增强裁判文书的说理性”。[②] 2009 年 12 月实施的最高人民法院《关于司法公开的六项规定》要求，“裁判文书应当充分表述当事人的诉辩意见、证据的采信理由、事实的认定、适用法律的推理与解释过程，做到说理公开”。

然而，裁判文书说理不足问题仍常受到学术界批评，有学者指出，“我国法院的判决书内容通常都比较简单，很少甚至完全没有阐述关键的法律推理过程”。[③] 裁判理由不公开问题不仅是普遍现象，还是常态性存在。

针对这一问题，中共中央《关于全面推进依法治国若干重大问题的决定》提出“加强法律文书释法说理”的改革部署，[④] 最高人民法院在“四五改革纲要（2014 ~ 2018）”中确立了“推动裁判文书说理改革”的具体任务，“加强对当事人争议较大、法律关系复杂、社会关注度较高的一审案件，以及所有的二审案件、再审案件、审判委员会讨论决定案件裁判文书的说理性。……重视律师辩护代理意见，对于律师依法提出的辩护代理

---

① 参见最高人民法院“一五改革纲要（1999 ~ 2003）”第 13 条。

② 参见最高人民法院“三五改革纲要（2009 ~ 2013）”第 25 条。

③ 黄辉：《中国公司法人格否认制度实证研究》，载《法学研究》2012 年第 1 期。

④ 《中共中央关于全面推进依法治国若干重大问题的决定》，载《人民日报》2014 年 10 月 29 日，第 1 版。

意见未予采纳的，应当在裁判文书中说明理由”。[①] 同时，“四五改革纲要（2014～2018）”还从“完善民事诉讼证明规则”[②] “强化审级监督”[③] “完善法官在职培训机制”[④] 等不同侧面推动裁判理由公开。

为贯彻落实司法改革部署要求，最高人民法院通过裁判文书上网倒逼裁判文书质量和办案质量提升，并于2014年7月至2015年1月组织开展上网裁判文书质量评查工作，截至2015年1月底，全国31家高级人民法院共自查裁判文书260,953份，互查20,422份。最高人民法院上网裁判文书由国家法官学院组织评查，国家法官学院组织了14名院外专家担任评委，共评查最高人民法院上网裁判文书150份，每份文书分别由两名专家评查。从裁判文书评查结果看，“裁判说理不足”是全国法院裁判文书存在的主要问题，多数文书说理不充分，不严谨，或根本就没有说理，正当性、妥当性不清晰，不能充分体现公平正义，导致裁判没有说服力。具体体现在：第一，法理分析不透彻，法理依据不明确；第二，对依据的法律不加解释，没有说明法律根据与案件事实之间的逻辑关系，或法律依据分析不透彻、不充分；第三，缺乏针对性，有的未对当事人诉求予以回应，有的偏离主要事实和关键证据；第四，说理不全面；第五，所述理由不严谨或有误；第六，没有任何说理，或错把结论当说理，把重复事实作为说理；第七，法官自由裁量的理由不足；第八，过于笼统，简单概括为“没有事实和法律依据”或“不符合法律规范不予支持”等；第九，裁判理由与认定事实有矛盾；第十，条理不清晰，逻辑不严密。[⑤] 综合评查情况，

---

① 参见最高人民法院“四五改革纲要（2014～2018）”第34条。

② 参见最高人民法院“四五改革纲要（2014～2018）”第14条。

③ 参见最高人民法院“四五改革纲要（2014～2018）”第20条。

④ 参见最高人民法院“四五改革纲要（2014～2018）”第52条。

⑤ 参见最高人民法院办公厅《关于全国法院2014年上网裁判文书评查情况的通报》（法办〔2014〕40号）。

最高人民法院要求全国各级法院要高度重视裁判说理不足问题，有针对性地进行整改，探索建立裁判文书质量责任制，按照“让审理者裁判，由裁判者负责”的原则加强裁判文书质量管理。

2018 年 6 月，为进一步加强和规范人民法院裁判文书释法说理工作，提高释法说理水平和裁判文书质量，最高人民法院《关于加强和规范裁判文书释法说理的指导意见》（法发〔2018〕10 号）发布并实施，成为深化司法体制综合配套改革、加强法律文书释法说理的重要举措。该意见提出裁判文书释法说理的“四项原则”：一是合法性原则；二是正当性原则；三是针对性原则；四是必要性原则。① 特别是将阐明事理、释明法理、讲明情理明确界定为说理的内容范围，同时明确说理的对象，即审查判断证据要说理、认定事实要说理、适用法律要说理和行使自由裁量权要说理。

二、裁判说理的评价标准体系尚需建立

裁判理由公开逐步被立法确认，但评价标准尚未明确。2012 年修订的《民事诉讼法》增加了“判决书应当写明判决结果和作出该判决的理由”条款，并明确判决书在内容上必须包含“判决认定的事实和理由、适用的法律和理由”。② 2014 年《行政诉讼法》首次修正，针对裁判理由公开，增设了相关条款。第一，“对未采纳的证据应当在裁判文书中说明理由”；③

① 参见李少平：《新时代裁判文书释法说理改革的功能定位及重点聚焦》，载《人民法院报》2018 年 6 月 13 日，第 5 版。

② 《民事诉讼法》（2012 年修正）第 152 条规定，“判决书应当写明判决结果和作出该判决的理由。判决书内容包括：（一）案由、诉讼请求、争议的事实和理由；（二）判决认定的事实和理由、适用的法律和理由；（三）判决结果和诉讼费用的负担；（四）上诉期间和上诉的法院。判决书由审判人员、书记员署名，加盖人民法院印章”。2017 年修订《民事诉讼法》，此条款内容和序号均保持不变。

③ 《行政诉讼法》（2014 年修正）第 43 条第 2 款规定：“人民法院应当按照法定程序，全面、客观地审查核实证据。对未采纳的证据应当在裁判文书中说明理由。”2017 年修订《行政诉讼法》，此条款内容和序号均保持不变。

第二，不予受理案件要在裁定书中说明理由。[①] 2012 年最高人民法院《关于适用〈中华人民共和国刑事诉讼法〉的解释》（法释〔2012〕21 号）第 246 条规定，“裁判文书应当写明裁判依据，阐释裁判理由，反映控辩双方的意见并说明采纳或者不予采纳的理由”。从立法上看，裁判文书写明裁判理由已成为法律和司法解释的要求，但目前尚未出台立法意义上的评价标准。

“四五改革纲要（2014～2018）”提出了“建立裁判文书说理的评价体系”的改革目标，最高人民法院《关于加强和规范裁判文书释法说理的指导意见》也提出科学构建“符合裁判文书释法说理规律的统一裁判文书质量评估体系和评价机制”，[②] 但由于裁判文书说理改革涉及不同的诉讼领域、众多的文书种类、系列的配套机制建设等方方面面的理论与实践问题，如何判断裁判理由是否依法、全面、客观地公开，尚需立法和司法机关系统性研究，建立科学的评价标准。

裁判理由公开评价标准的缺失，是裁判理由公开难的制度性原因。一方面，评价标准的缺失直接导致裁判理由公开不充分成为“现实性存在”，裁判理由不公开问题较为普遍。另一方面，裁判理由公开的评价标准缺失，间接导致不同审级法院裁判理由公开不均衡。

---

① 《行政诉讼法》（2014 年修正）第 51 条第 2 款规定：“对当场不能判定是否符合本法规定的起诉条件的，应当接收起诉状，出具注明收到日期的书面凭证，并在七日内决定是否立案。不符合起诉条件的，作出不予立案的裁定。裁定书应当载明不予立案的理由。原告对裁定不服的，可以提起上诉。”2017 年修订《行政诉讼法》，此条款内容和序号均保持不变。

② 最高人民法院《关于加强和规范裁判文书释法说理的指导意见》（法发〔2018〕10 号）第 18 条规定：“最高人民法院建立符合裁判文书释法说理规律的统一裁判文书质量评估体系和评价机制，定期组织裁判文书释法说理评查活动，评选发布全国性的优秀裁判文书，通报批评瑕疵裁判文书，并作为监督指导地方各级人民法院审判工作的重要内容。”

下　　篇

透明化的限制：权利冲突与价值平衡

人们期望司法权以公开透明的方式运行。对民主国家的司法权运行而言，除了极为有限的情况之外，保密是不能令人接受的。本书下篇将主要探讨这些“极为有限的情况”，也即透明化需求与国家秘密、商业秘密、个人隐私、个人信息、未成年人权益这些法律承认和保护的利益处于同一四维时空时，法律和制度如何作出平衡？只有在具有保护更重要的社会价值的现实需要时，公众的知情权才有理由被限制。

第六章　国家秘密与裁判结果透明化

第一节　国家秘密概说

“国家秘密是关系国家安全和利益，依照法定程序确定，在一定时间内只限一定范围的人员知悉的事项。”这是我国《保守国家秘密法》作出的界定。国家秘密的外延，具有三个维度，分别是事项维度、时间维度和价值维度。

一、事项维度的国家秘密

从宏观上看，《保守国家秘密法》以列举方式划定国家秘密的事项范围：第一，国家事务重大决策中的秘密事项；第二，国防建设和武装力量活动中的秘密事项；第三，外交和外事活动中的秘密事项以及对外承担保密义务的秘密事项；第四，国民经济和社会发展中的秘密事项；第五，科学技术中的秘密事项；第六，维护国家安全活动和追查刑事犯罪中的秘密事项；第七，经国家保密行政管理部门确定的其他秘密事项；第八，政党的秘密事项中符合前述规定的，属于国家秘密。上述事项相对比较抽象，国家秘密的具体范围，《保守国家秘密法》以授权条款的方式，授权国家保密行政管理部门分别会同各中央有关机关出台具体规定；军事方面的国家秘密及其密级的具体范围，授权中央军事委员会规定。①

从微观上看，不同领域的国家秘密又细化出具体范围，每个领域的国家秘密具体事项都有其规范体系。一是国家秘密具体事项的法定性。在我国，《保守国家秘密法》于1989年5月1日正式实施后，国家保密局会同中央各有关机关相继制定了相关工作中国家秘密及其密级具体范围的规定，明确了不同领域国家秘密的具体范围。二是国家秘密具体事项的可调整性。随着经济社会发展，国家秘密的范围也需要随着形势变化及时调整。在2010年《保守国家秘密法》修订后，国家保密局会同中央各有关单位也相继修改了相关工作中国家秘密范围的有关规定，部分事项不再列为国家秘密。

二、时间维度的国家秘密

纵观历史，没有永久的国家秘密。我国《保守国家秘密法》明文规定了保密的期限，即秘密不超过10年、机密不超过20年、绝密不超过30年。② 其他国家的有关法律一般也规定了国家秘密的保密期限。因此，只有在保密期限内的上述事项才属于国家秘密范畴。

保密期限有两种设定方式，一种是设定保密的时间长度，即设定保密的时间起点和时间长度，由此可以推算出保密期限以及解密时间。另

---

① 《保守国家秘密法》（2010年修正）第11条规定："国家秘密及其密级的具体范围，由国家保密行政管理部门分别会同外交、公安、国家安全和其他中央有关机关规定。军事方面的国家秘密及其密级的具体范围，由中央军事委员会规定。国家秘密及其密级的具体范围的规定，应当在有关范围内公布，并根据情况变化及时调整。"

② 《保守国家秘密法》（2010年修正）第15条规定："国家秘密的保密期限，应当根据事项的性质和特点，按照维护国家安全和利益的需要，限定在必要的期限内；不能确定期限的，应当确定解密的条件。国家秘密的保密期限，除另有规定外，绝密级不超过三十年，机密级不超过二十年，秘密级不超过十年。机关、单位应当根据工作需要，确定具体的保密期限、解密时间或者解密条件。机关、单位对在决定和处理有关事项工作过程中确定需要保密的事项，根据工作需要决定公开的，正式公布时即视为解密。"

一种是设定保密的解密条件，即设定保密的时间起点和解密条件，适用于无法预测保密时间长度的情形，一旦解密条件成就，国家秘密就应当解密。

保密期限与国家秘密有三种动态关系。第一，期限届满或条件成就，保密事项自行解密，不再具有国家秘密性质。第二，期限缩短，在保密期限内因保密事项范围调整不再作为国家秘密事项，或者公开后不会损害国家安全和利益不需要继续保密的，应当由原定保密机关或其上级机关决定及时解密。另外，机关、单位对在决定和处理有关事项工作过程中确定需要保密的事项，根据工作需要决定公开的，正式公布时即视为解密，原保密事项的保密期限实际缩短。第三，期限延长，当需要延长保密期限时，应当在原保密期限届满前，由原定保密机关或其上级机关再次确定保密期限。

三、价值维度的国家秘密

涉及国家安全和利益的事项，泄露后可能损害国家在政治、经济、国防、外交等领域的安全和利益的，才应当确定为国家秘密。国家安全和利益，关系一国的生存和发展，对其确认和保护均已写入各国宪法和法律之中。

“国家安全，是指国家政权、主权、统一和领土完整、人民福祉、经济社会可持续发展和国家其他重大利益相对处于没有危险和不受内外威胁的状态，以及保障持续安全状态的能力。”① 目前，世界上多数国家都在国家安全立法中对“国家安全”作出界定，比较其他国家立法中“国家安

① 李媛媛、张乐乐：《新安全观视角下大学生国防教育研究》，载《江苏省社会主义学院学报》2015年第6期。

全”的定义，这一源自我国《国家安全法》[①] 的界定并不比其他国家更为宽泛。

国家安全是法律所要保护的重要价值。首先，国家安全是最根本的国家利益。纵观人类社会发展历史，国家产生后，首要任务都是维护国家安全。没有国家安全，国家政治、经济、社会秩序必然受到破坏，甚至可能导致执政政权被推翻，国家随之灭亡。所以说，国家安全是国家存在和发展的基础和前提条件，是最根本的国家利益。其次，人民福祉是国家安全的核心利益。国家安全的核心要素就是保护国民安全。“覆巢之下无完卵”，当国家安全受到侵害时，公民的权利、自由、尊严、安全、民主都难以得到保障。虽然公民在生存、发展中的权利诉求可能各不相同，但对“国家安全”却表达出共同的利益诉求。最后，法治的前提是国家安全。国家安全状态表征的是一种相对稳定的法治秩序。维护法治秩序既是保护国家安全的手段，又是保护国家安全所要达至的目标。维护国家安全，更有利于持续构建和不断完善法治国家和法治社会。因此，国家安全受到宪法、法律、法规、规章的不同层次的全方位、体系化的保护。

第二节 国家秘密价值绝对化的风险和化解

从信息公开的视角，“国家秘密”作为保护手段，旨在实现国家安全和利益的目的性价值。被确定为国家秘密的事项，其衡量标准为是否关系

① 1993 年《国家安全法》于 1993 年 2 月 22 日实施，主要规定国家安全机关的职责及反间谍条款，并未对国家安全概念作出明确限定。2014 年 11 月 1 日，第十二届全国人大常委会第十一次会议审议通过了《反间谍法》，相应废止了 1993 年《国家安全法》。2015 年《国家安全法》于 2015 年 7 月 1 日实施，该法第 2 条对国家安全概念作出明确限定，这是我国首次以法律的形式对国家安全的概念进行界定。

国家安全和利益。一方面，围绕“国家秘密”这一法律概念来设定法律规则，其终极目的是实现对国家安全和利益的有效保障；另一方面，泄露后可能损害主权、领土、政治、国民安全和科技、经济、金融、粮食、信息、网络、生态、环境、资源安全以及核安全等国家安全和利益的事项，才需要被确定为国家秘密。

一、涉国家秘密例外绝对化的现实风险

国家安全和利益所具有的至上性可能会使其成为“一种超越政治的政治或者‘某种特殊的政治’而‘更不具有争议性’”。[①] 基于权力的扩张性，国家行政机关、司法机关在行使行政权、司法权的过程中可能会以国家安全和利益之名，拒绝公开权力运行的相关信息，甚至可能会产生权利被滥用、民主被削弱、人权被侵犯的风险。

（一）权力被滥用的风险

信息公开法律制度的建立，正是基于对权力制约和监督的需要，若权力的行使者任意扩大国家秘密范围，限制权力运行的信息依法公开，则可能出现权力被滥用的风险。例如，在美国，“即使在行政公开制度已经建立、公民获得了法定知情权的情况下，政府部门也常常以‘危及国家安全’为由，拒绝公开某些信息”。[②] 而某些境外网站的影响力正来自它敢于公布被泄露了的关于各国政府以国家秘密为名滥用权力的资料或视频，如美国的武装直升飞机在伊拉克射杀平民的视频等。[③]

---

① 参见高中：《国家安全与表达自由比较研究》，法律出版社 2008 年版，第 1 页。

② 李道揆：《美国政府和美国政治》，商务印书馆 1999 年版，第 139 页。

③ ［美］杰夫・贾维斯（Jeff Jarvis）：《公开——新媒体时代的网络正能量》，南溪译，中华工商联合出版社 2013 年版，第 245 页。

（二）民主被削弱的风险

人民主权原则、代议制民主实现的重要基础是人民知悉国家政治、经济运行、社会发展的重要政策和有关情况，公民知情权作为政治民主化的一种必然结果，要求国家权力运行的透明化。而权力的行使者本能地存在神秘主义倾向，自发性地屏蔽各类信息的公开。如果对这类重要信息严格控制，并以国家安全和利益为由向社会公众屏蔽这些信息，则民主制度的正常运转可能受到严重威胁。① 特别是以涉国家秘密为由拒绝媒体报道评论国家事务，更是对民主社会“第四权”——新闻自由权的限制，不利于舆论监督作用的发挥。

（三）人权被侵犯的风险

获得法庭的公正审判是一项基本人权。公正审判权的重要内涵之一，就是公开审判。公开审判作为一项宪法、法院组织法原则和诉讼法律制度，已被普通承认。公开审判对于维护当事人合法权益、规范司法权都具有重要价值。在诉讼程序中，当事人的诉讼权利相对于强大的国家司法权，处于弱势地位。犯罪嫌疑人是否遭到刑讯逼供？是否能正常会见律师？诉讼权利是否都得到了保障？如若因涉及国家秘密，而封闭整个诉讼程序，那么对这些状况就会缺乏有效监督，当事人的基本人权就存在被侵犯的风险。

二、涉国家秘密例外相对化的适用原则

基于国家秘密价值绝对化可能带来的风险，应在尊重和保障人权的前

① Ki-Yul Uhm, *The Right to Know: Idealism and Realism in National Security* (Ph. D. diss., Lowa University, 2000), p. 35.

提下，平衡国家秘密与公民知情权、被告人公正审判权和新闻自由的价值关系，本书建议适用合法性原则、可预见性原则和可救济性原则。

（一）合法性原则

基于国家秘密的信息不公开，只能是为了维护国家安全和利益，且须符合法定条件和法定程序。不能借口涉及国家秘密，而实质上为了掩盖权力运行过程中产生的瑕疵或错误甚至是权力腐败的证据而不公开。

国家秘密具体事项的确定，具有权利法定和罪责法定的重大意义，不仅有利于保护国家秘密，也对确定是否泄露国家秘密行为厘清了界限，同时防止无限扩大国家秘密范围，妨碍公民知情权的实现。一方面，某一事项或文件资料是否属于国家秘密，一般应在其产生之初就确定下来；另一方面，有关国家机关不得将涉及国家秘密的信息公开，亦不得将依法应当公开的事项确定为国家秘密。未预先定密及确定密级的情况下，办理涉嫌泄露国家秘密案件的国家机关无权自行确定是否涉密，应申请保密行政管理部门依据法律法规和保密事项范围作出鉴定。

追查刑事犯罪也应合理界定国家秘密范围，维护被告人公正审判权。我国《保守国家秘密法》将"维护国家安全活动和追查刑事犯罪中的秘密事项"列入国家秘密的范畴，也就是侦查权行使过程不需要公开。但是，并不意味着在侦查期间，所有信息都是国家秘密。我国《刑事诉讼法》规定，辩护律师在侦查期间有权"向侦查机关了解犯罪嫌疑人涉嫌的罪名和案件有关情况"，① 为被告人公正审判权的维护奠定了法律基础。

① 《刑事诉讼法》（2018 年修正）第 38 条规定："辩护律师在侦查期间可以为犯罪嫌疑人提供法律帮助；代理申诉、控告；申请变更强制措施；向侦查机关了解犯罪嫌疑人涉嫌的罪名和案件有关情况，提出意见。"

（二）可预见性原则

在敏感信息是否公开的权衡中，应以公开是否会对国家安全和利益造成可以预见的损害为衡量标准。对敏感信息进行损害测试，审查公开敏感信息可能带来的“损害可能性、损害程度和损害后果”。①

关于损害的可能性，一般是指可以合理地预见到损害结果的发生。如爱尔兰、澳大利亚、加拿大等国，都将对国家安全和利益可合理预见地将造成不利影响的敏感信息，归为国家秘密范畴，而不公开特定信息。美国前司法部长珍妮特·雷诺（Janet Reno，1938－2016）在任期间曾发布备忘录（Attorney General Reno’s 1993 FOIA memorandum），以公开信息将引起“可预见的损害”，作为拒绝公开政府信息的合理理由。②

关于损害程度，可分为“一般性损害”和“严重的损害”。就国家安全和利益而言，“一般性损害”就是不能接受的，不允许发生的，所以世界各国都采用“一般性损害”这一低程度的衡量标准。

关于损害后果，可有多种表现形式，如国家主权统一和领土完整受到侵犯，国民安全受到影响，金融秩序受到破坏，国防能力被削弱，生态环境恶化，粮食安全受到威胁等。还有一种不可忽视的损害后果就是损害的拼图效应。“也就是说，仅就某个信息而言，其公开不会造成损害，但是如若与其他同类相关的信息合并起来，其结果有害于国家安全。”③ 美国法院就采用“拼图效应”原则，用以确定案件是否涉及国家安全和利益而不公开审理。

---

① 肖卫兵：《信息公开法中的国家安全例外浅议》，载《四川行政学院学报》2006 年第 4 期。

② General Accounting Office，“Freedom of Information Act：Agency Views on Changes Resulting from New Administration Policy”，https://www.gao.gov/products/gao－03－981，March 30，2019.

③ 参见肖卫兵：《信息公开法中的国家安全例外浅议》，载《四川行政学院学报》2006 年第 4 期。

（三）可救济性原则

被告人公正审判权要求，即使案件实体上涉及国家秘密而不公开审判，基于公正审判权的程序性权利也应得到保障。例如，因涉及国家秘密而不公开开庭审理时，法院应当履行告知义务和释明义务，提前告知被告人及其代理人不公开审理的决定，充分说明理由，并听取和答复被告人的异议意见。

公民知情权也要求，对于国家机关以涉及国家秘密为由不公开相应信息的决定，设定司法上的救济程序。维护国家安全和利益是全体公民的共同利益，公民知情权保障的是公民的个人权利，当公民个人权利的行使可能损害全体公民的共同利益时，个人权利的行使就须受到限制。当然这种限制应是合理的，并且是可救济的。一方面，在政府信息公开制度中，赋予法院对行政主体以涉及国家秘密为由拒绝公开特定信息的司法审查权；另一方面，在诉讼法律制度中，赋予上级法院对下级法院因涉及国家秘密不公开审理案件的审判监督权。

第三节　国家秘密的保密与透明

一、涉国家秘密例外的制度与实践

（一）国外对国家秘密的保护

1. 美国

美国在立法权、行政权、司法权运行中对国家秘密予以保护。美国1966年《信息自由法》（Freedom of Information Act of 1966）等十余部法律以及总统的行政令共同构成了一整套保护国家秘密的法律体系。美国是最早对信息自由进行立法保护的国家之一，其1966年制定的《信息自由法》经多次修改至今仍发生法律效力。该法规定了九类信息公开的例外(nine specifically exempted categories)，其中第一项允许为保护国家安全和对外政策目的，通过总统行政命令的方式明确特定国家安全信息可以获得免于公开的豁免。总统行政命令可以明确列出各种需要加密的信息(Classified Information)，且该行政命令不受立法部门的审查。例如，2009年12月29日，奥巴马总统颁布了行政命令（Executive Order 13526)，明确了美国国家秘密的八个方面，具体包括：（1）军事计划、武器系统或军事行动信息；（2）外国政府信息；（3）情报活动（包括特种活动)，情报活动和情报来源或方法，或者密码信息；（4）美国的对外关系或对外活动，包括机密信息来源；（5）与国家安全相关的科学、技术或者经济事项，包括防御国际恐怖主义的信息；（6）美国政府保护核原料或者核设施的计划；（7）与国家安全相关的系统、军事设施、基础设施、工程、计划或防卫部门的弱点或能力，包括防御国际恐怖主义的信息；（8）与大规模杀伤性武器发明、制造、利用相关的信息。[①] 在政府信息公开方面，奥巴马政府“在2013年曾8496次援引‘国家秘密’来拒绝公开政府信息，比前一年增长57%，甚至超过奥巴马上任第一年数据——3658次——的两倍有余”。[②]

在司法方面，美国宪法第六修正案确立了审判公开原则，但如果存在特殊利益需要保护，经过审查和考量后，不公开审理也为宪法所认可。[③]

---

① The White House Office of the Press Secretary, "Executive Order 13526 – Classified National Security Information", https://www.whitehouse.gov/the-press-office/executive-order-classified-national-security-information, July 26, 2015.

② 谢澍：《司法信息公开：误区、澄清与展望》，载《东南学术》2015年第1期。

③ 参见［美］约翰·D. 泽莱兹尼：《传播法：自由、限制与现代媒介》（第4版），张金玺、赵刚译，清华大学出版社2007年版，第253页。

为了保护国家安全，防止涉密文件和资料在司法过程中泄露，美国于1980年制定了《涉密案件程序法》（Classified Information Procedures Act of 1980），通过特殊的程序设置，力求兼顾国家安全与公正审判。“首先，在审前程序或审理程序中，当被告人想要披露秘密信息时，要求被告人预先通知政府；其次，当披露此项信息并非法律所要求时，允许政府采取措施避免对国家安全造成不必要损害；最后，当披露此项信息对公正解决案件成为必要时，允许政府评估对国家安全可能造成的损害，进而决定公诉是否要进行下去，以及如何进行。”① 该法要求“联邦法院应在每一桩涉密案件中调适程序，以防止上述秘密信息未经授权而被披露。”②

2. 英国

英国很早就立法保护国家秘密，于1911年制定了《官方保密法》，适用于政府工作人员、军人、政府供货商和合同商，对无论故意或过失公开未经授权允许公开的官方信息的行为都要追究刑事责任。1989年修订了《官方保密法》，重点缩小了国家秘密的范围，并将部分违法行为修改为内部处理。现行《官方保密法》规定的国家秘密有四类：一是涉及国家安全和情报的信息；二是涉及国防的信息；三是涉及国际关系和从外国或国际机构取得的保密信息；四是披露后可能引起犯罪或干扰正在进行调查的信息。2005年，英国《信息自由法》开始实施，在第23条、第24条、第27条等规定了国家秘密例外规则。

在司法中，公开审判是英国法的基本原则，该原则承认涉国家秘密例外，只要提供合理依据和理由，法庭可以决定不公开审理案件。检控方可以依据英国1920年《保密法》第8条第4款规定的申请条件——“在审判过程中，任何将要提供的证据或任何陈述的公开将有损国家安全的”，

---

① 张卓明：《涉密案件程序法》，载《行政法学研究》2010年第4期。

② 同上。

检控方可以申请法庭作出排除公众旁听的命令。①

3. 法国

法国立法和司法基于国家安全对公民知情权的限制较为明确。法国《刑事诉讼法》在审前程序中规定，“除法律另有规定外，且不得损害防御权利，调查和预审过程中，程序保密”。② 该项规定表明，审前程序原则上是保密的，即使是法律另有规定可公开的情形下，也不得损害国家安全利益。法国《刑法》禁止公开以下信息：“有关为揭露或拘捕那些犯有叛国、间谍或危害国防之罪行的主犯而采取的措施，或有关预审的追诉过程，或有关审判庭所进行的辩论。”③ 该规定以维护国家安全和利益为价值目标，对侦查、检察、审判程序明确了国家秘密例外，限制公民的知情权。

4. 德国

德国诉讼法确立了重大公共利益例外原则，国家安全和利益属于重大公共利益。以审判公开原则为前提，若公开审理可能会危及国家安全，则一方面不公开开庭审理，另一方面“绝对禁止新闻、广播及电视就该案审判之客体加以报道，违反者须受到刑事处罚”。④

美国、英国、法国、德国的立法、行政、司法的有关法律规定和制度实践反映出，主要西方国家都在不遗余力地保护国家秘密，并将国家安全和利益视为最高价值，公民知情权处于谦抑状态。

（二）我国权力运行公开中的涉国家秘密例外

我国遵循权力运行公开的基本规律，在政务公开、审判公开、检务公

---

① ［英］麦克·麦康维尔、岳礼玲选编：《英国刑事诉讼法（选编）》，程味秋、陈瑞华、杨宇冠等译校，中国政法大学出版社2001年版，第68页。

② 《法国刑事诉讼法》，罗结珍译，中国政法大学出版社2006年版，第15页。

③ 高一飞：《媒体与司法关系研究》，中国人民公安大学出版社2010年版，第313页。

④ ［德］克劳思·罗科信：《刑事诉讼法》，吴丽琪译，法律出版社2003年版，第446页。

开中均设定了涉国家秘密例外规则。

1. 政务公开中的涉国家秘密例外

第一，2008 年实施的《政府信息公开条例》设定了“不得危及国家安全”的基本原则。该条例确立政府信息发布保密审查机制，对涉及国家秘密的政府信息采取绝对不能公开原则。第二，2008 年国务院办公厅《关于实施〈中华人民共和国政府信息公开条例〉若干问题的意见》要求，凡属国家秘密或者公开后可能危及国家安全、公共安全、经济安全和社会稳定的政府信息，不得公开，但是对主要内容需要公众广泛知晓或参与，但其中部分内容涉及国家秘密的政府信息，应经法定程序解密并删除涉密内容后，予以公开。第三，2010 年国务院办公厅《关于做好政府信息依申请公开工作的意见》，对涉及国家安全、公共安全、经济安全和社会稳定的申请，一方面，应加强相关部门间的协调会商，依据有关法律法规，对申请是否有效、信息是否应该公开、公开后可能带来的影响等进行综合分析，研究提出处理意见；另一方面，如公开可能危及国家安全、公共安全、经济安全和社会稳定，按规定不予提供，可告知申请人不属于政府信息公开的范围。[①] 第四，2010 年国务院办公厅《关于进一步做好政府信息公开保密审查工作的通知》，专门针对政府信息公开中泄露国家秘密案件时有发生的问题，要求高度重视政府信息公开保密审查，进一步规范政府信息公开保密审查程序，加强对政府信息公开保密审查工作的督促检查，确保国家秘密安全。[②] 第五，2016 年国务院办公厅《〈关于全面推进政务公开工作的意见〉实施细则》要求，严格落实公开前保密审查机制，妥善处理好政务公开与保守国家秘密的关系。[③] 第六，2017 年国务院办公厅

① 参见国务院办公厅《关于做好政府信息依申请公开工作的意见》(国办发〔2010〕5 号)。

② 参见国务院办公厅《关于进一步做好政府信息公开保密审查工作的通知》(国办发〔2010〕57 号)。

③ 参见国务院办公厅《印发〈关于全面推进政务公开工作的意见〉实施细则的通知》(国办发〔2016〕80 号)。

《关于推进重大建设项目批准和实施领域政府信息公开的意见》，要求在重大建设项目批准和实施过程中，要严格履行保密审查程序，做到该公开的信息坚决公开，该保守的国家秘密坚决保守住。[①] 第七，2017 年国务院办公厅《关于推进公共资源配置领域政府信息公开的意见》，要求依法公开公共资源配置过程中产生的政府信息时，涉及国家秘密的信息不能公开。[②]

2. 审判公开中的涉国家秘密例外

审判公开中的涉国家秘密例外，主要体现在两个方面。

第一，证据举证质证方面，涉及国家秘密的证据不得公开举证、公开质证。《民事诉讼法》（2017 年修正）第 68 条规定，“证据应当在法庭上出示，并由当事人互相质证。对涉及国家秘密……的证据应当保密，需要在法庭出示的，不得在公开开庭时出示”。《行政诉讼法》（2017 年修正）第 43 条第 1 款规定，“证据应当在法庭上出示，并由当事人互相质证。对涉及国家秘密……的证据，不得在公开开庭时出示”。最高人民法院《关于适用〈中华人民共和国刑事诉讼法〉的解释》第 68 条规定，“公开审理案件时，公诉人、诉讼参与人提出涉及国家秘密……的证据的，法庭应当制止。有关证据确与本案有关的，可以根据具体情况，决定将案件转为不公开审理，或者对相关证据的法庭调查不公开进行”。

第二，公开审理方面，涉及国家秘密的案件不公开开庭审理。《刑事诉讼法》（2018 年修正）第 188 条第 1 款规定，“人民法院审判第一审案件应当公开进行。但是有关国家秘密……的案件，不公开审理”。《民事诉讼法》（2017 年修正）第 134 条第 1 款规定，“人民法院审理民事案件，除涉及国家秘密……以外，应当公开进行”。《行政诉讼法》（2017 年修正）第

① 参见国务院办公厅《关于推进重大建设项目批准和实施领域政府信息公开的意见》（国办发〔2017〕94 号）。

② 参见国务院办公厅《关于推进公共资源配置领域政府信息公开的意见》（国办发〔2017〕97 号）。

54 条规定，“人民法院公开审理行政案件，但涉及国家秘密……的除外”。

3. 检务公开中的涉国家秘密例外

2014 年 10 月实施的《人民检察院案件信息公开工作规定（试行）》，[①] 将涉及国家秘密的案件信息纳入不应公开的范围，第 4 条第 2 款规定，“人民检察院应当建立健全案件信息发布保密审查机制，明确审查的程序和责任。案件信息公开前，应当依照《中华人民共和国保守国家秘密法》《中华人民共和国保守国家秘密法实施条例》《检察工作中国家秘密范围的规定》等相关规定，审查拟公开的案件信息。各部门对案件信息不能确定是否可以公开的，应当依照规定报保密部门确定”。

2015 年 2 月实施的最高人民检察院《关于全面推进检务公开工作的意见》，[②] 在“公开内容的例外”部分，规定涉及国家秘密的案件信息不得公开。

上述规范性法律文件的位阶虽不同，但立法理念是一致的，在全方位推进权力运行公开的同时，共同维护国家安全和利益，保障国家秘密安全。

二、涉及国家秘密案件裁判结果透明化规则

在我国，涉及国家秘密的案件包括但不限于以下 10 类犯罪：（1）间谍罪；（2）为境外窃取、刺探、收买、非法提供国家秘密、情报罪；（3）非法获取国家秘密罪；（4）非法持有国家绝密、机密文件、资料、物品罪；（5）故意泄露国家秘密罪；（6）过失泄露国家秘密罪；（7）非法获取军事秘密罪；（8）为境外窃取、刺探、收买、非法提供军事秘密罪；

① 最高人民检察院《关于印发〈人民检察院案件信息公开工作规定（试行）〉的通知》（高检发办字〔2014〕68 号），2014 年 8 月 29 日发布，2014 年 10 月 1 日实施。

② 最高人民检察院《关于全面推进检务公开工作的意见》，于 2015 年 2 月 28 日发布并实施，现行有效。

（9）故意泄露军事秘密罪；（10）过失泄露军事秘密罪。

（一）涉及国家秘密案件的裁判结果应当公开

首先，裁判结果具有公开属性。裁判结果是审判权运行的最终结果，其核心内容是对权利和义务的再次分配，对法律责任的最后判定。裁判结果，产生了社会关系变动的法律效果，理应向社会公众公开，使社会公众知悉社会关系变动的结果，适时调整自身的社会行为和法律行为。

其次，涉及国家秘密案件的裁判结果公开，有利于保障被告人的公正审判权。为了避免国家秘密价值绝对化可能带来的现实风险，涉及国家秘密案件的裁判结果的公开，将使封闭的诉讼程序在最后环节得以打开，透入一缕阳光，检视被告人公正审判权是否得到保障，对于被告人接受和服从裁判结果具有积极作用。

再次，涉及国家秘密案件的裁判结果公开，有利于保障公民知情权和监督权。裁判结果是审判权运行的结果，是公民知情权的客体。社会公众只有获知裁判结果，才能对审判权的运行进行有效的监督。例如，2015 年 6 月 11 日，天津市第一中级人民法院依法对周永康受贿、滥用职权、故意泄露国家秘密案进行了一审公开宣判，中央电视台进行了专题报道，充分满足了社会公众的知情权和监督权。

最后，裁判结果本身不属于国家秘密。从国家秘密法定性原则来看，“定密要坚持最小化、精准化原则”。[①] 一方面，我国现行规范性法律文件均没有将法院的裁判结果列为国家秘密的具体事项；另一方面，最高人民法院和国家保密局联合制定的人民法院工作中国家秘密范围的有关规定，

---

① 参见《国家秘密定密管理暂行规定》（国家保密局令 2014 年第 1 号）第 4 条规定：“机关、单位定密应当坚持最小化、精准化原则，做到权责明确、依据充分、程序规范、及时准确，既确保国家秘密安全，又便利信息资源合理利用。”

也未将任何一类案件的裁判结果划定为国家秘密。

（二）涉及国家秘密案件的裁判文书不应公开

裁判文书是法院适用法律及司法解释，规范诉讼活动，分配当事人实体权利义务，宣示裁判结果的最重要载体。法官需要在裁判文书的核心部分——“事实”部分对所认定的案件事实及认定理由进行详细阐释，不可避免地要将案件所涉及的国家秘密的名称和密级等进行表述。因此，虽然裁判结果具有公开性，但是“事实”部分不具有公开性，作为一个不可分割的整体，涉及国家秘密案件的裁判文书不应公开。

1. 涉及国家秘密案件裁判文书的申请查阅机制

社会公众无权依申请查阅涉及国家秘密的裁判文书。我国《民事诉讼法》（2017 年修正）第 156 条规定，“公众可以查阅发生法律效力的判决书、裁定书，但涉及国家秘密……的内容除外”。《行政诉讼法》（2017 年修正）第 65 条规定，“人民法院应当公开发生法律效力的判决书、裁定书，供公众查阅，但涉及国家秘密……的内容除外”。我国《刑事诉讼法》尚未规定刑事裁判文书的申请查阅机制，因而社会公众尚不能依申请查阅刑事裁判文书。

当事人有权申请查阅本人涉及国家秘密的裁判文书。当事人基于诉讼知情权，对于本人涉及国家秘密的裁判文书有接受送达的权利，若遗失裁判文书，可到作出裁判文书的法院申请查阅裁判文书正本。

2. 涉及国家秘密裁判文书通过互联网公开机制

涉及国家秘密的裁判文书，一般不能通过互联网公开，如美国 2002 年《电子政务法》也要求，涉及国家秘密的裁判文书不能通过互联网公开。

在我国，最高人民法院对涉及国家秘密的裁判文书是否通过互联网公开，始终秉持一贯原则。2000 年，最高人民法院《裁判文书公布管理办法》（法办发〔2000〕4 号）首次确定互联网是公开裁判文书的渠道之一，同时规定涉及国家秘密的裁判文书不宜公开。2010 年，最高人民法院《关于人民法院在互联网公布裁判文书的规定》（法发〔2010〕48 号）第 2 条第 1 款规定，人民法院生效裁判文书可以在互联网公布，但涉及国家秘密的除外。2013 年，最高人民法院《关于人民法院在互联网公布裁判文书的规定》（法释〔2013〕26 号）第 4 条规定，生效裁判文书应当在互联网公布，但涉及国家秘密的除外。2016 年，最高人民法院《关于人民法院在互联网公布裁判文书的规定》（法释〔2016〕19 号）第 4 条规定，人民法院作出的裁判文书涉及国家秘密的，不在互联网公布。

从 2018 年前三个季度中国裁判文书网公开的数据[①]分析：第一季度，全国法院未公开文书但公开相关信息项的有 568, 767 篇，其中“涉及国家秘密的”共 2899 篇，占不公开文书总量的 0. 51%；第二季度，全国法院不公开文书但公开相关信息项的有 1, 218, 880 篇，其中“涉及国家秘密的”共 5641 篇，占不公开文书总量的 0. 46%；第三季度，全国法院不公开文书但公开相关信息项的有 1, 464, 585 篇，其中“涉及国家秘密的”共 12, 197 篇，占不公开文书总量的 0. 83%。总体来看，2018 年前三季度，全国法院未公开文书但公开相关信息项的共有 3, 252, 232 篇，其中“涉及国家秘密”共计 20, 737 篇，占不公开文书总量的 0. 64%，总量不多，说明对国家秘密的保护处于相对稳定状态。

① 资料来自最高人民法院办公厅《关于 2018 年第一季度全国法院裁判文书上网情况的通报》（法办〔2018〕72 号）、最高人民法院办公厅《关于 2018 年上半年全国法院裁判文书上网情况的通报》（法办〔2018〕127 号）、最高人民法院办公厅《关于 2018 年第三季度全国法院裁判文书上网情况的通报》（法办〔2018〕189 号）。

第七章　商业秘密与裁判结果透明化

第一节　商业秘密制度概述

纵观人类经济发展史，对商业秘密的保护由来已久。19 世纪工业革命以来，工商业迅速发展，诱发了商业秘密侵权现象的恶性蔓延。英国率先提出商业秘密（tradesecret）概念，并通过衡平法保护商业秘密。美国各州先后制定了有关保护商业秘密的法律，美国联邦统一法律委员会于 1979 年颁布了《统一商业秘密法》（Uniform Trade Secrets Act of 1979，UTSA），[①] 各国也纷纷将商业秘密纳入法律保护范围。

一、商业秘密的法律含义

在市场经济条件下，世界各国对商业秘密的保护都尤为重视，对商业秘密的立法界定，也趋向于一致。

---

① 美国 1979 年《统一商业秘密法》（Uniform Trade Secrets Act of 1979，UTSA）的一个目标是使有关商业秘密的国家法律统一，这对于在美国多个州经营的公司尤其重要。当然，实现统一的目标取决于选择采用 UTSA 的州的数量。截至 2018 年 10 月，UTSA 已由美国 48 个州、哥伦比亚特区、波多黎各和美属维尔京群岛通过。部分州在通过 UTSA 时作出了修正。Uniform Trade Secrets Act，https://en.wikipedia.org/wiki/Uniform_Trade_Secrets_Act，March 30，2019.

美国1979年《统一商业秘密法》于1985年进行了修订，规定商业秘密为特定信息，包括配方、样式、编辑产品、程序、设计、方法、技术或工艺等，其中：（i）具有实际或潜在的独立经济价值，不为公众所知悉，采用正当手段不容易获取的，泄露或使用能使他人获取经济利益，同时（ii）采取了合理的措施以保持其秘密性。① 美国1996年《经济间谍法》（Economic Espionage Act of 1996，EEA）第1篇规定商业秘密的保护，对“商业秘密”定义为：指各种形式、类型的财务、业务、科学、技术、经济、工程信息，包括图样、计划、汇编、程序装置、公式、设计、原型、方法、技术、工艺、流程、程序、代码，不论有形或无形，无论是否或如何以物理、电子、图形、照片或书面形式编译或记忆存储，如果——（a）其所有人已采取合理措施将该信息资料保密；并且（b）该信息资料的实际或潜在的独立经济价值，是由于公众不知悉，也不容易通过适当的方式被公众获知。②

《与贸易有关的知识产权协议》（Agreement on Trade-Related Aspects of

---

① Uniform Trade Secrets Act of 1979 § 1.4 “Trade secret” means information, including a formula, pattern, compilation, program, device, method, technique, or process, that: (i) derives independent economic value, actual or potential, from not being generally known to, and not being readily ascertainable by proper means by, other persons who can obtain economic value from its disclosure or use, and (ii) is the subject of efforts that are reasonable under the circumstances to maintain its secrecy.

② 18 U.S. Code § 1839. Definitions (3) the term “trade secret” means all forms and types of financial, business, scientific, technical, economic, or engineering information, including patterns, plans, compilations, program devices, formulas, designs, prototypes, methods, techniques, processes, procedures, programs, or codes, whether tangible or intangible, and whether or how stored, compiled, or memorialized physically, electronically, graphically, photographically, or in writing if— (A) the owner thereof has taken reasonable measures to keep such information secret; and (B) the information derives independent economic value, actual or potential, from not being generally known to, and not being readily ascertainable through proper means by, another person who can obtain economic value from the disclosure or use of the information; Cornell Law School, “18 U.S. Code § 1839. Definitions”, https://www.law.cornell.edu/uscode/text/18/1839, March 30, 2019.

Intellectual Property Rights，TRIPs），[①] 在第 7 节第 39 条规定了“未公开的信息的保护”，该“未公开的信息”，一般理解为“商业秘密”，[②] 具体规定如下，“自然人和法人应有可能制止他人未经其同意，以违反诚实的商业做法的方式，[③] 获得、使用或者向他人公开在其合法控制下的信息，只要这种信息符合下列条件：（a）在这样的意义上是保密的，即该信息的整体或其各部分的确切排列和组合，并不是通常从事有关这类信息的人所普遍了解或容易获得的；（b）由于是保密信息而具有商业上的价值；（c）合法控制该信息的人已经根据情况采取了合理措施予以保密”。[④]

我国于 1993 年制定并实施《反不正当竞争法》，立法保护“商业秘密”。该法将商业秘密界定为“不为公众所知悉、能为权利人带来经济利益、具有实用性并经权利人采取保密措施的技术信息和经营信息”。2017 年修订时，对商业秘密的概念进一步抽象化，修改为：“本法所称的商业秘密，是指不为公众所知悉、具有商业价值并经权利人采取相应

① 《与贸易有关的知识产权协议》（TRIPs）是世界贸易组织（WTO）所有成员国之间的国际法律协定。它规定了各国政府对适用于世贸组织成员国国民的多种形式的知识产权（IP）进行监管的最低标准。在 1989 年至 1990 年关贸总协定乌拉圭回合结束时谈判了 TRIPs，并由世贸组织管理。

② 我国学者郑成思教授认为，“协议并未提‘商业秘密’术语，只是提到‘未披露过的信息’。但从协议给‘未披露过的信息’下的定义来看，它主要就是指商业秘密，而不指仅与个人的‘隐私权’等有关的秘密信息。协议所指的商业秘密，必须符合下列全部条件：（1）它们必须是秘密的、没有被公开过；（2）它们必须因为被保密才具有商业上的价值；（3）合法控制它们的人已经为保密而采取了措施。这种商业秘密的权利人，有权制止其他人未经许可而披露、获取或使用有关信息”。参见郑成思：《乌拉圭回合最后文件中的知识产权若干问题》，载《中国社会科学院研究生院学报》1994 年第 4 期。

③ 本协议原注（10）：就本规定而言，“以违反诚实的商业做法的方式”一语的意思至少指违反合同、破坏信任（泄密）以及引诱他人违反合同、泄密，并且包括通过第三方获得未公开的信息；而该第三方是明知或者因重大过失而不知该信息是使用这样的做法获得的。

④ 参见《与贸易有关的知识产权协议》，载北大法宝：http://www.pkulaw.cn/fulltext_form.aspx?Db=eagn&Gid=e8d99e79f71fe3c66cf4959eb3f201e6bdfb&keyword=与贸易有关的知识产权协议&EncodingName=&Search_Mode=accurate&Search_IsTitle=0，最后访问时间：2019 年 2 月 20 日。

保密措施的技术信息和经营信息。”2019 年修订时，将商业秘密的形态界定为“商业信息”，修改为“本法所称的商业秘密，是指不为公众所知悉、具有商业价值并经权利人采取相应保密措施的技术信息、经营信息等商业信息”。

2016 年 6 月 8 日，欧洲议会和欧盟委员会通过了欧盟《商业秘密保护指令》（欧盟第 2016/943 号指令）［Directive（EU）2016/943 on the protection of undisclosed know-how and business information（trade secrets）against their unlawful acquisition，use and disclosure］,① 旨在使欧盟国家的法律标准化，防止非法获取、披露和使用商业秘密。该指令根据现有的具有国际约束力的标准协调商业秘密的定义，统一了欧盟各国对商业秘密的定义，第 2 条第 1 款规定，“商业秘密”是指符合下列所有要求的信息：（a）从某种意义上说，它是秘密的，因为它作为一个整体或精确配置和组装的部件，通常不为该领域内处理相关信息的人员普遍知悉或容易接近；（b）因其秘密性而具有商业价值；（c）合法控制信息的人已经采取了合理的措施，使其保持在保密状态。

二、商业秘密的基本特征

商业秘密是民事主体依法享有知识产权之一，商业秘密与其他知识产权（专利权、商标权、著作权等）相比，具有以下基本特征：（1）秘密性；（2）保密性；（3）价值性。

---

① Official Journal of the European Union，“Directive（EU）2016/943 on the protection of undisclosed know-how and business information（trade secrets）against their unlawful acquisition，use and disclosure（Text with EEA relevance）”，https://eur-lex.europa.eu/legal-content/EN/TXT/?uri=CELEX：32016L0943，March 30，2019.

（一）秘密性

所谓秘密性，是指被限定为商业秘密的商业信息不为公众所知悉。而其他知识产权都是公开的，专利权的发生还以公开发明成果为前提。

不为公众所知悉，意味着不被通常从事有关该信息工作领域的公众所普遍知悉。具体而言，以下情形不构成不为公众所知悉：第一，该信息为其所属技术或者经济领域的人的一般常识或者行业惯例；第二，该信息仅涉及产品的尺寸、结构、材料、部件的简单组合等内容，进入市场后相关公众通过观察产品即可直接获得；第三，该信息已经在公开出版物或者其他媒体上公开披露；第四，该信息已通过公开的报告会、展览等方式公开；第五，该信息从其他公开渠道可以获得；第六，该信息无须付出一定的代价而容易获得。

（二）保密性

所谓保密性，意味着商业秘密权利人采取合理的适当的保护措施，防止商业秘密被披露或泄露，他人通过合法手段无法获得。一则，商业秘密权利人意欲保护商业秘密，积极主动采取措施防止特定范围以外的人知悉商业秘密；二则，商业秘密权利人为防止信息泄漏，采取了与商业秘密的商业价值等具体情况相适应的合理保护措施；三则，他人通过正当方式几乎不能获得该商业秘密。

最高人民法院《关于审理不正当竞争民事案件应用法律若干问题的解释》（法释〔2007〕2号）第11条规定，“具有下列情形之一，在正常情况下足以防止涉密信息泄漏的，应当认定权利人采取了保密措施”，具体情形规定如下：（1）限定涉密信息的知悉范围，只对必须知悉的相关人员告知其内容；（2）对于涉密信息载体采取加锁等防范措施；（3）在涉密信息的载体上标有保密标志；（4）对于涉密信息采用密码或者代码等；（5）签订保密协议；（6）对于涉密的机器、厂房、车间等场所限制来访者或者提出保密要求；（7）确保信息秘密的其他合理措施。

商业秘密权利人采取相应保密措施是防止其商业秘密受到侵害的先决条件。只有在权利人采取相应保密措施的前提下，发生了法律规定的侵犯商业秘密的情形时才能获得司法救济。在商业经营中，以下行为还可能泄露商业秘密。一是在接待采访、考察过程中，商业秘密权利人急于展示己方优势或促成谈判，可能无意中将商业秘密泄露。二是存储商业秘密的旧电脑、旧硬盘等设备，商业秘密权利人未按保密要求销毁，也可能造成商业秘密泄露。

商业秘密权利人采取相应保密措施也决定了商业秘密的保护期限。一项商业秘密可能由于权利人保密措施得当和本身的应用价值而延续很长时间，甚至远远超过专利技术受保护的期限。

（三）价值性

所谓价值性，也称实用性，是指权利人基于专有商业秘密，在市场竞争中处于比较优势地位或者可以获得相应的经济利益。价值性是判断商业信息是否属于商业秘密的重要衡量指标。无论是通过艰苦而昂贵的研究、数十年积累的经验，还是突然迸发的灵感创造，市场主体都会不断地开发商业信息，以助力他们自身更好、更快或更低成本地商业运作。

通过商业秘密保护的商业信息可以具有长期的战略价值，例如，可以是被市场认可并具有一定销售份额的产品的配方或化学成分，也可以是短暂的即时价值，例如，营销研究的结果，新产品的名称、价格和发布日期，或者投标程序中提供的价格。

通过商业秘密保护的商业信息既可以具有现实的价值性，如成熟稳定的销售渠道、管理方法、产销策略、客户名单、货源情报等经营信息；也可以具有潜在的价值性，如正在研发过程的、具有可预期利益的技术信息。

信息、知识、发明和创造是新经济的原材料，而商业秘密对于所有市场主体而言都很重要。然而，大公司往往拥有大量知识产权（如专利）组合而成的资源，但小公司往往负担不起——因此他们对商业秘密的依赖性更大。司法实践中，衡量商业秘密的商业价值，可根据其研究开发成本、实施该项商业秘密的收益、可得利益、可保持竞争优势的时间等因素确定。

三、侵犯商业秘密的法律责任

（一）刑事责任

美国1996年通过了《经济间谍法》（Economic Espionage Act of 1996，EEA），该法第1篇规定商业秘密的保护，将盗用商业秘密定为联邦法上的犯罪，并将该内容插入美国法典（the United States Code）第18卷第90章“商业秘密的保护”（18 U.S.C. §§ 1831－1839）。

我国1997年修订了《刑法》，增设了“侵犯商业秘密罪”。《刑法》根据情节轻重设置两个刑罚幅度，一是给商业秘密的权利人造成重大损失的，“处三年以下有期徒刑或者拘役，并处或者单处罚金”；二是造成特别严重后果的，“处三年以上七年以下有期徒刑，并处罚金”。

（二）民事责任

我国1993年《反不正当竞争法》即规定商业秘密被侵害而造成损害的，可请求损害赔偿；2017年、2019年修订时，又对民事责任进行了细化。2009年修订的《民法通则》规定，侵害其他科技成果（包括商业秘密中的技术秘密）应承担民事责任。2017年《民法总则》将“商业秘密”确认为民事主体依法享有知识产权之一，侵害商业秘密应承担民事责任。

美国2016年颁布了《保护商业秘密法》（Defend Trade Secrets Act of 2016，DTSA），修改美国法典第18卷第90章第1836节，删除了原（b）条，修改为“（b）民事诉讼”，使联邦司法获得对窃取商业秘密行为的管辖权。允许商业秘密所有人在其商业秘密被盗用时向联邦法院提起民事诉讼，而以前只能向州法院提起民事诉讼。《福布斯》杂志称该法为“多年来知识产权法最大的发展”。①

（三）行政责任

我国1993年《反不正当竞争法》即规定，“侵犯商业秘密的，监督检查部门应当责令停止违法行为，可以根据情节处以一万元以上二十万元以下的罚款”。2017年修订后规定，“侵犯商业秘密的，由监督检查部门责令停止违法行为，处十万元以上五十万元以下的罚款；情节严重的，处五十万元以上三百万元以下的罚款”。2019年修订后规定，“侵犯商业秘密的，由监督检查部门责令停止违法行为，没收违法所得，处十万元以上一百万元以下的罚款；情节严重的，处五十万元以上五百万元以下的罚款”。罚款上限的不断提高，说明我国保护商业秘密的力度在不断加大。

除美国外，俄罗斯制定了《联邦商业秘密法》，韩国制定了《防止不正当竞争及营业秘密保护法》，我国台湾地区制定了“营业秘密法”，等等。本书不再一一详细介绍。

① Forbes，“The New ‘Defend Trade Secrets Act’ Is the Biggest IP Development in Years”，https://www.forbes.com/sites/ericgoldman/2016/04/28/the-new-defend-trade-secrets-act-is-the-biggest-ip-development-in-years/#5e4af1f54261，March 30，2019.

第二节　商业秘密保护的价值平衡

经济社会的发展总是触发一定的问题和矛盾，并在解决问题和矛盾中不断进步。经济社会发展中的问题和矛盾表现为不同阶层、不同群体及不同个人在观念上和利益上的价值冲突。

一、商业秘密与公平竞争

“古罗马时期法律就有关于‘商业事务的秘密’之规定，市场主体恶意引诱或迫使其竞争对手所有的奴隶泄露其有关商业事务的秘密，其竞争对手（奴隶的所有人）有权向司法机关提起‘奴隶诱惑之诉’（actio servi corrupti），请求侵权人给予双倍的损害赔偿。”[①] 保护商业秘密的准则在罗马法的传承中保留下来，现代西方市场经济国家将其作为维护公平竞争的市场秩序的制度之一。

公平竞争，意味着投入和结果的正向关系。美国管理心理学家斯塔西·亚当斯（J. Stacy Adams）于20世纪60年代提出了公平理论（Equity theory），公平理论的重点是确定资源分配是否对两个关系伙伴都公平。公平是通过比较每个人的付出（或成本）和报酬（或收益）的比率来衡量的。[②] 亚当斯用方程式［个人：结果/投入＝他人：结果/投入］（$O_P/I_P = O_c/I_c$）来说明公平理论。

参照亚当斯的公平理论，市场主体通过投入人力、物力、财力、智力

---

① ［日］土井辉生：《知的所有权——现代实务法律讲座》，青林书院株式会社1977年版，第179页。

② Adams and J. S. “Toward an understanding of inequity” *Journal of Abnormal and Social Psychology* 67，1963，pp. 422－436.

所形成的技术信息和经营信息，为其带来竞争优势和丰厚回报，必将有效激励其在技术上开拓创新，在管理上精细严格，在营销上提升客户满意度，从而促进市场经济健康发展，形成良性循环。如果他人通过不正当手段窃取了该市场主体的商业秘密，基于此获得不当收益并挤占了该市场主体的市场份额，那么该市场主体将会出现“他人投入的少、而获得的多”的不平衡心理，产生“认知扭曲”，进而认为市场竞争规则缺失且秩序混乱，影响其正常参与市场竞争的积极性。

如果市场主体的商业秘密被他人以不当手段获取并基于此而获利，那么市场主体自主创新的积极性必将受挫，市场就无法培育并维持企业的创新动能。按照经济学中市场主体追求利益最大化理论，如果不当获取他人商业秘密的行为的违法成本低，而获利空间大，那么大多数市场主体也会采取“走捷径”办法——以不正当手段获取他人的商业秘密，在没有研发成本的情况下低价倾销，将研发成本较高的自主创新型市场主体逐渐挤出市场，产生了“劣币驱逐良币”的后果。

公平竞争市场秩序的缺失，不利于市场作为资源配置手段作用的充分发挥，最终将导致社会不公，进而侵害社会秩序的稳定。因此，要建立保护商业秘密的制度体系，从立法、司法、执法各方面建立起立体化的保护网络，维护公平竞争的市场秩序。

二、商业秘密与公共利益

“‘价值’这个普遍的概念是从人们对待满足他们需要的外界物的关系中产生的。”① 价值的内涵首先表征的是人与物之间的关系。“人与物之间的这种需要与满足的对应关系，就是价值关系。在价值关系中，人是价值

① 《马克思恩格斯全集》（第 19 卷），人民出版社 1963 年版，第 406 页。

主体，外界事物是价值客体。”① 以商业秘密为价值客体，不仅存在天然性的一元价值关系，还应建立社会性的二元价值关系。

在商业秘密的一元价值关系中，商业秘密的创造者是价值主体，商业秘密是价值客体。商业秘密的秘密性，始源于商业秘密的创造者利用公知的知识、经验或技巧经过艰苦努力的创造或探索，以及人力、物力和财力的投入。商业秘密，给商业秘密创造者带来了巨大的经济利益，形成了商业秘密创造者与商业秘密之间天然的一元价值关系。商业秘密往往就是一个企业核心竞争力的关键要素，许多企业将商业秘密视为最重要的知识产权资产。商业秘密一旦泄露，可能给企业造成市场份额被削减等损失，甚至因企业竞争力减弱而走向衰败。

在商业秘密的二元价值关系中，商业秘密的创造者是价值主体，人民群众也是价值主体，商业秘密是他们共同的价值客体。一方面，商业秘密是在人民群众共同创造的知识和经验的基础上再创造而产生的；另一方面，基于商业秘密而产生的商品或服务，也是为了满足人民群众对美好生活的需要。因而，商业秘密保护不仅要有益于商业秘密的创造者，也要有益于人民群众的公共利益。

商业秘密不仅为其创造者赢得了市场、增长了财富，还使创造者获得了市场地位和商业荣誉，其物质和精神的双重功能，激发了创造者继续创造的动力和信心，由此将进一步推动社会生产力的发展和生产关系的变革，促进人类社会的发展进步。人类社会的发展进步是最高层次的公共利益，因而从历史的维度，对商业秘密的保护也是对公共利益的维护。

如若商业秘密权利人因专有商业秘密，而借机抬高商品或服务的价格，或者借机垄断市场经营，这不仅危害市场公平竞争，还可能危及人民

① 张文显主编:《马克思主义法理学——理论、方法和前沿》，高等教育出版社2003年版，第221页。

群众的生存和发展，严重损害公共利益。因而，商业秘密自身价值的实现，不能以损害公共利益为代价；对商业秘密专有权的保护，也需要一定的限度。

同时，市场主体不能隐藏有关公共利益的商业信息，如涉及公共卫生、环境保护和消费者安全等。相关市场主体具有披露此类公共政策目标信息的法律义务，如在化工和制药行业，公司有披露涉及公共利益信息的法律义务，应及时向监管机构或社会公众提供信息。法律还应明确保护那些为了公共利益而披露商业秘密以揭露不当行为、不法行为或非法活动的行为。

第三节 商业秘密的保密与透明

一、诉讼程序中的商业秘密保护

（一）证据不能公开举证质证

涉及商业秘密的证据，不能在公开开庭时举证、质证。在我国，《民事诉讼法》（2017 年修正）第 68 条规定，“证据应当在法庭上出示，并由当事人互相质证。对涉及……商业秘密……的证据应当保密，需要在法庭出示的，不得在公开开庭时出示”。最高人民法院《关于适用〈中华人民共和国民事诉讼法〉的解释》（法释〔2015〕5 号）第 103 条第 3 款规定，“涉及……商业秘密……的证据，不得公开质证”。《行政诉讼法》（2017 年修正）第 43 条第 1 款规定，“证据应当在法庭上出示，并由当事人互相质证。对涉及……商业秘密……的证据，不得在公开开庭时出示”。最高人民法院《关于适用〈中华人民共和国刑事诉讼法〉的解释》（法释

〔2012〕21号）第68条规定，“公开审理案件时，公诉人、诉讼参与人提出涉及……商业秘密……的证据的，法庭应当制止。有关证据确与本案有关的，可以根据具体情况，决定将案件转为不公开审理，或者对相关证据的法庭调查不公开进行”。

（二）保密义务

在我国刑事诉讼中，第一，司法机关有权向有关单位和个人收集、调取涉及商业秘密的证据，有关单位和个人应当如实提供，司法机关应当保密；第二，行政机关在行政执法和查办案件过程中收集的物证、书证、视听资料、电子数据等证据材料，在刑事诉讼中可以作为证据使用，对其中涉及商业秘密的证据，应当保密；第三，侦查人员对采取技术侦查措施过程中知悉的商业秘密，应当保密。① 在民事诉讼中，司法机关工作人员和诉讼参与人对涉及商业秘密的证据，应当保密。行政诉讼中，代理诉讼的律师有权按照规定查阅涉及商业秘密的证据，但应当依照法律规定保密；② 司法机关工作人员，因过失导致履行职务掌握的商业秘密被泄

---

① 《刑事诉讼法》（2018年修正）第54条规定：“人民法院、人民检察院和公安机关有权向有关单位和个人收集、调取证据。有关单位和个人应当如实提供证据。行政机关在行政执法和查办案件过程中收集的物证、书证、视听资料、电子数据等证据材料，在刑事诉讼中可以作为证据使用。对涉及国家秘密、商业秘密、个人隐私的证据，应当保密。凡是伪造证据、隐匿证据或者毁灭证据的，无论属于何方，必须受法律追究。”第152条规定：“采取技术侦查措施，必须严格按照批准的措施种类、适用对象和期限执行。侦查人员对采取技术侦查措施过程中知悉的国家秘密、商业秘密和个人隐私，应当保密；对采取技术侦查措施获取的与案件无关的材料，必须及时销毁。采取技术侦查措施获取的材料，只能用于对犯罪的侦查、起诉和审判，不得用于其他用途。公安机关依法采取技术侦查措施，有关单位和个人应当配合，并对有关情况予以保密。”

② 《行政诉讼法》（2017年修正）第32条规定：“代理诉讼的律师，有权按照规定查阅、复制本案有关材料，有权向有关组织和公民调查，收集与本案有关的证据。对涉及国家秘密、商业秘密和个人隐私的材料，应当依照法律规定保密。当事人和其他诉讼代理人有权按照规定查阅、复制本案庭审材料，但涉及国家秘密、商业秘密和个人隐私的内容除外。”

露，将承担违纪责任，① 故意泄露履行职务掌握的商业秘密，将承担违法责任。

在欧盟，《商业秘密保护指令》（欧盟第2016/943号指令）第9条规定，"会员国应确保，参与与非法获取、使用或披露商业秘密有关的法律程序的律师或其他代表、法院工作人员、证人、专家和任何其他人，或者有权获取构成这些法律程序一部分的文件的任何人，不得使用或披露司法机关根据利害关系人正当合理的申请而认定为机密的、并因参与法律程序而知悉的任何商业秘密或声称的商业秘密。在这方面，会员国还可以允许司法机关主动采取行动。该义务，在诉讼终结后继续有效，但是，有下列情形之一的，该义务终止：（a）经终局裁决，发现所指控的商业秘密不符合第二条第（一）项规定商业秘密的定义；（b）随着时间的推移，相关信息在通常处理此类信息的领域内变得普遍已知或容易获取"。②

（三）依申请不公开审理

我国诉讼法律制度，对商业秘密案件，采取依申请不公开审理原则。《刑事诉讼法》第188条、《民事诉讼法》第134条、《行政诉讼法》第54条均规定，涉及商业秘密的案件，当事人申请不公开审理的，可以不公开

① 《人民法院工作人员处分条例》第87条规定："因过失导致国家秘密、审判执行工作秘密及其他工作秘密、履行职务掌握的商业秘密或者个人隐私被泄露，造成不良后果的，给予警告、记过或者记大过处分；情节较重的，给予降级或者撤职处分；情节严重的，给予开除处分。"

② Official Journal of the European Union，"Directive（EU）2016/943 on the protection of undisclosed know-how and business information（trade secrets）against their unlawful acquisition，use and disclosure（Text with EEA relevance）"，https://eur-lex. europa. eu/legal-content/EN/TXT/? uri = CELEX：32016L0943，March 30，2019.

审理。①

在欧盟，《商业秘密保护指令》（欧盟第2016/943号指令）第9条第2款（b）规定，会员国司法机关在一方当事人提出合理申请后，在可能披露商业秘密或声称的商业秘密时，限制旁听听证会，并将听证会的相应档案或文字记录仅提供给少数人。②

（四）民事查封信息不公开

美国2016年《保护商业秘密法》规定，在特殊情况下，基于当事人的誓言证词或经法院核实，对于侵犯商业秘密的案件，法院可依当事人的单方申请签发查封财产的指令，以防止案件涉及的商业秘密遭到传播或扩散。对于民事查封，采取不公开性保护——法院应当采用适当的手段保护本条款规定的查封令被申请人的信息不被公之于众，或者通过或应查封令申请人要求，保护该查封令以及该查封令的执行不被公开。

二、涉及商业秘密案件裁判结果透明化规则

（一）涉及商业秘密案件裁判结果应公开

涉及商业秘密案件的裁判结果具有公开性。虽然立法对商业秘密的保

---

① 《刑事诉讼法》（2018年修正）第188条第1款规定："人民法院审判第一审案件应当公开进行。但是有关国家秘密或者个人隐私的案件，不公开审理；涉及商业秘密的案件，当事人申请不公开审理的，可以不公开审理。"《民事诉讼法》（2017年修正）第134条第2款规定："离婚案件，涉及商业秘密的案件，当事人申请不公开审理的，可以不公开审理。"《行政诉讼法》（2017年修正）第54条第2款："涉及商业秘密的案件，当事人申请不公开审理的，可以不公开审理。"

② Official Journal of the European Union, "Directive (EU) 2016/943 on the protection of undisclosed know-how and business information (trade secrets) against their unlawful acquisition, use and disclosure (Text with EEA relevance)", https://eur-lex.europa.eu/legal-content/EN/TXT/?uri=CELEX:32016L0943, March 30, 2019.

护，采取避免因诉讼不当泄露或披露的原则，但是裁判结果不涉及商业秘密自身内容，因而具有公开性。

涉及商业秘密的案件，一般不公开审理，能够当庭宣判的应径行宣判，即使没有社会公众旁听，也应避免在宣判时披露商业秘密内容；定期宣判，不宜组织社会公众旁听宣判，所涉及的商业秘密应避免在宣判时披露或不当泄露。

涉及商业秘密的案件，裁判结果数据，应向社会公众公开，为社会诚信体系建设提供真实数据。

（二）裁判文书公开应避免商业秘密泄露

第一，社会公众依申请查阅涉及商业秘密的纸质版裁判文书，法院不应提供查阅。一方面，无论在审理过程中，还是裁判作出后，商业秘密的保密属性并没发生变化，对商业秘密的保密义务贯穿司法活动始终；另一方面，裁判文书事实和说理部分，对商业秘密有关内容的记载或摘录，成为纸质版裁判文书不可分割的一部分。因此，对于涉及商业秘密的纸质版裁判文书，仍应坚持保密原则，法院不应向社会公众提供查阅。在我国，《民事诉讼法》（2017 年修正）第 156 条规定："公众可以查阅发生法律效力的判决书、裁定书，但涉及……商业秘密……的内容除外。"《行政诉讼法》（2017 年修正）第 65 条规定："人民法院应当公开发生法律效力的判决书、裁定书，供公众查阅，但涉及……商业秘密……的内容除外。"在韩国，立法还赋予当事人限制公开权及权利救济机制。当事人认为，文书公开将会对自己商业机密等造成显著侵害时，可以向法院提出限制公开的申请。法院认为当事人的申请理由成立的，相关文书不再公开。[①]

第二，裁判文书在互联网公开，需要解决公开与保密的冲突。一方面，涉及商业秘密裁判文书上传互联网公开具有必要性。侵犯商业秘密违背诚实信用原则，将侵犯商业秘密的裁判文书上传互联网公开，对侵权主体进行信用惩戒，对于维护公平竞争的市场经济法治秩序具有积极意义；另一方面，商业秘密保密性要求商业秘密内容不能公开。因此，可采取删除涉及商业秘密的信息后，再将裁判文书上传互联网的操作路径。这样既保护了商业秘密，又实现了裁判文书公开带来的信用惩戒功能。例如，最高人民法院《关于人民法院在互联网公布裁判文书的规定》（法释〔2016〕19号）第10条第1款规定，人民法院在互联网公开裁判文书，应当删除涉及商业秘密的信息。在欧盟，《商业秘密保护指令》（欧盟第2016/943号指令）第9条第2款规定，会员国司法机关在一方当事人提出合理申请后，可以向有权知悉或获取商业秘密文件或参加听证会的有限的人以外的任何人提供司法判决的非秘密版本，其中包含商业秘密的段落已被删除或修订。[②]

---

① 杨建文：《韩国的文书公开制度》，载《人民法院报》2013年8月23日，第8版。

② Official Journal of the European Union，"Directive（EU）2016/943 on the protection of undisclosed know-how and business information（trade secrets）against their unlawful acquisition，use and disclosure（Text with EEA relevance）"，https://eur-lex.europa.eu/legal-content/EN/TXT/?uri=CELEX：32016L0943，March 30，2019.

第八章　个人隐私与裁判结果透明化

第一节　隐私与隐私权

一、隐私解析

隐私，是一个边界不甚清晰且不断发展的概念，本书尝试从隐私意识、隐私观念、隐私状态和隐私权利四个层面递进解析。

（一）隐私意识

隐私意识是人类特有的原初意识，是一种直觉，是人类本性。生活中，一旦隐私暴露，人们就会敏感地意识到这种缺失，并触发精神上的不愉悦感，甚至羞耻感。隐私意识是一种心理因素，在影响隐私发展的诸多因素中，心理因素是首要因素。

首先，隐私意识因“羞耻心”而生产。人类祖先常以兽皮和树叶来遮掩下体，并逐渐遮蔽全身，在护身或保暖的需要中暗含了隐藏“私处”的需求。这样的隐藏行为，使人类与动物产生了本质区别，是人类进化过程中的本能反应，所映射出的“羞耻心”成为人类理性萌发的起点。

其次，隐私意识是个体群体化生存的心理需要。人类是群体化生存的生物，在个体与群体的关系中，个体基于趋利避害的理性支配，在群体化生存的规则秩序下，基于对欲望追求和满足的自然本性并保持个体生存的延续，其个体欲望满足的过程并不愿为群体所知晓。

最后，隐私意识是受到尊重需要的心理防御。按照马斯洛的“需要层次理论”，尊重的需要是人的五种基本需要之一，且为较高层次的需要。人作为社会的人，在与他人的关系中，都期待获得尊重。人是否能得到尊重，取决于人的社会评价。因而，需要隐藏那些私人领域中的不文雅、不端正、不恰当的形象或信息，以维护公共领域中的良好形象和社会评价。正如美国法官理查德·A. 波斯纳（Richard Allen Posner，1939 - ）所言，“我们是在一种比喻的意义上销售我们构建起来的公共自我，即用它在就业和婚姻市场上以及在人际关系市场上获得有利的交易”。①

（二）隐私观念

隐私观念，是基于风俗习惯、文化传统、宗教信仰等因素而形成的何为隐私及如何维护的社会观念。

首先，不同文化背景下的隐私观念不同。以身体或身体部位为例，古希腊时期，人体被视为美好的事物，我们现在看到的古希腊雕塑、绘画等艺术作品，大多是展现人的裸体之美。这种观念在欧洲中世纪开始，就被禁欲主义所压制。20 世纪，西方兴起“天体运动”，在海滨、湖畔等大自然中赤裸身体，又逐步演化出在都市裸体骑车等运动。然而，“天体活动”禁止参与者私自携带照相机，这正是为了保护参与者的隐私。非洲一些民族，从古至今都保持着对生殖器官的崇拜，在生产力低下的情况下，人们希望繁衍更多的人口，以获得更多的财富。时至今日，“南非祖鲁族女人

---

① ［美］理查德·A. 波斯纳：《超越法律》，苏力译，中国政法大学出版社 2001 年版，第 608 页。

结婚前按传统习俗是不着上装的，下身也是用动物的皮制成很小片稍稍遮盖一下”。[①] 即使被游客拍照留念，也不会感到害羞。拍摄者将这种半裸体照片发表在报刊杂志或上传互联网，也不会因侵犯“隐私”而受到谴责。在古代中国，儒家思想要求“给予身体以社会的规定，身体必须合于礼的尺度”，[②] 一般着装仅露出面部、部分颈部及手掌，身体其他部位均被视为隐私。

其次，隐私观念也与宗教信仰有关。《圣经·创世纪》记载，亚当和夏娃“在吃了善恶树上的果子之后，‘二人的眼睛就明亮了，才知道自己是赤身裸体，便拿无花果树的叶子为自己编作裙子’，并且在听见上帝的声音后，‘就藏在园里的树木中，躲避耶和华神的面’。在上帝呼唤亚当的时候，他说：‘我在园中听见你的声音，我就害怕，因为我赤身裸体，我便藏了’”。[③] 圣经故事中主人公对自己身体的赤裸的耻辱感，成为基督教思想中遮挡身体的渊源，身体成为原罪的代名词。《古兰经》和伊斯兰教法规定，“穆斯林成年妇女除了手部与足部之外，身体其他部位对非近亲的成年男性均为‘羞体’”。[④] 为了保护自己不引起是非纷扰，“各伊斯兰国家和地区的穆斯林妇女采取了不同的遮盖‘羞体’的服饰，有的蒙面纱，有的佩戴遮住胸部的头巾，有的身裹遮头黑纱或白纱”。[⑤]

最后，隐私观念具有不平等性。在男性中心主义社会中，女性作为第二性，在其遭受强奸、猥亵、侮辱等侵害后往往被视为女性自身不光彩的历史，给被侵害女性带来双重痛苦。例如，日本军国主义在第二次世界大

① 蒙光忠：《南非祖鲁族民居》，载《住宅产业》2011 年第 Z1 期。

② 彭富春：《身体与身体美学》，载《哲学研究》2004 年第 4 期。

③ 燕连福：《原罪的身体：西方传统哲学中身体的遮蔽之路》，载《中州学刊》2011 年第 4 期。

④ 邢雅贤：《论伊斯兰教妇女观对当代新疆穆斯林妇女的影响》，新疆师范大学 2008 年硕士学位论文，第 34 页。

⑤ 同上。

战期间大量虏掠强迫亚洲多国妇女作为“慰安妇”,[①] 有幸存活者在战后过着被人歧视而非同情的生活。只是近年来，为控诉日本在战争中犯下的严重反人类罪行，隐姓埋名的幸存者才敢站出来，控诉日本的战争罪行。

（三）隐私状态

隐私作为一种事实状态，划分出“自我”与“他人”的边界，阻止他人对“自我”逐步接近和深入了解。隐私状态对于建立和完善自我意识、自我安全感非常重要。隐私状态具有客观性、多样性和扩张性的特点。

1. 隐私状态具有客观性

隐私所指向的私人领域事务是客观存在的，人们是否将其作为“隐私”，受到心理因素、经济因素、文化因素、宗教因素等方面的影响。无论隐私这种事实状态是否符合伦理道德，是否合法合规，人们都希望保持其私密性状态，并极尽可能地保守秘密，限制知悉范围。

2. 隐私状态具有多样性

随着经济社会的发展，个人对于自身生活信息的保密性、生活空间的私密性、私人生活的安宁性要求越来越高，隐私一直处于多元化发展的演进之中，主要表现为四种样态，即私人信息、私人活动、私人空间、私人关系。

私人信息，是以信息形态存在的隐私。按照个人隐私与个人信息分属不同法益的理论，此处所谓的私人信息不是指全部的个人信息，仅指私密

---

① 慰安妇，指第二次世界大战时期日本政府及其军队为顺利实施并完成侵略亚洲的战争而推行的一种军队性奴隶制度。1996 年联合国曾就日军慰安妇问题出台报告，将慰安妇制度认定为性奴隶制度。2012 年 7 月，美国国务卿希拉里・克林顿指示美国所有文件和声明禁用按日语直译的“慰安妇”一词，将其改为“被强迫的性奴”，以此要求日本正视“二战”期间的性暴行。2012 年 12 月 6 日，中国历史学者在举行的《南京大屠杀全史》出版发布会上提出，应将日军在侵华战争中强征的中国、朝鲜等国的“慰安妇”改称为“性奴隶”。参见慰安妇，载搜狗百科：https://baike.sogou.com/v307090.htm?fromTitle=慰安妇，最后访问时间：2019 年 2 月 20 日。

性的个人信息，而不包括一般性的个人信息（如姓名、性别、民族等）。私人信息包括但不限于身体信息、疾病信息、基因信息、财产状况、兴趣爱好、饮食习惯、性取向等。

私人活动，主要指由个人意志决定的、不涉及公共利益的活动。主要包含四类：一是以信息交流为主要内容的活动，如私人交谈、私人通信等；二是日常生活中的活动，如聚餐、郊游、娱乐活动等；三是仪式性私人活动，如婚礼、葬礼等；四是交易性私人活动，如购买商品、接受服务等。

私人空间，是指个人合法支配的空间。在这个特定时间和特定空间构成的时空场域里，个人可以在其间从事不愿为外人知道或不便为外人知道的私人活动，交流不愿为外人知悉或不便为外人知悉的私人信息，放置不愿为外人知晓或不便为外人知晓的私人物品。

私人关系，主要指个人的主要社会关系，主要包括两性关系和亲属关系。两性关系主要是指男女双方的关系，包括婚姻之内的两性关系和非婚姻之内的两性关系。亲属关系，包括基于血缘的亲属关系和法律拟制的亲属关系。

3. 隐私状态具有扩张性

生产力发展和生产关系变革推动经济社会发展，使人对人、人对物的依赖性逐步减弱，进而使人们对隐私状态的需求不断扩大。在原始社会，人们共同生产、共同生活，除了敏感身体部位、两性性关系之外，很少有其他隐私状态的存在。随着私有制的产生，基于财产私有化而形成了民族化、家族化、家庭化的生活方式，私人领域逐渐扩大。在奴隶社会时期，古巴比伦《汉谟拉比法典》就对私人住宅进行保护，禁止他人闯入，体现了对私人空间隐私状态的承认。在封建社会，以土地为核心的生产资料，使人们保持着以血缘为中心的人身依附关系，家族内部生活空间相对彼此开放，隐私内容不断丰富。例如，在我国封建社会，未出嫁女儿的闺房属于私人空间，外人禁入。肇始于18世纪中叶的工业革命，引发了从手工劳动向动力机器生产转变的重大飞跃，极大地解放了生产力。资本主义的生产方式，使劳动力转化为商品，生产资料转化为资本，社会财富在增长的同时也向控制着生产资料的少数人集中，财产状况逐渐成为私人秘密。印刷、造纸技术的革新使“大众报纸”产生，媒体对个人生活的无限制报道，迫使人们提出“生活安宁不受干扰”的隐私保护要求。随着计算机的发明、互联网的兴起，个人信息被自动化系统记录，有些个人信息还通过网络流通，人们开始呼吁限制政府和私营机构对“私密性个人信息”的收集、存储和利用。大数据技术的发展，使网络数据成为认知个人行为的新方式，“数据行为在一段时间内积累到一定程度，就能够构成与实际人格相似的数字人格即以在交易中体现出来的数据为基础的个人的公共形象”,[①] 人们又产生了保护“数字人格”的隐私保护需要。随着科学技术的进步，人们的隐私保护需要还将进一步扩展。

（四）隐私权利

权利和义务是法学的核心范畴。法谚云：“没有无义务的权利，也没有无权利的义务。”[②] 以法律规范保护隐私权益，须按照权利与义务相对应的原则，确定隐私法律关系中的义务主体，以及义务的履行方式。

第一，从权利和义务的存在形态上看，隐私权属于法定权利，经过百年发展，隐私权实现了从“应有权利”到“法定权利”的转化和飞跃。隐私权是通过实在法律明确规定的、以规范和观念形态存在的法定权利。相对于隐私权而存在的义务，属于法定义务，必须履行，不履行或不妥善履

① ［美］阿丽塔·L. 艾伦、理查德·C. 托克音顿：《美国隐私法：学说、判例与立法》，冯建妹、石宏、郝倩、刘相文、许开辰编译，中国民主法制出版社2004年版，第207页。

② 张文显主编：《法理学》，高等教育出版社、北京大学出版社2007年版，第146页。

行都要承担法律责任，并以国家强制力保障实施。隐私权益，则是隐私法律关系中权利和义务所共同指向的客体。

第二，从权利和义务的效力范围看，隐私权属于对世权利，即权利主体无特定的义务人与之相对，而以一般人（社会上的每一个人）作为可能的义务人。隐私权的内容是限制他人的知悉，排除他人的侵害，通常要求一般人不得作出妨害隐私的行为。相对于隐私权而存在的义务，属于对世义务，即不侵犯隐私的义务无一例外地适用于社会上的每一个人，义务履行的方式通常不是积极的作为，而是消极的不作为，也就是不靠近、不探究、不披露、不泄露、不传播等。

第三，从权利和义务的实现方式上看，隐私权属于行动权利，即隐私权主体有资格按照自己的意志开展私人活动，保有私人空间，缔结私人关系，保密私人信息。与隐私权相对应的义务属于消极义务，即义务主体不得干预、阻止或威胁权利主体，如不得干扰权利主体的生活安宁，不得阻碍权利主体自主决定生活事务，不得以披露权利主体的隐私来威胁权利主体。

第四，从权利和义务的主体性质上看，隐私权属于个体权利，即自然人享有的包括政治权利、经济权利、文化权利、社会权利在内的公民权利。与隐私权相对的义务，则包括个体义务、集体义务和国家义务。个体义务，是自然人依法承担的义务，在隐私法律关系中指自然人依法不侵害他人隐私的义务。集体义务，是法人、社会团体和其他组织依法承担的义务，在隐私法律关系中指法人、社会团体和其他组织依法不侵害个人隐私的义务。国家义务，是国家依法承担的义务，如保护公民的合法权益，为老弱病残孕等社会弱势群体提供物质帮助，对遭受国家权力侵害而蒙受损失的公民给予国家赔偿，等等。在隐私法律关系中，国家义务甚为广泛，包括行使立法权确认隐私权的法律地位和行使规则，在行政权和司法权运行过程中不侵犯个人隐私，通过国家强制力保障隐私权。

二、隐私保护与隐私权法律发展

由于人类历史文化传统的多元性，各国、各地区对隐私的理解也有较大差异性。虽然都保护隐私权益，但各国法律并未均承认“隐私权”的法律概念。而在法律上使用“隐私权”法律概念的国家和地区，基于概念建基的观念和理论不同，隐私权的内涵和外延也不尽相同。本书简要介绍几个有代表性的国家隐私保护和隐私权法律发展的特点。

（一）美国的隐私和隐私权

1. 宪法意义上的隐私与隐私权

纵观美国法制史，美国建国初期就制定了成文的联邦宪法。美国宪法及作为宪法修正案的《权利法案》（The Bill of Rights）① 赋予公民基本权利，并作为司法中最高层次的法律依据，由联邦法院援引适用。与隐私保护有关的宪法渊源，可溯源于美国宪法的第一、第三、第四、第五、第九和第十四修正案。

美国《宪法》第一修正案②规定，政府不能剥夺“言论自由或新闻自由”。由于最常见的侵犯个人隐私案件大多起因于不受管制的言论自由或

① 1789 年 9 月 25 日，美国第一届国会提出 12 项宪法修正案，题为《权利法案》（The Bill of Rights）。12 项修正案中的 10 项于 1791 年 12 月 15 日由四分之三的州立法机关批准，经批准的条款（第 3 ~ 12 条）构成美国《宪法》的前 10 项修正案，总称为《美国权利法案》（The U. S. Bill of Rights）；1992 年，即美国《宪法》实施 203 年后，第 2 条被批准为宪法第 27 条修正案；第 1 条从未被批准。1789 年 9 月 25 日美国国会通过的经登记的原始联合决议在美国国家档案馆的圆形大厅展出。United States of America，“The Bill of Rights”，https://www.archives.gov/founding-docs/bill-of-rights，April 22，2019.

② Amendment I to the Constitution of the United States Congress shall make no law respecting an establishment of religion, or prohibiting the free exercise thereof; or abridging the freedom of speech, or of the press; or the right of the people peaceably to assemble, and to petition the Government for a redress of grievances.

新闻自由，包括诽谤性言论。① 而立法并未明确界定言论自由、新闻自由相对于个人隐私的边界，在公开他人隐私案件中，法官需要在言论自由、新闻自由与个人隐私权益之间平衡需求，由于美国对待公众人物、政府官员、普通个人的隐私权益保护标准是不同的，这一修正案主要是作为公开他人隐私而不构成侵权的抗辩理由而援引。

美国《宪法》第三修正案②通过防止士兵驻扎来保护住宅的神圣和隐私不受侵犯，其宣示了个人私有财产及其保护的正当性，并防止政府在战争期间掠夺私有财产和侵犯住宅隐私权益。这一条款虽然不经常使用，但它确认了对住宅隐私权益的保护在政府征用之上。③

美国《宪法》第四修正案④规定，“人民享有人身、房屋、文档和财物安全的权利，不受不合理的搜查和没收的侵犯”，赋予“私人场所和私人事物”宪法性的安全权。⑤ 在判例和立法承认隐私权之前，大多数侵犯隐私的案件以是否具有此修正案规定的“合理的根据”（probable cause）作为是否侵犯隐私的论证基础。⑥ 这表明，只要搜查或扣押被认为没有“合理的根据”，被扣押的证据就被认为是非法的，在逮捕和起诉原告后不能

---

① Alfred Hill，“Defamation and Privacy under the First Amendment”，*Columbia Law Review* 76（8），1976，pp. 1205－1313.

② Amendment III to the Constitution of the United States No Soldier shall，in time of peace be quartered in any house，without the consent of the Owner，nor in time of war，but in a manner to be prescribed by law.

③ Hyman Gross，“The Concept of Privacy”，*New York University Law Review* 34，1967，p. 1893.

④ Amendment IV to the Constitution of the United States the right of the people to be secure in their persons，houses，papers，and effects，against unreasonable searches and seizures，shall not be violated，and no Warrants shall issue，but upon probable cause，supported by Oath or affirmation，and particularly describing the place to be searched，and the persons or things to be seized.

⑤ Hyman Gross，“The Concept of Privacy”，*New York University Law Review* 34，1967，p. 1893.

⑥ Kathleen J. Davies，“Write to Privacy：Literature，Letters，Law，and the Inviolate Personality in America's Long Nineteenth Century.”*Dissertation Abstracts International* 78（4），2017.

用于审判。该修正案要求，如果没有正当理由作为“合理的根据”，政府执法人员在搜查当事人之前必须取得搜查令。美国法院以前使用隐私和侵犯性作为确定没有“合理的根据”的衡量标准；但近来结合了社会学中的“隐私期望”（expectation of privacy），并通过测试[①]来确定在不同背景和环境下无授权搜查需要的合法性。[②] 例如，2018 年卡彭特诉美国政府案（Carpenter v. United States[③]），美国联邦最高法院以 5 票比 4 票裁决，美国执法机构必须获得授权才能获取个人手机位置记录。首席大法官罗伯茨代表美国联邦最高法院发表判决意见认为，美国宪法第四修正案保护“人民的人身、房屋、文件和物品的安全权利，防止不合理的搜查和扣押”。该修正案的立法本意和美国判例承认该修正案的基本目的就是保护个人的隐私和安全，防止政府官员任意入侵。个人在通过手机捕捉到的身体运动记录中保持了对隐私的合法期待，因此政府访问个人手机位置记录时，须根据美国宪法第四修正案事前获得授权。在卡彭特诉美国政府案之前，美国州和联邦执法机构在不需要法庭授权的情况下都能够获得个人手机位置记录；在此案之后，执法机构必须取得搜查令才能获取。这一判决推翻了 20 世纪的部分立法和判例。首席大法官罗伯茨同时强调该判决是狭义的，对其他数据隐私问题没有约束力，包括执法机构是否需要搜查令来获取实时手机位置信息以追踪犯罪嫌疑人，也不会质疑传统的监控技术和工具（如安全监控摄像头），也不处理可能偶然泄露位置信息的其他业务记录，

① 卡茨测试，是在卡茨诉美国政府案（Katz v. United States）中确立的，这一测试适用于在立法中未明确界定的第四修正案的范围。卡茨测试分为两部分：第一部分询问此人是否显示出并理解了隐私期望，第二部分询问该隐私期望是否可以被认为是“合理的”，并通常由社会上的人普遍抱有。

② Matthew Tokson, “Knowledge and Fourth Amendment Privacy”, *Northwestern University Law Review* 111 (1), 2016, pp. 139 –204.

③ 585 U. S. ___ (2018).

不考虑涉及外交或国家安全的其他收集技术。①

美国《宪法》第五修正案②保护个人在审判过程中不受非自愿的自证其罪的侵害。这通常被称为第五辩护权，这种权利允许个人在受到国家讯问时保持沉默和保持隐私感。这项修正案通过保护私人信息隐私，为“一个人的家的神圣”和“他/她的私生活”提供了安全保障。③

美国《宪法》第九修正案④指出，“宪法对某些权利的列举，不应解释为否定或贬低人民保留的其他权利”。也就是说，尽管美国宪法没有明确规定某些权利，但那些未被明文规定的权利仍然受到国家的保护。这提供了一种法律依据，通过这种理由，可以将隐私权视为“人民保留的其他权利”，也是个人的基本权利。

美国《宪法》第十四条修正案将“正当程序条款和平等保护条款”⑤纳入其中，该条款规定，任何国家不得“未经正当程序剥夺任何人的生

---

① Carpenter v. United States, https://www. supremecourt. gov/opinions/17pdf/16 - 402 _ h315. pdf, March 30, 2019.

② Amendment V to The Constitution of the United States No person shall be held to answer for a capital, or otherwise infamous crime, unless on a presentment or indictment of a Grand Jury, except in cases arising in the land or naval forces, or in the Militia, when in actual service in time of War or public danger; nor shall any person be subject for the same offence to be twice put in jeopardy of life or limb; nor shall be compelled in any criminal case to be a witness against himself, nor be deprived of life, liberty, or property, without due process of law; nor shall private property be taken for public use, without just compensation.

③ Hyman Gross, "The Concept of Privacy", *New York University Law Review* 34, 1967, p. 1893.

④ Amendment IX to The Constitution of the United States The enumeration in the Constitution, of certain rights, shall not be construed to deny or disparage others retained by the people.

⑤ Amendment XIV to The Constitution of the United States Section 1. All persons born or naturalized in theUnited States, and subject to the jurisdiction thereof, are citizens of the United States and of the State wherein they reside. No State shall make or enforce any law which shall abridge the privileges or immunities of citizens of the United States; nor shall any State deprive any person of life, liberty, or property, without due process of law; nor deny to any person within its jurisdiction the equal protection of the laws.

命、自由或财产”，美国联邦最高法院援引该修正案将自主决定私人生活的自由利益承认为隐私权，隐私权被扩大解释为“个人不受制约地、独立地决定自己隐私生活的权利”，[①] 并保护在家庭、婚姻、生育和育儿领域内的隐私权。该修正案将自然法引入隐私权，使得法官在分析个人隐私权的自由行使时能够“合理地权衡所涉及的利益”。[②] 因此，涉及美国《宪法》第十四修正案隐私权的案件，常常会提出两个问题：这种情况是否侵犯了原告的权利？是否存在一种国家利益可以为被告的论点辩护？[③]

美国联邦最高法院援引宪法修正案作出的承认并保护隐私权的判例，在美国社会看待和解释隐私的方式中起着重要作用，并普适性地影响着美国民众的个人权益。1965 年格鲁斯沃德诉康涅狄格州案（Griswold v. Connecticut[④]），美国联邦最高法院认为，隐私权可以从美国宪法第一、第三、第四、第五、第九和第十四修正案的结合中推断出来，这项权利防止各州将已婚夫妇对避孕药物的使用视为非法，裁定康涅狄格州禁止使用避孕药的法令违宪，承认已婚夫妇有生育控制权（避孕的权利）。在 1972 年艾森施塔特诉贝尔德案（Eisenstadt v. Baird[⑤]）中，美国联邦最高法院援引格鲁斯沃德诉康涅狄格州案（Griswold v. Connecticut[⑥]）判例，认为隐私权意味着，无论已婚还是单身人士，在对人有根本影响的事务上都不受无根据的政府干预，诸如决定是否生育。平等保护条款防止各州以避孕的

---

① ［美］阿丽塔·L. 艾伦、理查德·C. 托克音顿：《美国隐私法：学说、判例与立法》，冯建姝、石宏、郝倩、刘相文、许开辰编译，中国民主法制出版社 2004 年版，第 363 页。

② Roscoe Pound, “The Fourteenth Amendment and the Right of Privacy”, 13 *W. Res. L. Rev.* 34, 1961.

③ Carl E. Schneider, “State-Interest Analysis in Fourteenth Amendment “Privacy” Law: An Essay on the Constitutionalization of Social Issues” *Law and Contemporary Problems* 51 (1), 1988, pp. 79 – 122.

④ 381 U.S. 479 (1965).

⑤ 405 U.S. 438 (1972).

⑥ 381 U.S. 479 (1965).

不道德性作为基础拒绝未婚人士获得与已婚人士相同的避孕手段。承认未婚夫妇生育控制权（避孕的权利）属于受宪法保护的隐私权。在 1973 年罗诉韦德案（Roe v. Wade[①]）中，美国联邦最高法院裁定得克萨斯州的刑事堕胎法（该法将帮助妇女堕胎定为刑事犯罪）违反了美国《宪法》第十四修正案，认为该条款所保护的隐私权包括妇女终止妊娠的合法权利，承认“妇女堕胎权”属于受宪法保护的隐私权。在 1977 年凯里诉国际人口服务公司案（Carey v. Population Services International[②]）中，美国联邦最高法院认为，美国《宪法》第十四修正案正当程序条款保护的隐私权，与影响生育的决定有关，适用于未成年人和成年人，由于一个国家不得对未成年人选择终止其妊娠实行全面禁止，甚至不能全面要求须经其父母同意，因此全面禁止向未成年人分发非处方避孕药显然是违宪的。该判例确认“16 岁以上少年避孕权”属于受宪法保护的隐私权。在 2003 年劳伦斯诉得克萨斯州案（Lawrence v. Texas[③]）中，美国联邦最高法院裁定《得克萨斯州同性性行为法》（Texas sodomy law）违宪，以及其他 13 个州的类似法令违反宪法并将其废除，使美国各州和领地的同性性行为合法化。美国联邦最高法院认为，同性恋者从事私人性活动具有受保护的自由利益，同性恋者的道德和性选择有权受到宪法保护。成年人间亲密的、自愿的行为是美国《宪法》第十四修正案正当程序条款保护的自由的一部分，美国《宪法》保护“有关婚姻、生育、避孕、家庭关系和抚养子女的个人决定”，同性恋者可以为这些目的寻求自治，承认同性性行为权属于受宪法保护的隐私权。在 2015 年奥伯格费尔诉霍奇斯案（Obergefell v. Hodges[④]）中，美国联邦最高法院认为关于婚姻的个人选择权是个人自决

---

① 410 U. S. 113 (1973).

② 431 U. S. 678 (1977).

③ 539 U. S. 558 (2003).

④ 576 U. S. ___ (2015).

权概念中固有的，承认同性婚姻的基本权利受到美国《宪法》第十四修正案的正当程序和平等保护条款保护。

2. 侵权法意义上的隐私与隐私权

美国联邦除在国防、外交和州际商业等方面外，无统一的立法权，刑事和民商事方面的立法权基本上属于各州。“美国侵权法是由50个独立辖区的法院所做出的数以万计的普通法判决组成的集合体。没有立法通过的统一法典管制。美国联邦最高法院也不使各主权州的侵权法同步。除极少数例外，50个州的最高法院对其各自侵权普通法规则的演进起决定作用。”① 美国侵权法上的“隐私权”，首先在美国纽约州的成文法和佐治亚州的普通法中得到承认。

纽约州在美国各州中最早通过成文法承认隐私权。1903年《纽约州民权法案》（New York Civil Rights）第50条明确规定“隐私权”（Right of privacy），该条规定，“个人、公司或社团为了广告目的或贸易目的使用任何活着的人的姓名、肖像或照片，如未经其本人或该未成年人的父母或监护人事先书面同意，则构成轻罪”。② 第51条规定救济隐私权的“禁令和损害赔偿诉讼”（Action for injunction and for damages），“任何人，其姓名、肖像、照片或声音在本州被用于广告目的或贸易目的，按上述规定未经事先书面同意的，可在本州最高法院对使用其姓名、肖像、照片或声音的人、公司或社团请求禁令，以禁止和限制使用；也可以起诉和追回因此而遭受的任何伤害的损害赔偿；如果被告明知以本法第50条禁止或明示为

① ［美］爱伦·M. 芭波里克选编：《侵权法重述纲要》（第3版），许传玺、石宏、董春华等译，法律出版社2016年版，编者中文版序。

② “New York Civil Rights” §50. Right of privacy a person, firm or corporation that uses for advertising purposes, or for the purposes of trade, the name, portrait or picture of any living person without having first obtained the written consent of such person, or if a minor of his of her parent or guardian, is guilty of a misdemeanor.

非法的方式使用了该人的姓名、肖像、图片或声音，陪审团可酌情判给惩罚性损害赔偿”。[①]

佐治亚州最高法院最早在普通法中承认隐私权。1905 年，佐治亚州最高法院在审理派维斯奇诉新英格兰人寿保险公司案[②]（Pavesich v. New England life Insurance Co. et al. [③]）中，判决意见运用自然法原理承认“隐

① “New York Civil Rights” §51. Action for injunction and for damages Any person whose name, portrait, picture or voice is used within this state for advertising purposes or for the purposes of trade without the written consent first obtained as above provided may maintain an equitable action in the supreme court of this state against the person, firm or corporation so using his name, portrait, picture or voice, to prevent and restrain the use thereof; and may also sue and recover damages for any injuries sustained by reason of such ues and if the defendant shall have knowingly used such person's name, portrait, picture or voice in such manner as is forbidden or declared to be unlawful by section fifty of this article, the jury, in its discretion, may award exemplary damages.

② 派维斯奇诉新英格兰人寿保险公司案的基本案情：在亚特兰大（Atlanta，美国佐治亚州首府）出版的一份报纸《亚特兰大宪法》（the Atlanta Constitution）的一期中，原告职业艺术家保罗·派维斯奇（Paolo Pavesich）的照片与一个衣着不整、病容憔悴的人的照片并列刊出，原告照片上印着“现在就做。做过的那个人”。并列之人照片上印着“尽你所能去做。没有做的那个人”。两张照片下印着：“这两张照片讲述了他们自己的故事。”原告照片下写着：“在我身体健康期间，我在新英格兰人寿保险公司购买了保险。今天我的家人得到了保护，我正从已缴清保单中提取红利。”并列之人照片下写着：“他没有参加保险，现在已意识到自己的错误。”并附随被告新英格兰人寿保险公司总代理伦普金（Thomas B. Lumpkin）的名字。原告照片，是被告总代理伦普金通过被告摄影师亚当斯（J. Q. Adams）提供的一张底片而获得的，被告摄影师亚当斯知道该底片的用途并同意使用。原告照片，是由被告新英格兰人寿保险公司（the New England Mutual Life Insurance Company）通过被告总代理伦普金在未经原告同意的情况下制作的。原告认为，作为一个职业艺术家，这种刊登对他来说是一种特殊的冒犯，报纸上关于原告的表述是虚假的，他从未做过这样的陈述，也从未和被告新英格兰人寿保险公司签订过保险合同；这种刊登是恶意的，引起了世人对原告的嘲笑，尤其是他的朋友和熟人知道他在被告新英格兰人寿保险公司并没有任何保单；这种刊登是对原告隐私的侵犯，是由于被告摄影师亚当斯违反了保密和诚信原则而造成的。故原告起诉请求赔偿 25,000 美元。一审法院认为，这是被告和诉讼目的都不合法的共同诉讼，没有可以推断出恶意的事实，也没有特别赔偿金能被认定，遂判决驳回原告诉讼请求。原告提出上诉，佐治亚州最高法院改判被告在人身保险广告上擅自使用他人照片构成侵犯隐私权。“Pavesich v. New England Life Insurance Co. et al.”，http://faculty.uml.edu/sgallagher/pavesich_v.htm，最后访问时间：2019 年 3 月 30 日。

③ 50 S.E. 68 (Ga. 1905).

私权”为法律权利，认为一个人在任何适当的时间、地点和方式向公众展示自己的权利，都包含在个人自由权之内；当任何法律规则都不要求他公开露面时，在任何他认为合适的时间退出公众视线的权利，也包含在个人自由权之内。一种情况下的公开和另一种情况下的隐私都应得到保护。如果个人自由包含了公开权，它同样包含了隐私权。被告未经原告允许为商业宣传目的向公众展示（通过报纸刊登）原告肖像，如同迫使原告将其本人公之于众一样，这种冒犯是对原告精神上的损害，判决被告在人身保险广告上擅自使用原告照片构成侵犯隐私权。

此后，美国各州逐步承认了公民在侵权法意义上的“隐私权”。美国《侵权法重述》（第2版）第28A章将侵犯法隐私权归纳为四种情形：第652条B“对隐私空间的侵入”①、第652条C“擅用他人的姓名或肖像”②、第652条D“公开私生活”③、第652条E“扭曲他人形象的公之于众”④。

比较而言，大陆法系的民法理论，将美国《侵权法重述》第652条C所述的姓名、肖像以及第652条E所述的名誉，承认为独立的具体人格权，以成文法规定为姓名权、肖像权、名誉权，不作为隐私权的客体。

---

① 美国《侵权法重述》（第2版）第652条B“对隐私空间的侵入”，指故意以有形的方式或其他方式，侵入他人的僻居处或独处地点，或侵入其私人事务或私人关系，如果一个正常的人认为这种侵入是一种高度侮辱，行为人应当承担侵犯隐私权的法律责任。

② 美国《侵权法重述》（第2版）第652条C“擅用他人的姓名或肖像”，指为了自己的利益而擅用他人的姓名或肖像的，行为人应当承担侵犯隐私权的法律责任。

③ 美国《侵权法重述》（第2版）第652条D“公开私生活”，指如果符合以下条件，公开他人私生活的，行为人应当承担侵犯隐私权的法律责任：（一）在理性的人看来，事项的公开属于高度的侮辱，（二）属于社会公众无权合法关注的事项。

④ 美国《侵权法重述》（第2版）第652条E“扭曲他人形象的公之于众”，指如果具有以下情形，对外公布扭曲他人形象的事项的，行为人应当承担侵犯隐私权的法律责任：（一）在一般人看来，公开的事项对他人形象的扭曲是对他人的高度侮辱；（二）行为人明知公开事项是虚假的或对公开事项的虚假性漠不关心导致他人形象受到扭曲。

3. 小结

概言之，从1890年第一篇提出“隐私权”概念的法律评论文章《论隐私权》(“The Right to Privacy”)① 在《哈佛法律评论》发表，② 一个多世纪以来，美国的隐私权从“独处的权利”(the right to be alone)，到“个人、团体或机构自我决定何时、以何种方式、在何种程度上与他人沟通有关自身信息的要求”，③ 私人领域相关的权益诉求逐步纳入隐私权的保护领域。

总体上，美国的隐私权可分为两个层面：一是宪法意义上的隐私权，基于公权力与私权利的关系，防止政府对个人隐私的侵扰，如避孕、堕胎、同性性行为、婚姻自决、限制政府对私人通讯的监听、限制政府获取个人手机位置记录等方面的隐私权；二是侵权法意义上的隐私权，基于私权利与私权利的关系，保护个人隐私免受他人的侵犯，如侵入私人房屋、擅用肖像牟利、公开私人生活、扭曲个人形象等方面的隐私权。

20世纪70年代美国进入信息社会后，个人信息的保护要求随之产生，立法者将个人信息全部纳入隐私权予以保护。而大陆法系国家，一般不将

---

① Samuel D. Warren and Louis D. Brandeis, “The Right to Privacy”, *Harvard Law Review*, 4, 1890, pp. 193 -220.

② 《论隐私权》一文的撰写，源于19世纪末美国新闻媒体对私人生活的无限度公开报道所产生的利益冲突。1890年，波士顿的报纸对塞缪尔·沃伦（Samuel D. Warren, 1852 -1910）的夫人在家中举行的社交晚会进行了报道，还对一些令人尴尬的细节进行了描写。对此，沃伦极其气愤，于是沃伦就和其哈佛大学法学院的校友、后成为美国联邦最高法院法官的路易斯·布伦迪斯（Louis D. Brandeis, 1856 -1941）共同撰写了法律评论文章《论隐私权》，表达对侵犯隐私的新闻报道的根深蒂固的憎恶，发表在《哈佛法律评论》上。在《论隐私权》一文中，他们把私人领域的保护定义为现代个人自由的基础。鉴于政府、新闻界和其他社会机构越来越有能力侵入以前无法触及的私人活动，他们认为法律必须随着技术变化而发展。传统的禁止侵入、攻击、诽谤和其他入侵行为的禁令在以前的时代已经提供了足够的保障，但在他们看来，这些既定的原则不能保护个人免受“太有进取心的媒体、摄影师或其他任何现代设备的拥有者重述或再现特定场景或声音”的打扰。因此，在现代商业实践和侵略性发明面前，为了保护“个人的人格权”，必须制定法律补救措施，以明确公共和私人生活之间的界限，承认和保护隐私权。《论隐私权》是第一篇提出隐私权概念的法律文章，对美国隐私权的法律发展产生了极其深远的影响。

③ Alan F. Westin, *Privacy and Freedom*, New York, Atheneum, 1967, p. 7.

个人信息全部纳入隐私权保护，因此本书在第九章专门对个人信息及其保护单独介绍。

（二）欧洲的隐私和隐私权

1. 英国

英国普通法没有承认独立的“隐私权”。2003 年，英国上议院在温赖特诉内政部案（Wainwright v. Home office[①]，一个涉及在访问阿姆利监狱时对原告温赖特进行脱衣搜查的案件）中，五位大法官驳回了原告以侵犯隐私为由提出的诉讼请求，仍不承认英国普通法中有独立的“隐私权”。[②]英国普通法一般通过违反保密义务对隐私提供有限的保护，当事人不能以“侵犯隐私”为诉因请求法院保护隐私权益。[③]

在英国制定法中，1976 年《性犯罪法》（修正）阻止任何可以确认强奸案件中的控告人的报道，对报道的限制自提起控告起生效，其效力持续至控告人的有生之年。[④] 1996 年《广播法》（Broadcasting Act 1996）调整了个人隐私与表达自由之间的矛盾，2000 年《信息自由法》（Freedom of Information Act 2000）规范了政府信息公开中个人隐私保护，但均未明确规定“隐私权”条款。[⑤] 2003 年《隐私和电子通信（EC 指令）条例》[Privacy and Electronic Communications（EC Directive）Regulations 2003]规定，未经用户事先同意，企业不能将人们的详细信息（包含电子邮箱、

---

① [2003] UKHL 53.

② Clare Dyer，“Law lords rule there is no right to privacy”，https://www.theguardian.com/uk/2003/oct/17/lords.prisonsandprobation，March 30，2019.

③ 参见阚在斌：《论英国个人隐私权利保护的法律制度构建——以英国〈人权法〉颁行后保密责任构成要件的再解读为视角》，载《湖南警察学院学报》2015 年第 3 期。

④ [英] 麦克·麦康维尔、岳礼玲选编：《英国刑事诉讼法（选编）》，程味秋、陈瑞华、杨宇冠等译校，中国政法大学出版社 2001 年版，第 69 页。

⑤ 参见王黎黎：《英国三大法律下的隐私权保护立法及其评价》，载《求索》2012 年第 3 期。

手机号码等隐私信息）添加到企业的营销数据库中，保护消费者避免被直接营销烦扰。[①]

2. 德国

德国法律体系内，也没有明文规定的“隐私权”条款。德国的隐私权益保护主要通过宪法上的一般人格权条款的法规范解释而实现。德国 1949 年《基本法》第 1 条第 1 款规定，“人格尊严不容侵犯。一切国家权力均有尊重及保护人格尊严的义务”。该条款被明确规定为修宪不能修改的条款，“确立了人格尊严在基本权利体系中的‘最高价值’地位”。[②]《基本法》第 2 条第 1 款规定，“人人有自由发展其人格之权利，但以不侵害他人之权利或不违犯宪政秩序或道德规范者为限”。这两条宪法规范，“成为今日德国众多隐私诉讼案件直接引用的宪法条款和解释基础”。[③] 德国理论界对隐私保护研究精深，提出了诸如领域理论、角色理论、沟通理论等理论模型，用以确定隐私权益在何种程度上可获得宪法上的一般人格权保护。

3. 法国

法国法对个人隐私给予最严苛的保护。“法国《民法典》第 9 条规定，他人的私人生活受法律保护。他人发生在私人场所的生活也受到该条的保护。”[④] 1978 年，法国还成立了“国家信息技术与自由委员会”，其职能就是防止信息技术妨碍人权、个人隐私和自由。[⑤] 即使对颇具争议的“公众

① “The Privacy and Electronic Communications（EC Directive）Regulations 2003”，http://www.legislation.gov.uk/uksi/2003/2426/contents/made，March 30，2019.

② 李忠夏：《国家安全与人性尊严：伦理问题的法教义学解决路径——评联邦宪法法院“航空安全法”判决》，载王贵松主编：《宪政与行政法治评论》（第 5 卷），中国人民大学出版社 2011 年版，第 83～106 页。

③ 杨开湘：《德国法上的隐私权学说》，中国欧洲学会欧洲法律研究会第四届年会，2010 年 10 月 23 日，中国上海。

④ 王晓晔：《法国公众人物隐私权的界限——从法国总统奥朗德绯闻女友诉〈靠近〉（Closer）杂志案来看法国隐私权中的“度”》，载《新闻研究导刊》2015 年第 16 期。

⑤ 参见邓颖平：《法国摄像头“泛滥”危及隐私权》，载《检察日报》2007 年 7 月 11 日，第 4 版。

人物隐私权”，法国司法也将其与一般民众的隐私权同等保护。例如，2014年3月27日，法国法院裁决原告影星朱莉·加耶（Julie Gayet）诉被告法国杂志《靠近》（*Closer*）发表《弗朗索瓦·奥朗德与朱莉·加耶——总统的秘密恋情》一文侵犯原告隐私权，判令被告向原告赔偿1.5万欧元。

4. 欧盟

欧盟对隐私保护极为重视。《欧洲人权公约》第8条规定了人人享有私人生活、家庭生活、住所和通信受到尊重的权利，但必须受到“依法”和“民主社会所必需”的某些限制。[①] 2004年，欧洲人权法院（European Court of Human Rights）在摩纳哥公主卡洛琳·冯·汉诺威诉德国案（Von Hannover v. Germany［2004］[②]）中，在公众人物私人生活权、言论自由、公共利益三者之间进行平衡。法院认为，平衡保护私人生活不受言论自由影响的决定性因素应在于已发表的照片和文章对涉及公共利益辩论的贡献。很明显，在当时的情况下，照片和文章没有作出这样的贡献，因为申请人卡洛琳没有履行公务，照片和文章只与她的私人生活细节有关。法院认为，尽管她为公众所熟知，即使她出现在并不隐蔽的地方，公众对于了解申请人卡洛琳在何处以及她在私生活中的行为举止方面也没有合法的利益。即使存在这种公共利益，杂志出版这些照片和文章的商业利益也同样

① Article 8 of the European Convention on Human Rights

1. Everyone has the right to respect for his private and family life, his home and his correspondence.

2. There shall be no interference by a public authority with the exercise of this right except such as is in accordance with the law and is necessary in a democratic society in the interests of national security, public safety or the economic well-being of the country, for the prevention of disorder or crime, for the protection of health or morals, or for the protection of the rights and freedoms of others.

② European Court of Human Rights："Case of Von Hannover v. Germany（Application no. 59320/00）JUDGMENT"，https://hudoc.echr.coe.int/eng#｛"dmdocnumber"：［"699729"］，"itemid"：［"001-61853"］｝，March 30，2019.

存在，在这种情况下，法院认为这些利益必须谦抑于申请人卡洛琳有效保护其私人生活的权利。法院认为，德国联邦宪法法院制定的标准不足以确保申请人卡洛琳的私人生活得到有效保护，在本案中，她应该对自己的私人生活有“合理的期望”。综合考虑上述因素，法院认为，德国联邦宪法法院并未在竞争利益之间达成公平平衡，因此违反了《欧洲人权公约》第8条对私人生活权的保护。法院重申，私人生活的概念延伸到与个人身份有关的方面，例如一个人的姓名或一个人的照片。

（三）我国的隐私权

1. 宪法层面

我国1982年《宪法》规定，“公民的人格尊严不受侵犯”，奠定了隐私保护的宪法基础。1982年《宪法》还规定“禁止非法搜查公民的身体”，“公民的住宅不受侵犯”，“公民的通信自由和通信秘密受法律的保护”，分别从身体、住宅、通信三个方面对公民基本隐私权益予以宪法保护。宪法历次修改，对公民基本权利的保护始终未变。

2. 法律层面

古汉语中并没有“隐私”一词，我国传统文化中，常使用“阴私”一词特指与男女两性关系有关的生活秘密。中华人民共和国成立之初，遵循文化传统，我国立法、司法对“阴私”权益保护极为重视，随着立法理念的发展和人权保障意识的深入，我国法律逐步确认“隐私”为法律保护的权益，隐私内涵之中包含“阴私”，但比“阴私”更为广泛。因此，纵向上看，我国隐私权益保护经历了从“阴私”到“隐私”的两个阶段。

（1）“阴私”保护阶段

我国立法，将“阴私”确认为法律保护的权益。中华人民共和国成立之初，1951年《人民法院暂行组织条例》将公开审判确立为人民法院基本审判制度，1954年《宪法》将公开审判确立为宪法原则，1954年《人民法院组织法》确立了公开审判原则。1956 年 5 月，就最高人民法院请示的“什么案件可以不公开进行审理”问题，全国人大常委会发布《关于不公开进行审理的案件的决定》，明确将有关当事人“阴私”的案件确认为可以不公开进行审理的案件类型之一，① 这是关于阴私案件不公开审理的最早的法律规范。改革开放后，1979 年《人民法院组织法》、1979 年《刑事诉讼法》相继规定“涉及阴私的案件”不公开审理，1980 年《律师暂行条例》设定了律师对业务活动中接触的个人“阴私”的保密责任。

司法实践中，司法机关对“阴私权益”保护极为重视，相继从不公开审理、判决书撰写、布告张贴、公开宣判、被害人出庭、被害人姓名不公开、案卷查阅等八个方面对司法机关的司法行为进行规范，最大限度保护当事人“阴私权益”。一是明确涉及阴私案件不公开审理，被告人的近亲属也不准许旁听②，除与审理案件有关的司法机关工作人员外其他人员一律不得旁听③；二是判决书论述犯罪事实部分，可省略涉及阴私的被害人名字，不叙述犯罪细节；④ 三是法院布告如涉及阴私，须对被害人姓名做

---

① 参见全国人大常委会《关于不公开进行审理的案件的决定》，该决定自 1956 年 5 月 8 日起实施，于 1987 年 11 月 24 日被全国人民代表大会常务委员会《关于批准法制工作委员会关于对 1978 年底以前颁布的法律进行清理的情况和意见的报告的决定》废止。

② 参见最高人民法院《关于对委托辩护人及个人阴私案件可否准许被告近亲属旁听等问题的复函》（法研字第 19882 号），该复函自 1957 年 9 月 20 日起实施，于 2012 年 9 月 29 日被最高人民法院《关于废止 1979 年底以前发布的部分司法解释和司法解释性质文件（第八批）的决定》（法释〔2012〕13 号）废止。

③ 参见最高人民法院、最高人民检察院《关于审理强奸案件应慎重处理被害人出庭问题的通知》（〔1982〕法研字第 15 号），该通知自 1982 年 11 月 1 日起实施，于 2013 年 1 月 18 日被最高人民法院、最高人民检察院《关于废止 1980 年 1 月 1 日至 1997 年 6 月 30 日期间制发的部分司法解释和司法解释性质文件的决定》（法释〔2013〕1 号）废止。

④ 参见最高人民法院《关于依法不公开审理的案件其判决仍应向社会公开的批复》（法研字第 20865 号），该批复自 1957 年 10 月 18 日起实施，于 2012 年 9 月 29 日被最高人民法院《关于废止 1979 年底以前发布的部分司法解释和司法解释性质文件（第八批）的决定》（法释〔2012〕13 号）废止；参见最高人民法院《关于阴私案件可否公开宣判等问题的批复》（〔1964〕法研字第 90 号），该批复自 1964 年 10 月 10 日起实施，现行有效。

非实名化处理，且不能叙述涉及阴私的具体情节；① 四是涉及阴私案件坚持公开宣判原则，但不宜组织宣判大会，“对于通奸案件和阴私案件中的少年犯，不得在群众会上进行宣判或宣布执行”②；五是对涉及阴私案件可否依靠群众处理的特定历史时期问题，制定较民主化、人性化的司法政策，即“依靠知情群众查明事实、证据，并征求处理意见”，但“不必组织群众进行批判和斗争”③；六是强奸案件被害人是否出庭，尊重被害人意愿，不愿出席法庭审理的被害人姓名不应公开；④ 七是涉及个人阴私的案卷材料，外单位不得查阅；⑤ 八是公开审理中遇有涉及阴私的证据举证和当事人陈述，审判长应及时制止，并转为不公开审理。⑥

（2）隐私保护阶段

“隐私”一词最早在立法中使用，起始于1982年《民事诉讼法（试

---

① 最高人民法院《关于改进张贴布告工作的通知》要求布告内容“应当简要地叙述罪犯的犯罪事实和法院判处的结论……不能指出阴私案件的被害人的姓名和叙述阴私方面的具体情节，以免产生不良影响和后果。”该通知自1964年9月18日起实施，现行有效。

② 参见最高人民法院《关于阴私案件可否公开宣判等问题的批复》（〔1964〕法研字第90号），该批复自1964年10月10日起实施，现行有效。

③ 同上。

④ 参见最高人民法院、最高人民检察院《关于审理强奸案件应慎重处理被害人出庭问题的通知》（〔1982〕法研字第15号），该通知自1982年11月1日实施，于2013年1月18日被最高人民法院、最高人民检察院《关于废止1980年1月1日至1997年6月30日期间制发的部分司法解释和司法解释性质文件的决定》废止。

⑤ 参见《人民法院档案管理办法》（法办发〔1991〕46号）第16条规定：“外单位查阅档案，应持有县、团级以上（本县、区的，应持乡、街道办事处以上）介绍信，按有关外调规定办理，涉及个人阴私案卷不得查阅。”

⑥ 最高人民法院《关于审理刑事案件程序的具体规定》（法发〔1994〕4号），该规定第46条第2款规定：“在公开审理案件中，诉讼参与人提出涉及国家秘密或者个人阴私的证据时，审判长应当制止，或者决定转入不公开审理。”第122条第1款规定：“审判长宣布辩论终结后，法庭应当保证被告人充分行使最后陈述的权利。……在公开审理的案件中，被告人最后陈述的内容涉及国家秘密或者个人阴私的，也应当制止。”该规定自1994年3月21日实施，于2013年1月18日被最高人民法院、最高人民检察院《关于废止1980年1月1日至1997年6月30日期间制发的部分司法解释和司法解释性质文件的决定》废止。

行)》。该法从五个方面保护“个人隐私”：一是涉及个人隐私的案件不公开审理；二是当事人可以查阅本案的庭审材料，涉及个人隐私的材料除外；三是代理诉讼的律师可以依照有关规定查阅本案有关材料，但对涉及个人隐私的材料必须对当事人和案外人保密；四是其他诉讼代理人可以查阅本案庭审材料，但涉及个人隐私的材料除外；五是人民法院对于涉及个人隐私的证据应当保密，需要向当事人出示的，不得在公开开庭时进行。隐私法益在法律上的承认，是法制进步的标志。此后，“隐私”一词在民事、行政诉讼领域广泛使用，并在刑事诉讼领域逐步取代“阴私”一词。

我国诉讼法律制度对个人隐私的保护，主要有三个维度。其一，证据维度，确立涉及个人隐私证据保密规则。体现在三个方面：一是保密义务，即对涉及个人隐私的证据，不仅司法机关及其工作人员应当保密，诉讼参与人也负有保密义务；① 二是不公开举证、质证，即对于涉及个人隐

① 《刑事诉讼法》（2018 年修正）第 54 条规定：“人民法院、人民检察院和公安机关有权向有关单位和个人收集、调取证据。有关单位和个人应当如实提供证据。行政机关在行政执法和查办案件过程中收集的物证、书证、视听资料、电子数据等证据材料，在刑事诉讼中可以作为证据使用。对涉及国家秘密、商业秘密、个人隐私的证据，应当保密。凡是伪造证据、隐匿证据或者毁灭证据的，无论属于何方，必须受法律追究。”第 152 条规定：“采取技术侦查措施，必须严格按照批准的措施种类、适用对象和期限执行。侦查人员对采取技术侦查措施过程中知悉的国家秘密、商业秘密和个人隐私，应当保密；对采取技术侦查措施获取的与案件无关的材料，必须及时销毁。采取技术侦查措施获取的材料，只能用于对犯罪的侦查、起诉和审判，不得用于其他用途。公安机关依法采取技术侦查措施，有关单位和个人应当配合，并对有关情况予以保密。”《民事诉讼法》（2017 年修正）第 68 条规定：“证据应当在法庭上出示，并由当事人互相质证。对涉及国家秘密、商业秘密和个人隐私的证据应当保密，需要在法庭出示的，不得在公开开庭时出示。”《行政诉讼法》（2017 年修正）第 32 条规定：“代理诉讼的律师，有权按照规定查阅、复制本案有关材料，有权向有关组织和公民调查，收集与本案有关的证据。对涉及国家秘密、商业秘密和个人隐私的材料，应当依照法律规定保密。当事人和其他诉讼代理人有权按照规定查阅、复制本案庭审材料，但涉及国家秘密、商业秘密和个人隐私的内容除外。”

私的证据，不在公开开庭时举证、质证；[①] 三是得申请法院调取，即涉及个人隐私的证据，当事人可以申请法院调查取证。[②] 其二，庭审维度，确立涉及个人隐私案件不公开审理原则。三大诉讼法都作出明确规定，《刑事诉讼法》（2018 年修正）第 188 条第 1 款规定："人民法院审判第一审案件应当公开进行。但是有关……个人隐私的案件，不公开审理……"《民事诉讼法》（2017 年修正）第 134 条第 1 款规定，"人民法院审理民事案件，除涉及……个人隐私……的以外，应当公开进行"。《行政诉讼法》（2017 年修正）第 54 条第 1 款规定，"人民法院公开审理行政案件，但涉及……个人隐私……的除外"。其三，案卷维度，涉及个人隐私的卷宗材料应当保密。如《行政诉讼法》（2017 年修正）第 32 条规定，"代理诉讼的律师，有权按照规定查阅、复制本案有关材料，有权向有关组织和公民调查，收集与本案有关的证据。对涉及……个人隐私的材料，应当依照法律规定保密。当事人和其他诉讼代理人有权按照规定查阅、复制本案庭审材料，但涉及……个人隐私的内容除外"。

---

① 《民事诉讼法》（2017 年修正）第 68 条规定："证据应当在法庭上出示，并由当事人互相质证。对涉及国家秘密、商业秘密和个人隐私的证据应当保密，需要在法庭出示的，不得在公开开庭时出示。"《行政诉讼法》（2017 年修正）第 43 条第 1 款规定："证据应当在法庭上出示，并由当事人互相质证。对涉及国家秘密、商业秘密和个人隐私的证据，不得在公开开庭时出示。"最高人民法院《关于适用〈中华人民共和国刑事诉讼法〉的解释》（法释〔2012〕21 号）第 68 条规定："公开审理案件时，公诉人、诉讼参与人提出涉及国家秘密、商业秘密或者个人隐私的证据的，法庭应当制止。有关证据确与本案有关的，可以根据具体情况，决定将案件转为不公开审理，或者对相关证据的法庭调查不公开进行。"最高人民法院《关于适用〈中华人民共和国民事诉讼法〉的解释》（法释〔2015〕5 号）第 103 条第 3 款规定："涉及国家秘密、商业秘密、个人隐私或者法律规定应当保密的证据，不得公开质证。"

② 《行政诉讼法》（2017 年修正）第 41 条规定："与本案有关的下列证据，原告或者第三人不能自行收集的，可以申请人民法院调取：……（二）涉及国家秘密、商业秘密和个人隐私的证据……"最高人民法院《关于适用〈中华人民共和国民事诉讼法〉的解释》（法释〔2015〕5 号）第 94 条规定："民事诉讼法第六十四条第二款规定的当事人及其诉讼代理人因客观原因不能自行收集的证据包括：……（二）涉及国家秘密、商业秘密或者个人隐私的……当事人及其诉讼代理人因客观原因不能自行收集的证据，可以在举证期限届满前书面申请人民法院调查收集。"

我国民事法律规范对隐私权益和隐私权的保护，从法律规范发展上，可分为三个阶段。第一阶段，隐私权益作为名誉权的客体受到保护。我国1986年《民法通则》没有明文规定“隐私权”，但规定了姓名权[①]、肖像权[②]、名誉权[③]。1988年最高人民法院《关于贯彻执行〈中华人民共和国民法通则〉若干问题的意见（试行）》首次明确将“隐私”划归“名誉权”的客体范畴。[④] 1993年最高人民法院《关于审理名誉权案件若干问题的解答》，细化了擅自公布、宣扬、披露他人隐私的违法行为构成侵犯名誉权的司法认定标准。[⑤] 第二阶段，承认独立的隐私法益。2001年最高人民法院《关于确定民事侵权精神损害赔偿责任若干问题的解释》（法释〔2011〕7号），将“隐私法益”与“名誉法益”区分开来，首次确认“隐私法益”的独立价值。该司法解释第1条第2款将隐私法益确认为“人格利益”，规定“违反社会公共利益、社会公德侵害他人隐私或者其他人格利益，受害人以侵权为由向人民法院起诉请求赔偿精神损害的，人民法院应当依法予以受理”。第3条保护死者隐私权益，规定“自然人死亡后，

---

① 《民法通则》第99条第1款规定：“公民享有姓名权，有权决定、使用和依照规定改变自己的姓名，禁止他人干涉、盗用、假冒。”

② 《民法通则》第100条规定：“公民享有肖像权，未经本人同意，不得以营利为目的使用公民的肖像。”

③ 《民法通则》第101条规定：“公民、法人享有名誉权，公民的人格尊严受法律保护，禁止用侮辱、诽谤等方式损害公民、法人的名誉。”

④ 最高人民法院《关于贯彻执行〈中华人民共和国民法通则〉若干问题的意见（试行）》（法办发〔1988〕6号）第140条规定：“以书面、口头等形式宣扬他人的隐私，或者捏造事实公然丑化他人人格，以及用侮辱、诽谤等方式损害他人名誉，造成一定影响的，应当认定为侵害公民名誉权的行为。”

⑤ 最高人民法院《关于审理名誉权案件若干问题的解答》（法发〔1993〕15号）第七问：“侵害名誉权责任应如何认定？”回答第三项：“对未经他人同意，擅自公布他人的隐私材料或以书面、口头形式宣扬他人隐私，致他人名誉受到损害的，按照侵害他人名誉权处理。”第九问：“因文学作品引起的名誉权纠纷，应如何认定是否构成侵权？”回答第二项：“描写真人真事的文学作品，对特定人进行侮辱、诽谤或披露隐私损害其名誉的；或者虽未写明真实姓名和住址，但事实是以特定人为描写对象，文中有侮辱、诽谤或披露隐私的内容，致其名誉受到损害的，应认定为侵害他人名誉权。”

其近亲属因下列侵权行为遭受精神痛苦，向人民法院起诉请求赔偿精神损害的，人民法院应当依法予以受理：……（二）非法披露、利用死者隐私，或者以违反社会公共利益、社会公德的其他方式侵害死者隐私……”由于对隐私保护的客观需要，司法机关通过司法解释和司法裁判确认对隐私权益的保护。第三阶段，民事基本法和司法解释明文规定“隐私权”为一项民事权利。2009 年《侵权责任法》第 2 条第 1 款规定“侵害民事权益，应当依照本法承担侵权责任”，第 2 款列举的民事权益包括隐私权，但对隐私权的内涵和外延并没有具体界定。《侵权责任法》关于责任构成和责任方式等规定适用于隐私权的侵权责任，权利人也可以依法要求侵权人停止侵害、赔礼道歉、赔偿损失。2014 年最高人民法院《关于审理利用信息网络侵害人身权益民事纠纷案件适用法律若干问题的规定》第 1 条将“隐私权”规定为一项独立的民事权利，[①] 其第 12 条将“自然人基因信息、病历资料、健康检查资料、犯罪记录、家庭住址、私人活动等”明确为个人隐私信息。2017 年《民法总则》第 110 条将隐私权明确规定为一项具体人格权。我国正在编撰的“民法典”，对隐私权的保护将更全面、更系统、更规范。

我国立法对特殊主体的隐私权益保护也日臻完善。第一，未成年人的隐私权益保护越来越受到重视。1991 年《未成年人保护法》立法之初即明确要求“任何组织和个人不得披露未成年人的个人隐私”，并对未成年人的“信件”予以特殊保护——“对未成年人的信件，任何组织和个人不得隐匿、毁弃；除因追查犯罪的需要由公安机关或者人民检察院依照法律规定的程序进行检查，或者对无行为能力的未成年人的信件由其父母或者其

---

① 最高人民法院《关于审理利用信息网络侵害人身权益民事纠纷案件适用法律若干问题的规定》（法释〔2014〕11 号）第 1 条规定：“本规定所称的利用信息网络侵害人身权益民事纠纷案件，是指利用信息网络侵害他人姓名权、名称权、名誉权、荣誉权、肖像权、隐私权等人身权益引起的纠纷案件。”

他监护人代为开拆外，任何组织或者个人不得开拆”。2006年修订《未成年人保护法》增设对未成年人“日记、电子邮件”的特殊保护，[①] 以及侵犯未成年人隐私的法律责任，即“侵犯未成年人隐私，构成违反治安管理行为的，由公安机关依法给予行政处罚”。2012年修订《未成年人保护法》，保持上述条款内容的稳定性。第二，妇女的隐私权益保护越来越完善。一是通过名誉权保护妇女的隐私，1992年《妇女权益保障法》将“妇女的隐私”视为名誉权的客体，规定“妇女的名誉权和人格尊严受法律保护。禁止用侮辱、诽谤、宣扬隐私等方式损害妇女的名誉和人格”。二是将“隐私”从名誉权客体中剥离，确立“妇女的隐私权”。2005年修订《妇女权益保障法》，规定“妇女的名誉权、荣誉权、隐私权、肖像权等人格权受法律保护。禁止用侮辱、诽谤等方式损害妇女的人格尊严。禁止通过大众传播媒介或者其他方式贬低损害妇女人格”。第三，当事人的隐私权益保护越来越规范。1996年《律师法》立法之初对律师保护当事人隐私作出明确规定。一是明确保密义务，规定律师不得泄露当事人的隐私；二是明确法律责任，规定律师泄露当事人个人隐私的，“由省、自治区、直辖市以及设区的市的人民政府司法行政部门给予警告，情节严重的，给予停止执业三个月以上一年以下的处罚；有违法所得的，没收违法所得”。2007年修订《律师法》对律师泄露当事人个人隐私的法律责任作出修改，变更处罚主体、增设处罚种类、缩短停止执业期限，即“由设区的市级或者直辖市的区人民政府司法行政部门给予警告，可以处一万元以下的罚款；有违法所得的，没收违法所得；情节严重的，给予停止执业三个月以上六个月以下的处罚”。

---

① 《未成年人保护法》(2006年修正) 第39条规定："任何组织或者个人不得披露未成年人的个人隐私。对未成年人的信件、日记、电子邮件，任何组织或者个人不得隐匿、毁弃；除因追查犯罪的需要，由公安机关或者人民检察院依法进行检查，或者对无行为能力的未成年人的信件、日记、电子邮件由其父母或者其他监护人代为开拆、查阅外，任何组织或者个人不得开拆、查阅。"

第二节　隐私权与知情权的冲突与消解

古今中外对权利的理解，有不同的学说，林林总总，从不同角度阐释了权利的内涵。在权利本位的法学研究范式下，权利是法学的基石范畴和核心概念。我国法理学者认为，“法律权利是规定或隐含在法律规范中，实现于法律关系中的，主体以相对自由的作为或不作为的方式获得利益的一种手段”。① 马克思主义认为，“人的本质是一切社会关系的总和”。② 生活于社会关系中的人，其权利的行使会产生三种状态：一是无涉状态，即不同权利主体行使各自权利不发生直接关联；二是正相关状态，即两个或多个权利之间任何一个变量的增减都意味着另一个变量的增减；三是竞合状态，即两个或多个权利产生交集并相互竞争，此消彼长，相互制衡。当权利在特定场合处于竞合状态时，权利的冲突就出现了。从法经济学的角度来看，权利冲突的实质是利益的冲突。而从法社会学的角度来看，权利的冲突意味着价值观念的冲突。权利意味着正当性、合法性，发生冲突的权利本身都应是正当的、合法的权利，因而犯罪行为、侵权行为都排除于权利冲突的范围之外。

对经常处于冲突中的权利，其解决方式逐渐从民间习惯上升为法律制度，由法律作出明确规定，为解决冲突设定具体规则。如民法中的相邻关系，我国法律明确规定其处理原则和发生权益纠纷时的解决方法。裁判结果透明化，是随着人权观念的兴起、司法民主化进程的展开，而推行的一

---

① 张文显主编：《法理学》，高等教育出版社、北京大学出版社 2007 年版，第 142 页。

② 中共中央马克思恩格斯列宁斯大林著作编译局：《马克思恩格斯选集》（第 1 卷），人民出版社 2012 年版，第 135 页。

项司法公开的具体措施。裁判结果透明化，使不同权利主体之间的权利在围绕裁判结果的司法信息上产生交集，有的权利主体主张获取真实信息，有的权利主体主张掩藏真实信息，其背后都有各自的合理利益诉求和正当价值观念。“伴随着市场经济发展和民主法治建设进程而逐渐增强的公民权利意识，公民既要求保障其政治民主权利，又要求保障其普通民事权利。”① 在裁判结果透明化过程中，权利冲突主要表现为当事人的隐私权与社会公众的知情权之间的冲突。隐私权要求不特定公众履行不靠近、不探究、不披露、不泄露、不传播隐私的法定义务，而知情权又要求审判权运行过程和结果的透明化，权利的冲突在所难免。裁判结果透明化机制的运行，不应当仅仅基于保障公民知情权的考量，它还面临着公民基本权利体系下的权利冲突与消解的法理追问。

法律面前人人平等，是法治的基本原则。人与人主体资格的平等，意味着主体的权利应得到平等保护。权利本身并没有高低、大小、轻重之分，权利平等保护是法治的逻辑起点。以此为逻辑起点，分析隐私权与知情权的权利冲突，可以借鉴法经济学的利益衡量分析方法，其方法论价值“不在于避免了冲突，而在于它用相对简单的原则来解决权利冲突中的抉择问题”。②

一、一般利益和特殊利益之分析

一般与特殊是一对哲学范畴，是在具体情形下相对而言的对立统一。针对权利冲突问题，有学者主张，“首先要考虑哪一种权利所带来的利益更具有一般性。对一般性的利益应给予优先保护。但是，对一般性权利的

① 胡玉明：《裁判文书公开视野下的权利冲突问题研究》，载《中国社会科学院研究生院学报》2015年第3期。

② 同上。

优先满足并不意味着完全禁止特殊的权利要求。由于特殊权利要求本身也是正当权利，所以也要给以兼顾”。[①] 因此，在解决权利冲突问题时，应坚持一般利益优于特殊利益并兼顾特殊利益的原则。[②] 我国学者刘作翔先生认为，一般利益和特殊利益是指在一个具体的权利冲突中，某种权利所代表的利益指向。实质问题是看是谁侵犯了谁、谁干扰了谁，以及侵犯和干扰的程度。一方面，在具体的权利冲突中，权利的行使有主动态，也有被动态；有作为方式，也有不作为方式；有权利启动者，也有权利受动者。另一方面，权利行使的合理限度是理解和解决权利冲突的关键性因素。[③] 本书亦赞同在对待权利冲突时采取“一般利益优于特殊利益，并兼顾特殊利益的原则”。

隐私权是每一名当事人乃至每一个个体都享有的基本民事权利，是每个个体维护人格尊严、维持正常生活、维系人际关系的基本需要，其带来的现实利益惠及每一个人，具有一般性，属于一般利益。人类文明的发展正是越来越多的个体的隐私不断得到保护的过程。而知情权是公民的民主权利，其权利存在的基础是人民主权原则下建立的民主政体，其权利所指向的客体不是“任何”信息，而是权力运行的过程和结果，属于特殊利益。因此，对待裁判结果透明化过程中产生的当事人的隐私权与社会公众的知情权之间的权利冲突，应将当事人的隐私权作为一般利益优先保护，同时兼顾社会公众的知情权的保护。

---

① 张敏：《浅析权利冲突的基本理论》，载《知识经济》2011 年第 1 期。

② 参见李步云主编：《法理学》，经济科学出版社 2000 年版，第 77 ~78 页；参见张恒山：《论正义和法律正义》，载《法制与社会发展》2002 年第 1 期。

③ 参见刘作翔：《权利冲突的几个理论问题》，载《中国法学》2002 年第 2 期；参见刘作翔：《中国法治进程中的权利冲突——权利冲突典型案例剖析及其理论问题的思考》，载《法制现代化研究》2003 年第 8 卷。

二、社会整体利益与个人权利之分析

在人类社会中，除了有个人权利，也存在社会整体利益。当二者发生冲突时，是否存在必然优先保护其中一方的应然规则？对于这个问题，中外理论家们并没有形成一致的答案。美国著名哲学家、伦理学家约翰·罗尔斯（John Rawls，1921～2002年）认为，“每个人都拥有一种基于正义的不可侵犯性，这种不可侵犯性即使以社会整体利益之名也不能逾越。因此，正义否认为了一些人分享更大利益而剥夺另一些人的自由是正当的，不承认许多人享受的较大利益能绰绰有余地补偿强加于少数人的牺牲。所以，在一个正义的社会里，平等公民的各种自由是确定不移的，由正义所保障的权利决不受制于政治的交易或社会利益的权衡”。[①] 由此观点可以推出，并不能将社会整体利益理解为绝对的必然优先保护的利益。

权利的限度理论表明，个人权利并不是绝对的，都有其合理的限度，其边界即为他人的权益，如果超出必要的限度就可能侵权甚至违法犯罪。在处理社会整体利益和个人权利的冲突时，不能采取固定化的、唯一的思维模式和价值取向，既不能为了实现个人权利而给社会整体利益带来不良影响，也不能为了实现社会整体利益而必须要求个人牺牲应当享有的权利，这才是社会整体利益和个人权利权衡比较中的应有尺度。

虽然通过诉讼方式解决纠纷，将私人领域的事务转移到了公共领域，但“隐私”的转移往往是被动的、不得已的、不情愿的，是在被侵犯后不得不选择诉讼的途径维护权益。即使进入公共领域，隐私的是本质属性并未发生变化，权利的主张并未削弱，仍要求不特定义务主体对其权利的尊重并不得冒犯，要求法律对其权利保障并排除妨碍。因此，当事人隐私即

---

① ［美］约翰·罗尔斯：《正义论》（修订版），何怀宏、何包钢、廖申白译，中国社会科学出版社2009年版，第1页。

使进入公共领域，对其不予披露并防止泄露更符合最广泛的人人皆有的共同利益，有利于维护人际关系的和谐与社会秩序的稳定。而诸如新闻自由等社会整体利益则应谦抑于隐私权益保护的个人权利诉求。

在裁判结果透明化过程中，通过知悉了解审判权运行过程和结果，进而制约和监督审判权，是知情权行使的价值目标。这一价值目标也是社会整体利益的具体体现。然而，当事人隐私从其性质上并不属于审判权运行过程和结果的内在规定性，因而不属于知情权所必然指向的客体。当事人隐私权益的保护需要，并不低于对社会整体利益维护的要求，因而应在维护社会整体利益的前提下，充分保护当事人的个人权利——隐私权。

第三节 个人隐私的保密与透明

一、个人隐私的司法保护

（一）司法中“隐私权益”如何判断

如本章第一节所述，各国法律大多确立了“隐私保护”的原则，但对“隐私”内涵的理解却不尽相同。

我国学者梁慧星先生认为“所谓隐私，又称个人秘密，是指个人生活中不愿为他人知悉的秘密”。[①] 这一定义强调隐私的私密属性。我国学者张新宝先生认为：“隐私又称私人生活秘密或私生活秘密，是指私人生活安宁不受他人非法干扰，私人信息保密不受他人非法收集、刺探和公开等。”[②] 这一理解，强调隐私的排他属性，即不受非法侵扰。我国学者王利

---

① 梁慧星：《民法总论》，法律出版社 2001 年版，第 135 页。

② 张新宝：《隐私权的法律保护》，群众出版社 2004 年版，第 7 页。

明先生对隐私内涵的理解有所变化，在其主编的《人格权法新论》（1994年版）中将“隐私”界定为“是一种与公共利益、群体利益无关的，当事人不愿他人知道或他人不便知道的个人信息，当事人不愿他人干涉或他人不便干涉的个人私事和当事人不愿他人侵入或他人不便侵入的个人领域”。[①] 在其2012年发表在《法学家》杂志的《隐私权概念的再界定》一文中认为，“隐私应当以私人生活秘密和私人生活空间为内容”。[②] 变化的主要内容，是将个人信息不再纳入隐私的范畴，其认为个人信息应属于“个人信息权利”的客体。

隐私内涵的抽象性和外延的模糊性，导致司法实践中产生了“隐私权益”如何判断的具体问题。本书尝试回答这个问题，以期在司法公开背景下，为保护隐私权益探寻最佳路径。

1. 依法作出判断的主体

作出判断的主体应是司法机关还是当事人呢？

比较世界各国和各地区的法律规定，一般可分为两种模式：一是依申请模式，二是依职权模式。依申请模式，即当事人如认为案件涉及个人隐私，有权向司法机关提出隐私权益保护申请，由司法机关作出裁断。依职权模式，即司法机关自始自行判断案件是否涉及个人隐私。总体而言，均由司法机关最终对具体案件是否涉及个人隐私作出判断。

然而，法律尚未对个人隐私作详细列举归类，只能由掌握相关案件信息的司法机关根据具体情况逐案裁量。司法机关的工作规则，也未能提供一个能够完全自动解决所有涉及个人隐私问题的公式，涉及个人隐私的判断有赖于司法机关工作人员根据立法的精神、法律的原则以及本地民俗习惯乃至宗教礼法传统等作出判断。

---

① 参见王利明主编：《人格权法新论》，吉林人民出版社1994年版，第482页。

② 王利明：《隐私权概念的再界定》，载《法学家》2012年第1期。

2. 隐私权益的判断标准

(1) 合法性标准

法律保护的隐私权益，应不违反法律、行政法规、地方性法规、司法解释等规范性法律文件的有关规定。受法律保护的前提是自身的合法性，涉及违法犯罪的私人信息、私人空间、私人活动和私人关系，都不能成为法律保护的隐私权益。例如，私人房屋属于私人空间，但犯罪嫌疑人的藏匿地点，不因是私人房屋而不能进入搜查。再如，公民通信自由和通信秘密是宪法赋予公民的一项基本权利，但对于可能危害国家安全的通信信息，应允许依法监听。

(2) 公序良俗标准

法律保护的隐私权益，应不违背伦理道德和公共秩序。“只有道德以及与道德相适应的人性，才是具有尊严的东西。”① 婚外恋、婚外性行为不属于受法律保护的隐私权益。这种观念是我国一以贯之的司法传统。在中国古代，历朝历代政府都鼓励告奸行为，对于通奸的审判和处罚更是公开的。在当代，这种事实状态的隐私亦未被承认为具有法律权益的隐私。例如，在职务犯罪案件审理中，涉及与国家工作人员有情妇（夫）关系的特定关系人，均公开开庭审理。

(3) 维护人格尊严标准

法律保护隐私权益，应以维护人格尊严为目的性价值。“法的目的性价值是法律所追求、促进和要实现的价值，它体现法的本质和目的。”② 人格尊严是人的存在价值，需要法律去维护和保障。生命存在何处，尊严就在何处。人格尊严来自人的真实生活，对私人领域的保护成为维护人格尊严的重要内容。“若一个人的住宅可以被他人随意闯入，一个人的婚姻或

① ［德］康德：《道德形而上学原理》，苗力田译，上海人民出版社 2002 年版，第 54 页。

② 可欣：《论隐私权》，吉林大学 2007 年博士学位论文，第 62 页。

家庭的细节可以被他人随意监视，则他将不是完全的人，欠缺完全的人格尊严。”① 隐私权益是维护个人主体性的控制力，是追求人格完整发展的自主力，因而隐私权益保护是维护人格尊严的基本要求。无论是积极地惩处侵犯隐私的违法行为，还是消极地禁止泄露个人隐私，都是维护人格尊严的国家义务。例如，死者虽然没有了生命体，但是其人格尊严仍是其族人和后人精神内涵的一部分。因此，我国司法解释对死者隐私也给予保护。②

（4）维系基本社会关系标准

隐私的价值之一，是维系个人生存和发展所需的基本社会关系。以“家庭”为核心的社会关系，是个人最亲密的、最基本的社会关系。家庭成员间相互承认与尊重，是每一个家庭成员和谐共处所必须相互认可的最基本的行为规范。以家庭为核心的社会关系，主要分为四类：第一，婚姻关系，即夫妻之间的日常生活均属于隐私范畴。当然，在承认同性婚姻合法化的国家，同性夫妻间的婚姻关系，也属于隐私范畴。第二，血缘关系，即父母与子女关系、兄弟姐妹间关系、祖父母（外祖父母）与孙子女（外孙子女）关系，亦应属于隐私范畴。第三，法律拟制所产生的具有权利义务内容的亲属关系，如继子女与继父母之间的关系、收养子女与养父母之间的关系，也应属于隐私范畴。第四，非婚伴侣之间的关系。如恋爱关系、同居关系、同性恋伴侣关系等，也应属于隐私范畴。

（二）涉及个人隐私案件不公开审理的模式

涉及个人隐私案件是否公开审理，从启动主体的视角，可以分为依申

---

① Edward J. Bloustein, *Privacy as an Aspect of Human Dignity: An Answer to Dean Prosser*, N.Y.U.L.REV. 39 (1964), pp. 962, 973.

② 最高人民法院《关于适用〈中华人民共和国民事诉讼法〉的解释》（法释〔2015〕5号）第69条：“对侵害死者遗体、遗骨以及姓名、肖像、名誉、荣誉、隐私等行为提起诉讼的，死者的近亲属为当事人。”

请模式和依职权模式；从司法程序的视角，可分为绝对不公开和相对不公开。

1. 依申请模式与依职权模式

所谓依申请模式，是指成文法或判例法明确公开审判原则，而涉及个人隐私是否公开审理，必须依当事人申请启动审查程序判定，没有当事人申请法院不得主动关闭程序。在美国，对涉及个人隐私案件是否公开审理采取依申请模式，判例中指出了不公开审理的具体标准，由法官根据当事人的申请做出是否不公开审理的决定。在法国，对审判公开原则的限制规定包括合法的隐私权，如强奸案件的被害人有权请求不公开审理案件。①

所谓依职权模式，就是法律明确规定涉及个人隐私案件不公开审理，司法机关有权就“是否涉及个人隐私”直接作出判断，依职权决定不公开审理，不以当事人申请为启动条件。在德国，对涉及个人隐私案件不公开审理采取依职权模式。在我国，诉讼法对涉及个人隐私案件不公开审理也采取依职权模式，《刑事诉讼法》规定，人民法院审判第一审案件应当公开进行，但是有关个人隐私的案件，不公开审理；《民事诉讼法》规定，人民法院审理民事案件应当公开进行，涉及个人隐私的除外；《行政诉讼法》规定，人民法院公开审理行政案件，涉及个人隐私的除外。

2. 绝对不公开模式和相对不公开模式

所谓绝对不公开，是指在司法程序上，审理过程和裁判结果均不向社会公众公开，排除社会公众对涉及个人隐私案件的知情权，禁止新闻媒体对涉及个人隐私案件进行报道。

所谓相对不公开，是指在司法程序上，案件审理过程和裁判结果并非全部不向社会公众公开，就涉及个人隐私的证据材料不公开举证质证，限

---

① 参见［法］皮埃尔·特鲁仕主编：《法国司法制度》，丁伟译，北京大学出版社 2012 年版，第 35 页、第 138 页。

制社会公众旁听庭审，也限制媒体的报道。在美国，涉及个人隐私的案件，在司法程序上采取相对不公开模式，针对涉及个人隐私的证据材料，采取非公开（in-camera①）审查程序，法官在其办公室（通常指陪审团和公众在场之外）审查私人信息，如认为信息公开可能严重侵害诉讼参与人的隐私权且不能通过替代性方式避免侵害，决定对涉及个人隐私的司法过程或环节不予公开，限制庭审旁听人员范围（但不绝对禁止），限制新闻媒体报道。

二、涉及个人隐私案件裁判结果透明化规则

（一）涉及个人隐私案件裁判结果应公开宣判

我国诉讼法规定无论是否公开审理，都应当公开宣判。因而，即使涉及个人隐私的案件，判决结果也应公开宣告。

1. 涉及个人隐私案件的当庭宣判规则

涉及个人隐私案件，法院依法不公开进行审理，审理后可以当庭宣判的，应当庭宣判。如在庭审不公开审理阶段，被告人近亲属在法庭门外等候，宣判阶段应允许其进入法庭旁听判决结果，有利于保障被告人的公开审判权。

2. 涉及个人隐私案件的定期宣判规则

涉及个人隐私案件作出判决后，定期宣判应当公开，依法发布公告，允许群众旁听。一方面，宣判时审判长不应对涉及个人隐私的裁判理由部分进行宣读，仅宣告裁判结论；另一方面，法院不宜主动组织群众旁听涉及个人隐私案件的宣判活动。

---

① Glossary of Legal Terms，"in-camera Latin，meaning in a judge's chambers. Often means outside the presence of a jury and the public. In private"，https://www.uscourts.gov/glossary#letter_i，March 30，2019.

（二）涉及个人隐私案件裁判文书不应公开

裁判文书是法院行使审判权的运行过程和结果的重要载体，对涉及个人隐私案件所认定的事实及理由将记录在裁判文书当中，甚至包含涉及个人隐私的细节。虽然裁判结果具有公开性，但是涉及个人隐私的事实和理由具有保密性，作为一个不可分割的整体，涉及个人隐私案件的裁判文书不应公开。

1. 涉及个人隐私裁判文书申请查阅机制

我国民事、行政诉讼法均规定不准许社会公众依申请查阅涉及个人隐私民事、行政裁判文书。《民事诉讼法》（2017 年修正）第 156 条规定，“公众可以查阅发生法律效力的判决书、裁定书，但涉及……个人隐私的内容除外”。《行政诉讼法》（2017 年修正）第 65 条规定，“人民法院应当公开发生法律效力的判决书、裁定书，供公众查阅，但涉及……个人隐私的内容除外”。

我国《刑事诉讼法》未规定刑事裁判文书的申请查阅机制，因而社会公众申请查阅刑事裁判文书尚无法可依。按照类推适用原则，不准许社会公众依申请查阅涉及个人隐私的刑事裁判文书。

2. 涉及个人隐私裁判文书通过互联网公开机制

（1）美国的公开机制

美国 2002 年《电子政务法》授权美国联邦最高法院制定专门的条例，在切实可行的范围内规定在整个联邦法院系统统一处理隐私和安全问题，以保护与电子文件相关的隐私和安全。“法院制定的专门条例应当包括与当事人协商公开范围的内容，但当事人不得滥用隐私权，要求法院隐去包括个人姓名（未成年人或性犯罪受害人除外）或企业名称在内的必要性内容。各法院每两年向国会上报一份关于个人隐私和安全条例的实施情况报告。”① “美国联邦司法委员会专门制定《司法隐私保护书》，规定各州保护隐私的程度不得低于保护书确定的标准，并且明确告知当事人其文书信息在网上能够被查阅。法院负有对这些记录信息的监管权，如果记录信息可能用于不恰当目的时，法官可以行使自由裁量权决定是否编辑部分信息或者决定对记录保密。”②

（2）我国的公开机制

在我国，最高人民法院对涉及个人隐私的裁判文书是否通过互联网公开，司法政策有一个变化的过程，可以分为两个阶段。

第一阶段（2000 年 6 月至 2016 年 9 月底），概括性地规定涉及个人隐私的裁判文书不在互联网公布。2000 年 6 月，最高人民法院《裁判文书公布管理办法》（法办发〔2000〕4 号）首次确定互联网是公开裁判文书的渠道之一，同时规定涉及个人隐私的裁判文书不宜公开。2010 年，最高人民法院《关于人民法院在互联网公布裁判文书的规定》（法发〔2010〕48 号）第 2 条第 1 款规定，人民法院生效裁判文书可以在互联网公布，但涉及个人隐私的除外。2013 年，最高人民法院《关于人民法院在互联网公布裁判文书的规定》（法释〔2013〕26 号）第 4 条规定，生效裁判文书应当在互联网公布，但涉及个人隐私的除外。正如本节前述所讨论的，隐私权的概念在理论上学者概括了抽象的内涵，在立法上也未明确具体的外延，从而导致司法实践中“隐私权益”如何判断的难题。这一阶段，即使概括性的规定涉及个人隐私的裁判文书不在互联网公布，因对个人隐私的理解和把握不同，仍有部分法院将涉及个人隐私的裁判文书上传到互联网，给当事人造成了无形的精神压力，带来了生活的困扰。例如，有很多当事人

---

① 何帆、林娜、杨建文、龙飞：《外国裁判文书上网概况》，载《法制资讯》2013 年第 5 期。

② 关升英：《美国司法公开制度及其启示——关于赴美学习考察司法公开制度有关情况的报告》，载《山东审判》2014 年第 6 期。

强烈要求撤回已经公开的离婚案件裁判文书。

第二阶段（2016 年 10 月至今），相对明确并进一步扩大对个人隐私权益的保护。坚持问题导向，司法机关深入研究裁判文书公开中产生的具体问题，及时修改司法解释。2016 年 10 月，修订后的《关于人民法院在互联网公布裁判文书的规定》（法释〔2016〕19 号）对涉及个人隐私的裁判文书的公开，作出更为明确具体的制度安排。一是全文不公开，即离婚诉讼或者涉及未成年子女抚养、监护的裁判文书全文不在互联网公布，但应公布案号、审理法院、裁判日期及不公开理由等信息项。二是非实名化公开，即对婚姻家庭、继承纠纷案件中的当事人及其法定代理人的姓名进行非实名化处理后，公开裁判文书全文。三是删除隐私信息公开，即删除家事、人格权益等纠纷中涉及个人隐私的信息后，公开裁判文书的其他部分。从 2018 年前三个季度中国裁判文书网公开的数据①分析：2018 年第一季度，全国法院未公开文书但公开相关信息项的有 568,767 篇，其中以“离婚诉讼或者涉及未成年子女抚养、监护”为由的共 109,267 篇，占不公开文书总量的 19.22%；2018 年第二季度，全国法院不公开文书但公开相关信息项的有 1,218,880 篇，其中以“离婚诉讼或者涉及未成年子女抚养、监护”为由的共 235,083 篇，占不公开文书总量的 19.29%；2018 年第三季度，全国法院不公开文书但公开相关信息项的有 1,464,585 篇，其中以“离婚诉讼或者涉及未成年子女抚养、监护”为由的共 237,639 篇，占不公开文书总量的 16.23%。总体来看，2018 年前三季度，以“离婚诉讼或者涉及未成年子女抚养、监护”为由的不公开文书但公开相关信息项的裁判文书接近不公开总量的 1/5，说明离婚诉讼及涉及未成年子女抚养、

① 资料来自最高人民法院办公厅《关于 2018 年第一季度全国法院裁判文书上网情况的通报》（法办〔2018〕72 号）、最高人民法院办公厅《关于 2018 年上半年全国法院裁判文书上网情况的通报》（法办〔2018〕127 号）、最高人民法院办公厅《关于 2018 年第三季度全国法院裁判文书上网情况的通报》（法办〔2018〕189 号）。

监护的诉讼案件，是裁判文书全文不公开的主要类型。

3. 涉及个人隐私裁判文书公开范围的再探讨

笔者认为，无论是申请查阅还是通过互联网公开，均应进一步明确并扩大涉及个人隐私的裁判文书不公开范围，婚姻家庭案件裁判文书应全部纳入不公开范围，以充分保障当事人隐私权。

婚姻家庭案件隐含着深厚复杂的私人关系。私人关系是个人主要的社会关系，包括两性关系和亲属关系。一方面，两性关系主要是指男女双方的关系。包括婚姻之内的两性关系和非婚姻之内的两性关系。夫妇之情，乃人伦之本，婚姻之内的两性关系历来作为隐私予尊重和保护。非婚姻内的两性关系，包括同居关系、情人关系、恋人关系、前夫（妻）关系，个人主观上也不愿意或不便于将这种关系让外人知晓。以个人生活自由和自主为价值基础，婚姻之内和非婚姻之内的两性关系均属于个人隐私范畴。另一方面，亲属关系，包括基于血缘的亲属关系和法律拟制的亲属关系。基于血缘的亲属关系包括父母与子女的关系、兄弟姐妹间的关系，祖父母（外祖父母）与孙子女（外孙子女）的关系。基于法律拟制的亲属关系包括继父母与继子女的关系，养父母与收养子女或过继子女的关系，儿媳与公婆、女婿与岳父母之间的关系等。由于亲属之间的关系是个人最基本的社会关系，亲属之间的人际关系也应属于隐私范畴。这些私人关系全部围绕婚姻家庭生活展开，不仅关乎人的生存和发展，更关乎人格尊严和人性自由。

婚姻家庭纠纷相对性地改变和重塑了私人关系，但关系的私人属性并未发生改变。婚姻家庭纠纷，包括婚约财产纠纷、离婚纠纷、离婚后财产纠纷、离婚后损害责任纠纷、婚姻无效纠纷、撤销婚姻纠纷、夫妻财产约定纠纷、同居关系纠纷（同居关系析产纠纷、同居关系子女抚养纠纷）、抚养纠纷（抚养费纠纷、变更抚养关系纠纷）、扶养纠纷（扶养费纠纷、变更扶养关系纠纷）、赡养纠纷（赡养费纠纷、变更赡养关系纠纷）、收养关系纠纷（确认收养关系纠纷、解除收养关系纠纷）、监护权纠纷、探望权纠纷、分家析产纠纷，等等。从产生纠纷到进入诉讼，再通过诉讼确定实然法律关系，婚姻家庭诉讼调整世俗生活中的私人关系转化为符合伦理道德法律规范的良性私人关系，将私人关系中的权利和义务具体化和可操作化。虽然这些私人关系经由公权力调整，但其私人关系的根本属性并未发生变化，仍具有不被不相关人窥探和侵扰的隐私要求。故而，婚姻家庭案件裁判文书应作为涉个人隐私裁判文书，不向社会公众公开。

（三）涉及个人隐私案件裁判理由可简略

涉及个人隐私案件，限制法官将涉及个人隐私的相关内容写入裁判文书是不符合司法规律的。例如，在侵犯隐私权案件中，论证侵权责任的成立，就需要论述侵权责任的构成要件，论证侵害行为与损害结果之间的因果关系，因而不可避免地将涉及个人隐私的相关内容融入裁判理由的论证过程之中。涉及个人隐私案件的裁判理由也须阐释于裁判文书之中，以此向当事人公开裁判理由，保障当事人的诉讼知情权，有利于当事人理解和信服司法裁判。

第九章　个人信息与裁判结果透明化

第一节　个人信息的法律演进

个人信息保护的诉求，源于20世纪70年代西方国家计算机自动化系统普遍应用后对个人信息的精准记录、长期存储和不当使用。为此，各国相继通过立法规范个人信息的采集、使用和披露。有关国际组织，也通过签署国际公约形式来强调对个人信息跨境流动的保护。截至2018年年底，全球近120个国家和地区已通过数据保护立法来保护个人信息，另有近40个国家和地区有待批准此类法案或倡议。

一、个人信息的界定

（一）个人信息的法律概念

个人信息，是指以电子或者其他方式记录的能够单独或者与其他信息结合识别特定自然人身份或者反映特定自然人活动情况的各种信息，包括姓名、身份证件号码、通信、通讯联系方式、住址、账号密码、财产状况、行踪轨迹等。①

就立法上的名称而言，欧盟及其成员国采用“个人数据”（英语：personal data），加拿大采用“个人信息”（英语：Personal Information），日本采用“个人信息”（日语：個人情報），韩国采用“个人信息”（韩语：개인 정보），俄罗斯采用“个人资料”（俄语：персональные данные）我国台湾地区、香港特别行政区、澳门特别行政区采用“个人资料”。

欧盟 1995 年《关于涉及个人数据处理的个人保护以及此类数据自由流动的指令（95/46/EC）》②［以下简称欧盟《个人数据保护指令》（95/46/EC）］第 2 条规定，“个人数据”是指与已识别或可识别的自然人（“数据主体”）有关的任何信息；可识别的人是指可以直接或间接识别的人，尤其是通过参考识别号或通过一个或多个特定于他的生理、心理、经济、文化或社会身份的因素而可以识别的人。

瑞典 1998 年《个人数据法》③ 第 3 条法律概念释义，将个人数据界定为直接或间接地可指代活着的人的各种信息。

德国 2000 年《联邦数据保护法》第 3 条将“个人数据”定义为，与一个已识别的或者可识别的个人（数据主体）的实际情况有关的任何信息。

---

① 最高人民法院、最高人民检察院《关于办理侵犯公民个人信息刑事案件适用法律若干问题的解释》（法释〔2017〕10 号）第 1 条规定：“刑法第二百五十三条之一规定的‘公民个人信息’，是指以电子或者其他方式记录的能够单独或者与其他信息结合识别特定自然人身份或者反映特定自然人活动情况的各种信息，包括姓名、身份证件号码、通信通讯联系方式、住址、账号密码、财产状况、行踪轨迹等。”

② Official Journal of the European Union，“Directive 95/46/EC of the European Parliament and of the Council of 24 October 1995 on the protection of individuals with regard to the processing of personal data and on the free movement of such data”，https://eur-lex.europa.eu/legal-content/EN/TXT/HTML/?uri=CELEX:31995L0046，March 30，2019.

③ Sweden，“Personal Data Act（1998:204）”，http://www.freedominfo.org/documents/sweden%20personal%20data%20act-eng.pdf，March 30，2019.

法国《数据处理、数据文件及个人自由法》[①] 第 2 条第 1 款规定，个人数据指可以通过身份证号码、一项或多项个人特定因素被直接或间接识别的自然人相关的任何数据。

欧盟 2016 年《通用数据保护条例》(2016/679)[②] 第 4 条定义，“个人数据”是指与已识别或可识别自然人（“数据主体”）相关的任何信息；可识别的自然人是指可以直接或间接识别的人，尤其是通过参考标识符（如姓名、识别号、位置数据、在线标识符）或参考一个或多个特定因素（自然人的身体、生理、遗传、心理、经济、文化或社会身份）而可以识别的人。

加拿大 2000 年《个人信息保护和电子文件法》[③] 将“个人信息”界定为“可识别个人的信息”但不包括姓名、职务、办公地址、办公电话。

日本 2003 年《个人信息保护法》[④] 第 2 条规定，本法中所谓“个人信息”，是与生存的个人相关的信息，是指符合以下各项中的任一项的信息：(1) 该信息中包含的姓名、出生年月日及其他记述等［文档、图画、电磁方式（指根据电子方式、磁性方式及其他人的知觉无法识别的方式）记录，或者使用语音、动作等方法表示的一切事项（个人识别代码除外)］，

① French，“LOI INFORMATIQUE ET LIBERTES ACT N°78 – 17 OF 6 JANUARY 1978 ON INFORMATION TECHNOLOGY，DATA FILES AND CIVIL LIBERTIES”，https://www.cnil.fr/sites/default/files/typo/document/Act78 – 17VA.pdf，March 30，2019.

② Official Journal of the European Union，“Regulation（EU）2016/679 of the European Parliament and of the Council of 27 April 2016 on the protection of natural persons with regard to the processing of personal data and on the free movement of such data，and repealing Directive 95/46/EC（General Data Protection Regulation）”，https://eur-lex.europa.eu/legal-content/EN/TXT/HTML/?uri=CELEX:32016R0679&from=EN，March 30，2019.

③ Canada，“Personal Information Protection and Electronic Documents Act（S.C. 2000，c. 5）”，https://laws-lois.justice.gc.ca/PDF/P – 8.6.pdf，March 30，2019.

④ 日本，“個人情報の保護に関する法律（平成十五年法律第 57 号）”，https://www.ppc.go.jp/files/pdf/290530_personal_law.pdf，March 30，2019。

能够识别特定个人（包括可以容易地与其他信息对照，从而能够识别特定个人）；（2）包含个人识别代码的项目。本法中“个人识别代码”是指与以下各项中的任意一个对应的文字、编号、记号及其他由政令规定的代码：一是将特定个人身体的一部分特征用电子计算机转换为文字、编号、记号作为代码，能够识别该特定个人；二是与个人接受服务或购买商品有关的或向个人发行卡片的办理手续等文件中记载的以电磁方式记录的文字、编号、记号及其他符号，其所代表的每一个接受服务、购买商品或持卡的个人均是不同的，通过其能够识别特定的接受服务者、商品购买者或者持卡者。

俄罗斯2006年《联邦个人信息法》（第152－FZ号）第2条第1款规定，个人信息是指关于已识别或可识别的信息个体（个人信息主体）的任何信息，包括姓氏、教名、源于父名的姓或名字、出生年月日、出生地点、地址、家庭、社群、财产状况、学历、职业、收入和其他信息。[①]

韩国2011年《个人信息保护法》[②]第2条定义，“个人信息”是指与活着的自然人能被识别或可识别有关的任何信息，包括姓名、居民身份证号、肖像等（还包括单凭其自身无法直接识别特定个人，但当其与其他信息简单结合就能识别特定个人的信息）。

我国台湾地区2010年“个人资料保护法”第2条规定，个人资料指自然人之姓名、出生年月日、身份证统一编号、护照号码、特征、指纹、婚姻、家庭、教育、职业、病历、医疗、基因、性生活、健康检查、犯罪前科、联络方式、财务情况、社会活动及其他得以直接或间接方式识别该个人之数据。

---

① 张建文：《俄罗斯个人资料法研究》，载《重庆大学学报》（社会科学版）2018年第2期。

② 韩国（한국），“《个人信息保护法》（개인정보 보호법）”，http://www.law.go.kr/법령/개인정보%20보호법，March 30，2019。

我国香港特别行政区《个人资料（私隐）条例》[①]（2018 年核证文本）第2条规定，“个人资料（personal data）指符合以下说明的任何资料：（a）直接或间接与一名在世的个人有关的；（b）从该资料直接或间接地确定有关的个人的身份是切实可行的；（c）该数据的存在形式令予以查阅及处理均是切实可行的”。

澳门特别行政区2005年《个人资料保护法》(第8/2005号法律)[②] 第4条将“个人资料”界定为与某个身份已确定或身份可确定的自然人（“资料当事人”）有关的任何资讯，包括声音和影像，无论其性质如何以及是否拥有载体。所谓身份可确定的人是指直接或间接地，尤其透过参考一个认别编号或者身体、生理、心理、经济、文化或社会方面的一个或多个特征，可以被确定身份的人。

我国2016年《网络安全法》第76条第1款第5项明确“个人信息”含义，是指以电子或者其他方式记录的能够单独或者与其他信息结合识别自然人个人身份的各种信息，包括但不限于自然人的姓名、出生日期、身份证件号码、个人生物识别信息、住址、电话号码等。

上述立法例表明，“个人信息”、“个人数据”和“个人资料”等，虽文字表述不同，但其概念的内涵和外延基本相同，都侧重于对自然人的“可识别性”，在个人信息保护的法律领域内是可以通用的。

（二）个人信息与个人隐私的关系

正如本书第八章对隐私和隐私权的介绍，隐私源自人的自然本性，隐私的保护要求从人类社会一开始就已产生，隐私权则是直至20世纪初才被法律承认。而个人信息保护的需求，源于20世纪70年代西方国家计算机

---

① 香港特别行政区：《个人资料（私隐）条例》［Personal Data（Privacy）Ordinance］，载香港个人资料私隐专员公署网：https://www. elegislation. gov. hk/hk/cap486！en-zh-Hant-HK. pdf？FROMCAPINDEX =Y，最后访问时间：2019年3月30日。

② 澳门特别行政区：《个人资料保护法》（第8/2005号法律），载北大法宝：http://www. pkulaw. cn/fulltext_form. aspx？Db =aom&Gid =cdfa428a68dbfb6f6c573247546b71fcbdfb&keyword =个人资料&EncodingName =&Search_Mode =accurate&Search_IsTitle =0，最后访问时间：2019年2月20日。

自动化系统普遍应用后对个人信息的存储和使用，美国、加拿大立法将个人信息统一纳入“隐私权”的保护领域。20 世纪 90 年代以来，德国立法以“一般人格权”作为个人信息保护的宪法基础，德国联邦宪法法院通过判决承认“信息自决权”作为保护个人信息的宪法意义上的权利。欧盟基于尊重自然人基本权利和自由保护个人信息权利。① 瑞典以保护人格完整性不受侵害为立法目的规范个人信息处理。② 日本立法在尊重个人人格的基本理念下慎重对待并适当处理个人信息。③ 韩国立法规定个人信息的处理和保护旨在进一步实现个人的尊严和价值。④ 我国《民法总则》将个人信息权利规定为一项独立的民事权利。

美国法以隐私权作为个人信息保护的权利基础，主要原因在于美国文化和制度中对私人领域极度重视，将隐私权作为维护私人领域不受打扰、不受干预的防御性权利，进而将个人信息保护的价值建立在避免披露（隐秘性）和自主控制（自主性）两种法益之上，通过隐私权法律规范体系予以保护。美国隐私权理论对许多国家和地区的立法产生了深远影响，如加拿大《隐私法》《个人信息和电子档案法》，澳大利亚《隐私法》均将个人信息归入隐私权保护领域，我国香港特别行政区 1996 年《个人资料（私隐）条例》虽在法名中同时使用“个人资料”与“隐私”两个概念，但其第 1 条明确“本条例旨在在个人资料方面保障个人的私隐”。

德国是较早将个人信息保护独立于个人隐私保护的国家。20 世纪 70

---

① General Data Protection Regulation（2016/679）Article 1 Subject-matter and objectives 2. This Regulation protects fundamental rights and freedoms of natural persons and in particular their right to the protection of personal data.

② 瑞典 1998 年《个人数据法》第 1 条第 1 款规定：“本法旨在保护人们免受因由个人数据处理而对人格完整性的侵犯。”

③ 日本 2003 年《个人信息保护法》第 3 条规定：“个人信息必须在尊重个人人格的理念下慎重对待，并采取适当的处理。”

④ 韩国 2011 年《个人信息保护法》第 1 条规定：“本法旨在规定个人信息的处理和保护，以增强个人的权利和利益，进一步实现个人的尊严和价值。”

代，德国也曾移植了美国的隐私权理论，德国1977年《联邦数据保护法》第1条规定，个人数据保护的目的是保护个人隐私。随着经济社会的发展，利益诉求的多元化，德国宪法法院在1983年人口普查案的判决中明确，“法律在何种情况下对个人数据进行保护，不能以是否触及隐私而论”。[①] 1990年，德国第一次修改《联邦数据保护法》，修改立法目的为保护个人人格权在个人信息处理中不受侵害。该法后经多次修订，不断拓展数据主体的权利，坚持以“人格权”作为个人信息保护的权利基础。

欧盟个人数据保护的权利基础经历了从隐私权向基本权利的转变。欧盟1995年《个人数据保护指令》（95/46/EC）第1条第1款规定，欧盟成员国应保护自然人的基本权利和自由，尤其是他们处理个人数据的隐私权。2007年，《欧盟基本权利宪章》[②] 第8条专项规定“个人数据保护”，第1款规定“人人均享有保护个人数据的权利”，第2款规定，“个人数据须在本人同意或法律规定的其他合法基础上，为特定目的而公平处理。人人有权获取关于本人的数据，并有权纠正这些数据”。[③] 2016年4月27日，

---

① Donald P. Kommers and Russell A. Miller, *The Constitutional Jurisprudence of the Federal Republic of Germany: Revised and Expanded*, 3rd ed., Duke University Press, 2012, p. 358.

② 《欧盟基本权利宪章》［Charter of Fundamental Rights of the European Union (2007/C 303/01)］于2007年12月12日颁布，包含54项关于公民权利的条款；欧盟27国领导人于2017年12月13日签署《里斯本条约》，使《欧盟基本权利宪章》对各成员国具有约束力。英国和波兰获得部分“豁免”，以免其国内的一些法律与宪章有抵触。

③ Charter of Fundamental Rights of the European Union (EN)

Article 8 Protection of personal data

1. Everyone has the right to the protection of personal data concerning him or her.

2. Such data must be processed fairly for specified purposes and on the basis of the consent of the person concerned or some other legitimate basis laid down by law. Everyone has the right of access to data which has been collected concerning him or her, and the right to have it rectified.

3. Compliance with these rules shall be subject to control by an independent authority.

EUROPA, "Charter of Fundamental Rights of the European Union (EN)", https://eur-lex.europa.eu/legal-content/EN/TXT/?uri=uriserv:OJ.C_.2007.303.01.0001.01.ENG&toc=OJ:C:2007:303:TOC, March 30, 2019.

欧盟通过《通用数据保护条例》(2016/679)[①]，同时废止了《个人数据保护指令》(95/46/EC)，条例于2018年5月25日生效。该条例第1条第2款规定，本条例保护自然人的基本权利和自由，特别是保护个人数据的权利。不再将隐私权作为保护个人数据的权利基础，而将个人数据权利确定为基本权利。欧盟数据理论界普遍认为个人数据与个人隐私不同，“它不只是为个人设定一项权利，更旨在构建一个平衡个人、数据使用者和社会利益的法律框架”。[②]

我国理论界也较赞同德国及欧盟关于个人信息与个人隐私界分的理论框架。21世纪以来，我国理论界逐渐发出将个人信息作为一项民事权利来对待的声音。我国学者王利明先生提出应保护个人信息权利的观点，认为“个人信息资料权是指个人对于自身信息资料的一种控制权，并不完全是一种消极地排除他人使用的权利，更多情况下是一种自主控制信息适当传播的权利”。[③] 我国学者齐爱民先生提出保护“个人信息自决权”的主张，认为“个人信息自决权保护模式就是保护个人信息的全部利益，赋予本人对其个人信息收集、储存、处理的决定权”。[④] 还有很多学者通过著作对个人信息权利保护进行探讨和反思。[⑤]

---

① Official Journal of the European Union, “on the protection of natural persons with regard to the processing of personal data and on the free movement of such data, and repealing Directive 95/46/EC (General Data Protection Regulation)”, https://eur-lex.europa.eu/legal-content/EN/TXT/HTML/? uri=CELEX: 32016R0679&from=EN, March 30, 2019.

② 孔令杰:《个人资料隐私的法律保护》，武汉大学出版社2009年版，第63页。

③ 参见王利明:《隐私权概念的再界定》，载《法学家》2012年第1期；王利明:《论个人信息权的法律保护——以个人信息权与隐私权的界分为中心》，载《现代法学》2013年第4期。

④ 参见齐爱民:《个人信息保护法研究》，载《河北法学》2008年第4期。

⑤ 对个人信息保护进行探讨的著作，如齐爱民:《个人资料保护法原理及其跨国流通法律问题研究》，武汉大学出版社2004年版；周汉华:《个人信息法前沿问题研究》，法律出版社2006年版；蒋坡:《个人数据信息的法律保护》，中国政法大学出版社2008年版；刘德良:《论个人信息的财产权保护》，人民法院出版社2008年版；洪海林:《个人信息的民法保护》，法律出版社2010年版；郭明龙:《个人信息权利的侵权法保护》，中国法制出版社2012年版；姚岳绒:《宪法视野中的个人信息保护》，法律出版社2012年版；谢永志《个人数据保护法立法研究》，人民法院出版社2013年版；刘金瑞:《个人信息与权利配置——个人信息自决权的反思和出路》，法律出版社2017年版。

笔者认为，隐私权一般仅限于私人生活，与姓名权、肖像权、名誉权并列属于一项具体人格权；而个人信息因其具有人格利益或财产利益，或兼而有之，应属于基本民事权利范畴。个人信息与个人隐私的关系如下：

第一，从信息的领域范围看，个人信息与个人隐私既有各自领域，又有共同部分。个人信息是与特定个人相关联、反映个体特征的具有可识别性的符号系统①，既包括属于个人隐私的自然人基因信息、病历资料、健康检查资料、家庭住址等私密性信息，又包括如姓名、性别、民族、履历等与特定自然人相关的、可识别的一般性信息。② 在“大数据”③ 时代，个人活动在互联网中形成的数据亦属个人信息范畴，可以是图像、声音、数字、文字、IP 地址、行踪轨迹等多种形式。这些数据或源于信息主体自身，或源于他人所提供的与信息主体有关的数据。而个人隐私，除私人信息外，还包括私人空间、私人活动、私生活事务自主决定等内容，均源于权利主体自身。二者关系如图 9. 1 所示：

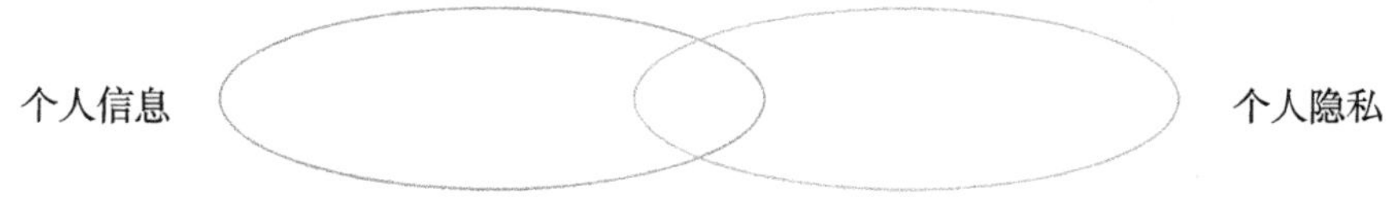

图 9. 1　个人信息和个人隐私外延关系

---

① 王利明：《隐私权概念的再界定》，载《法学家》2012 年第 1 期。

② 参见杨惟钦：《价值维度中的个人信息权属模式考察——以利益属性分析切入》，载《法学评论》2016 年第 4 期。

③ 大数据的数据理论最早由 IBM 提出，并将之概括为“4V”理论（也称“4V”特征），即 Volume（大量）、Variety（多样）、Veracity（真实）或 Value（价值）、Velocity（高速）。具体而言，Volume（大量）意味着数据体量巨大。大数据的起始计量单位起点非常高，至少是 P、E、Z，分别对应 1000 个 T，100 万个 T 和 10 亿个 T；Variety（多样）说明数据种类繁多；Veracity（真实）则反映了数据的价值密度低，商业价值高；Velocity（高速）即指数据处理迅速，实现从各类数据中快速获取价值高的数据。参见单勇、阮丹微：《司法大数据的现状、挑战及应用改进》，载《净月学刊》2018 年第 3 期。

第二，从可否公开的视角看，个人隐私与个人信息是绝对性与相对性的关系。个人隐私绝对不可公开，个人信息是相对不可公开。个人隐私是需要保密的，不应被披露和泄露。个人隐私一旦公开，会给权利人带来精神痛苦，乃至人际关系中的尴尬处境。个人信息，有的是可以公开的，如涉及公共管理需要时，可对个人姓名、身份等信息在一定范围内向特定人或不特定人公开；有的是必须公开的，如公职人员的职务廉洁性要求公开公职人员的姓名、民族、出生年月、履历等个人信息。

第三，从删除权的权利基础看，个人隐私与个人信息的删除权的权利基础不同。个人隐私一旦非法公开，即构成侵犯隐私权，权利人基于侵权责任法规则，有权要求立即删除，此删除权的基础为债权请求权。而对于那些已经公开的个人信息，如果权利人认为该信息的保留已没有价值或意义，有权请求信息公开主体予以删除，此删除权的基础是个人信息自决权①。个人信息自决权即权利主体对其个人信息的收集、利用等具有自由决定、自主控制的权利。例如，我国人民法院将“失信被执行人”② 名单

---

① 最先使用个人“信息自决权”（德文：das Recht auf informationelle Selbstbestimmung）这一表述的是德国学者施泰姆勒（Steinmuller）。1971 年施泰姆勒接受德国内政部的委托提出《联邦数据保护法》草案，在对草案的说明中，他提出了“信息人格自决权”以及“个人信息自决权”的概念。根据他的描述，这项权利的内容是，人们有权自由决定周遭的世界在何种程度上获知自己的所思所想以及行动。不仅如此，这项权利属于德国《基本法》第 2 条第 1 款中规定的人的自由发展的基本权利的范畴。这项权利提出的主要目的在于应对当时广泛采用的个人信息自动化处理方式对于个人人格的威胁。1983 年德国联邦宪法法院在“人口普查案”中将个人信息自决权作为一般人格权，并以其作为判决论证的基本出发点。个人信息自决权的理论主张现已为德国理论界广泛接受，并受到日本、我国台湾地区、我国大陆多数学者的认同。参见杨芳：《个人信息自决权理论及其检讨》，载《比较法研究》2015 年第 6 期。

② 最高人民法院《关于公布失信被执行人名单信息的若干规定》（2017 年修正）第 1 条规定，“被执行人未履行生效法律文书确定的义务，并具有下列情形之一的，人民法院应当将其纳入失信被执行人名单，依法对其进行信用惩戒：（一）有履行能力而拒不履行生效法律文书确定义务的；（二）以伪造证据、暴力、威胁等方法妨碍、抗拒执行的；（三）以虚假诉讼、虚假仲裁或者以隐匿、转移财产等方法规避执行的；（四）违反财产报告制度的；（五）违反限制消费令的；（六）无正当理由拒不履行执行和解协议的”。

信息（包括姓名、隐去出生月日的身份证号码等）向社会公布，[①] 依法对其进行信用惩戒，在被执行人履行生效法律文书确定的义务后，司法解释赋予被执行人申请删除被公布的名单信息的权利。[②]

第四，从权利的价值基础看，个人信息保护与个人隐私保护的目的性价值不同。隐私权的价值在于防范个人不愿他人接近或了解的私人事务被披露或泄露，个人信息权的价值则是自主控制个人信息的利用。在大数据时代，个人信息成为一种非常重要的资源，“数据挖掘”技术使个人信息不断被共享、分析和利用。信息主体需要“有权了解何人在搜集其信息，搜集了何种信息，搜集这些信息从事何种用途，所搜集的信息是否客观全面，个人对这些信息的利用是否有拒绝的权利，个人对信息是否有自我利用或允许他人利用的权利等”。[③]

综上所述，个人信息能够以其独有的权利内容和权利能力从个人隐私范畴中独立出来，成为一项独立的民事权利。

二、个人信息保护的起源与发展

20 世纪六七十年代，通过高速电信网络连接在一起的计算机成为记录、存储和使用个人信息的主要媒介。政府部门和私营机构越来越多地使用自动化数据系统存储并使用的个人信息，与此同时，公众越来越担心自动化数据系统不受控制地收集、存储个人信息，可能会造成严重的危害后果，包括侵犯基本自由。公众呼吁制定特殊的保障措施，以防止对公民个

---

① 参见中国执行信息公开网—全国法院失信被执行人名单信息公布与查询平台（网址：http://zxgk.court.gov.cn/shixin/）。

② 最高人民法院《关于公布失信被执行人名单信息的若干规定》（2017 年修正）第 10 条第 1 款第 3 项规定，“具有下列情形之一的，人民法院应当在三个工作日内删除失信信息：……（三）申请执行人书面申请删除失信信息，人民法院审查同意的……”

③ Daniel J. Solove and Paul M. Schwartz, *Information Privacy Law*, Third Edition, Wolters Kluwer, 2009, p. 1.

人信息和正当程序造成潜在的损害后果。

（一）域外立法情况

1. 欧洲

从20世纪70年代开始，为有效保护公民的基本权利和数据安全，欧洲开启了数据保护立法的序幕。1970年10月，世界上首部数据保护法——《黑森州数据法》[①]在西德黑森州生效；1973年5月，瑞典颁布世界上第一部国家性《数据法》[②]，要求瑞典数据保护局为处理个人数据的信息系统颁发许可证；1977年，德国制定了《联邦数据保护法》[③]；1978年，法国通过了《数据处理、数据文件及个人自由法》[④]；1984年，英国颁布了《数据保护法》[⑤]；1987年，英国又颁布了《个人文件查阅法》[⑥]；1992年，匈牙利制定了《个人数据保护与公共利益数据披露法案》；1992年，瑞士颁布了《联邦数据保护法》[⑦]；等等。

1995年10月24日，欧盟通过《个人数据保护指令》（95/46/EC），旨在协调处理商业活动中对自然人基本权利和自由的保护，并确保欧盟成

---

① 西德黑森州1970年《黑森州数据法》（德文：the Hessisches Datenschutzgesetz），于1970年10月生效。

② 瑞典1973年《数据法》（瑞典文：Datalagen，英文：Data Act），于1973年5月11日颁布，于1974年7月1日生效。该法主要侧重于自动计算机处理系统，其中载有可转让的活着的人的信息，而不是一般的数据处理。该法于1998年10月24日被瑞典《个人数据法》所取代。

③ 德国1977年《联邦数据保护法》（德语：Bundesdatenschutzgesetz），1977年1月由德国联邦议会通过，后经多次修订，现行有效。

④ 法国1978年《数据处理、数据文件及个人自由法》（第78－17号），于1978年1月6日制定，后经多次修订，现行有效。

⑤ 英国1984年《数据保护法》（英语：Data Protection Act 1984），已被英国1998年《数据保护法》（Data Protection Act 1998）取代。

⑥ 英国1987年《个人文件查阅法》（Access to Personal Files Act 1987），已被英国1998年《数据保护法》（Data Protection Act 1998）取代。

⑦ 瑞士1992年《联邦数据保护法》，于1993年7月1日生效，后经多次修改，现行有效。

员国之间的个人数据自由流通。此后，欧盟各国相继制定或修改本国国内法，以实施欧盟《个人数据保护指令》（95/46/EC），如英国于1998年制定了《数据保护法》（Data Protection Act 1998），取代了英国1984年《数据保护法》和1987年《个人文件查阅法》；瑞典于1998年制定《个人数据法》[①] 取代了瑞典1973年《数据法》；西班牙于1999年制定了《个人数据保护基本法》（15/1999）；德国于2000年修订了《联邦数据保护法》；法国于2004年修订了《数据处理、数据文件及个人自由法》；等等。

2002年7月12日，欧盟又通过了《关于电子通信领域个人数据处理和隐私保护的指令（关于隐私和电子通信指令）》（2002/58/EC）。[②]

2016年4月27日，欧盟通过《通用数据保护条例》（2016/679）[③]，同时废止了欧盟《个人数据保护指令》（95/46/EC），条例于2018年5月25日生效，规定了与保护自然人有关的个人数据处理规则和与自由移动个人数据有关的规则。该条例“强化了同意的明确性要求以及已有的个人知情权、获取权、删除权，增加了个人被遗忘的权利、数据可携的权利以及反对包括画像在内的自动化决定的权利”[④]，同时，欧盟《通用数据保护条

---

① 瑞典1998年《个人数据法》（1998：204）［瑞典文：Personuppgiftslagen，英文：Personal Data Act（1998：204）］，于1998年4月29日颁布，于1998年10月24日生效。

② Official Journal of the European Union，“Directive 2002/58/EC of the European Parliament and of the Council of 12 July 2002 concerning the processing of personal data and the protection of privacy in the electronic communications sector（Directive on privacy and electronic communications）”，https://eur-lex. europa. eu/legal-content/EN/TXT/? qid = 1555843754248&uri =CELEX：32002L0058，March 30，2019.

③ Official Journal of the European Union，“on the protection of natural persons with regard to the processing of personal data and on the free movement of such data，and repealing Directive 95/46/EC（General Data Protection Regulation）REGULATION（EU）2016/679）”，https://eur-lex. europa. eu/legal-content/EN/TXT/HTML/? uri = CELEX：32016R0679&from = EN，March 30，2019.

④ 刘金瑞：《个人信息与权利配置——个人信息自决权的反思和出路》，法律出版社2017年版，第46页。

例》“对数据收集、控制、处理、保存、公开和转移、分享和传播等诸多方面做出极为严格的限制，非常明显地反映出个人信息数据保护更多的是以行政法为主导的公法监控，而不是民法保护”。[①] 欧盟《通用数据保护条例》（2016/679）生效后，无须经国内法转化可直接适用于各成员国。但条例规定涉及敏感数据的保护规则、儿童年龄标准等50个领域，可以由成员国继续做出补充规定。例如，英国2018年修订了《数据保护法》（Data Protection Act 2018）[②]，在与欧盟《通用数据保护条例》（2016/679）保持一致基础上作了补充规定。

2016年4月27日，欧盟通过了《关于国家机关为预防、调查、侦查或起诉刑事犯罪或执行刑事处罚而处理并免费移动个人数据过程中的自然人保护的指令》（2016/680）。[③]

2018年5月18日，欧盟修正了《有关个人数据自动化处理之个人保护公约》（第108号公约），“继续推动欧盟之外国家向欧盟数据保护标准靠拢，并继而实现欧盟的数据跨境流动理想框架”。[④]

---

① 张礼洪：《人格权的民法保护及其理论的历史发展——兼议我国的立法模式选择》，载《中国政法大学学报》2018年第4期。

② 根据2018年《欧洲联盟（退出）法》［European Union（Withdrawal）Act 2018］第3节，英国退出欧盟后，欧盟《通用数据保护条例》（2016/679）将直接纳入国内法。

③ Official Journal of the European Union，“Directive（EU）2016/680 of the European Parliament and of the Council of 27 April 2016 on the protection of natural persons with regard to the processing of personal data by competent authorities for the purposes of the prevention，investigation，detection or prosecution of criminal offences or the execution of criminal penalties，and on the free movement of such data，and repealing Council Framework Decision 2008/977/JHA”，https://eur-lex. europa. eu/legal-content/EN/TXT/? qid = 1555843754248&uri = CELEX：32016L0680，March 30，2019.

④ 王融腾、余春芳、朱家豪、郭雅菲：《迷雾中的新航向——2018年数据保护政策年度观察》，载腾讯研究院：https://baijiahao. baidu. com/s? id =1621192265548251162&wfr =spider&for =pc，最后访问时间：2019年3月30日。

2. 美国

个人信息保护的重要原则“公平信息实践准则”（英文：Fair Information Practice）起源于美国。1973 年 7 月，美国卫生、教育和福利部部长自动化个人数据系统咨询委员会在充分调研后发布《数据记录、计算机和公民权利》的报告（Report of the Secretary's Advisory Committee on Automated Personal Data Systems：Records，Computers and the Rights of Citizens），对以下四个问题进行了分析：（1）使用自动化个人数据系统可能产生的有害后果；（2）可能防止潜在有害后果的预防措施；（3）可能弥补任何有害后果的救济措施；（4）与社会保障号码的发放和使用有关的政策和惯例。报告建议立法为所有自动化个人数据系统制定联邦“公平信息实践准则”，该准则基于五项基本原则，这些原则将作为自动化个人数据系统的“保障要求”具有法律效力，违反任何保障要求均将视为“不公平的信息行为”，应承担民事责任和受到刑事处罚。这五项基本原则如下：（1）任何自动化个人数据系统的存在都不能是秘密的；（2）个人须有途径查明哪些本人信息存储于数据系统及这些信息如何被使用；（3）须有措施防止，在未经本人同意的情况下使用个人信息，或用于本人同意的使用目的之外；（4）个人须有途径纠正或修改其可识别的个人信息；（5）任何创建、维护、使用或传播可识别的个人信息的组织，必须确保个人信息的可靠性以满足其预期用途，并必须采取预防措施防止滥用个人信息。[①]《数据记录、计算机和公民权利》报告影响深远，“公平信息实践准则”成为美国个人信息保护法律规范的基石。

美国立法保护个人信息不受政府部门和私营机构侵犯。美国学说、判

① U. S. Dep't. of Health，Education and Welfare，Secretary's Advisory Committee on Automated Personal Data Systems，"Report of the Secretary's Advisory Committee on Automated Personal Data Systems：Records，Computers and the Rights of Citizens"，https://www. epic. org/privacy/hew1973report/，March 30，2019.

例和立法传统均以隐私权为权利基础保护个人信息。本部分的侧重点是探讨个人信息保护和利用的原则与规则，不探讨权利基础问题。美国1974年《隐私法》(Privacy Act of 1974)，将“公平信息实践准则”适用于美国联邦政府部门，主要规范政府部门对个人信息的收集和使用。美国1988年《计算机匹配和隐私保护法》(Computer Matching and Privacy Protection Act of 1988)，作为1974年《隐私法》的修正案，约束政府部门间共享信息，规范利用个人识别方法匹配关于同一个人的信息的行为。美国1998年《儿童网上隐私保护法》(Children's Online Privacy Protection Act of 1998)，规定网站管理者要遵守隐私规则，必须说明何时和如何以一种可以验证的方式向儿童家长征求同意，并且网站管理者必须保护儿童在线隐私和安全。美国2011年《消费者隐私权法案》(Consumer Privacy Bill of Rights of 2011)遵循“公平信息实践准则”，这项法案建议消费者控制网站收集的个人信息的使用。“法案正文由‘透明度’‘用户控制’‘尊重场景’‘集中收集与有责利用’‘安全维护’‘信息获取与信息质量’‘责任界定’七部分构成，并规定由业界根据此纲领性内容制定实施细则予以细化实施。”① 美国政府2012年2月公布了《网络世界中的消费者数据隐私：保护隐私和促进全球经济创新的框架》(Consumer Data Privacy in a Networked World：A Framework for Protecting Privacy and Promoting Innovation in the Global Economy)，该文件中包含一份《消费者隐私权法案》(Consumer Privacy Bill of Rights)，② 旨在保护消费者在网上冲浪时的隐私，③ 其政策目的是阻止互联网公司为目标广告不加选择地收集个人信息。作为回应，

① 范为：《大数据时代个人信息保护的路径重构》，载《环球法律评论》2016年第5期。

② Electronic Privacy Information Center，“White House：Consumer Privacy Bill of Rights”，https://epic.org/privacy/white_house_consumer_privacy_.html，March 25，2019.

③ CNN Money，“White House pushes online privacy bill of rights”，https://money.cnn.com/2012/02/23/technology/privacy_bill_of_rights/index.htm?iid=EL，March 30，2019.

互联网公司如摩兹（Mozilla）、谷歌（Google）、微软（Microsoft）、雅虎（Yahoo!）、美国在线承诺提供“不跟踪”机制，以便客户可以选择是否愿意参与在线目标广告活动。[①] 2015 年 2 月美国政府公布了《2015 年消费者隐私权法案》草案，新法案赋予美国民众更大的隐私权。

2018 年 6 月 28 日，美国加利福尼亚州（以下简称加州）通过《加州消费者隐私保护法》（California Consumer Privacy Act，CCPA），于 2020 年 1 月 1 日生效，堪称全美各州最严的数据隐私保护法。依据该法，如果互联网公司掌握达到或超过 5 万名消费者的数据，消费者有权知道公司收集哪些个人数据、收集数据的目的、哪一类第三方获得这些数据；消费者有权要求公司删除这些数据，或是拒绝公司把自己的数据出售给第三方；企业可以向消费者提供折扣，以换取他们对公司出售这些数据的许可。[②] 考虑到包括谷歌（Google）和脸书（Facebook）在内的众多硅谷网络科技公司位于加州，以及加州的经济体量已位居全球第五位，该法对全球数字经济的影响力堪比欧盟《通用数据保护条例》（2016/679）。

美国联邦上诉法院对个人信息泄露受害者寻求法律救济的权利给予支持。2017 年 8 月，美国华盛顿特区联邦上诉法院在阿蒂亚斯诉第一照顾医疗保险公司案（Attias v. Carefirst，Inc）中裁定，消费者可以起诉未能保护其个人信息的公司。2014 年 6 月，第一照顾保险公司（Carefirst[③]）遭受数据泄露，约 110 万名投保人的个人信息（包括投保人的姓名、出生日

① Rainey Reitman，“Mozilla Leads the Way on Do Not Track”，https://www.eff.org/deeplinks/2011/01/mozilla-leads-the-way-on-do-not-track，March 30，2019.

② California Consumer Privacy Act，https://en.wikipedia.org/wiki/California_Consumer_Privacy_Act，March 30，2019.

③ CareFirst Blue Cross Blue Shield，为美国大型医疗保险公司，是 Blue Cross Blue Shield（美国联邦医疗保险服务商）在大西洋中部的子公司，在哥伦比亚特区、马里兰州和弗吉尼亚州为客户提供健康保险。载 CSDN：https://blog.csdn.net/ankkikj/article/details/46043259，最后访问时间：2019 年 3 月 31 日。

期、电子邮件地址和用户身份号码）遭泄露，但更为敏感的数据，如社会保险和信用卡号码，并没有被窃。第一照顾保险公司（Carefirst）于2015年5月公开承认违反了有关规定导致数据泄露，随后原告阿蒂亚斯（Attias）代表其自身和其他投保人起诉该公司及其各关联公司，指控其未能保护原告个人信息，违反法律义务。诉讼争议焦点在于，原告是否必须证明造成了“事实上的损害”（injury-in-fact）。[①] 初审法院驳回起诉，认为原告未能证明他们遭受了“事实上的损害”，因为未来损害的风险并非“必然迫在眉睫”，原告遭受的任何欺诈并不能公平合理地溯源于这起数据泄露，并且原告没能证明“具体的损害”。原告上诉后，针对“数据泄露受害者是否必须遭受迫在眉睫的或实际的具体损害才能起诉”的问题，华盛顿特区联邦上诉法院最终裁定，消费者可以起诉未能保护其个人信息的公司。[②]

美国联邦最高法院，对正面临数据泄露和后续数据滥用威胁的消费者不限制其追索权。2019年3月25日，美国联邦最高法院裁定拒绝复查扎珀斯公司诉史蒂文斯等案（Zappos. com，Inc. v. Stevens，Theresa，Et Al. [③]），维持了上诉法院的判决，明确了诸如身份盗窃和金融欺诈等后果性后续危害与数据泄露受害者是否有资格起诉泄露其个人信息的公司无

---

① 原告必须证明他们：（1）遭受了事实上的损害（suffered an injury-in-fact）；（2）能够公平合理地追溯到被告受到质疑的行为（that is fairly traceable to the challenged conduct of the defendant）；（3）有可能被有利的司法裁决纠正（is likely to be redressed by a favorable judicial decision）。事实上的损害（injury-in-fact），要求原告遭受侵害的法律利益是：（1）实在的（concrete）；（2）具体化的（particularized）；（3）实际的或迫在眉睫的，非推测的或假设的（actual or imminent，not conjectural or hypothetical）。

② Electronic Privacy Information Center，“Attias v. Carefirst，Inc”，https://epic. org/amicus/data-breach/carefirst/，March 30，2019.

③ ORDER LIST：586 U. S.，https://www. supremecourt. gov/orders/courtorders/032519zor_2bo2. pdf，March 30，2019.

关。扎珀斯公司（Zappos. Com①）拥有超过2400万的客户。2012年1月，黑客窃取了扎珀斯公司的客户信息（包括姓名、收货地址和电话号码，但未窃走客户的信用卡信息）。在扎珀斯公司意识到安全漏洞后，其向客户发送了一封电子邮件，通知此事并建议客户更改其在网站上的登录验证信息。史蒂文斯等几位客户独立对扎珀斯公司提起诉讼，认为扎珀斯公司未采取适当措施保护客户的可识别的个人信息。扎珀斯公司提出关于强制仲裁和中止诉讼的动议。美国联邦第九巡回法院驳回了扎珀斯公司的动议，判决允许消费者在其个人数据遭到泄露后有权直接起诉网络零售商。美国联邦最高法院维持了这一判决。②

值得注意的是，美国没有通过全面的个人信息保护法，而是在某些领域采用了有限的部门法，并辅以行业自律模式。

3. 加拿大

加拿大也以隐私权作为个人信息保护的权利基础。1977年《加拿大人权法》（Canadian Human Rights Act）第四部分第一次明确规定隐私权法律规范，设立加拿大国会"个人隐私权保护委员会"，负责调查公众对隐私侵权的投诉，包括侵犯个人信息的投诉，并向国会报告。

加拿大《隐私法》（Privacy Act）是1983年7月1日生效的加拿大联邦立法。该法规定了联邦政府部门如何处理个人信息的规则。该法关于个人信息的条款如下。其一，政府部门不得收集个人信息，除非该资料直接与政府的运行程序或活动有关（第4条）。其二，除法定例外情况外，政府部门收集个人信息时，必须告知个人收集信息的目的［第5（2）节］。

① Zappos. com，是一家美国卖鞋的B2C网站，自1999年开站来，如今已成长为网上卖鞋的最大网站，超过了亚马逊（Amazon）。尼克·斯威姆（Nick Swinmurn）和谢家华是创始人。載搜狐百科：https://baike.sogou.com/v63630131.htm? fromTitle=Zappos，最后访问时间：2019年3月31日。

② Electronic Privacy Information Center，"Supreme Court Won't Disturb Data Breach Decision"，https://epic.org/2019/03/supreme-court-wont-disturb-dat.html，March 30，2019.

其三，除法定例外情况外，政府部门控制下的个人信息，只能用于收集该信息时确定的目的，或者用于符合该目的的用途，但个人同意用于其他用途的除外（第7条）。其四，除法定例外情况外，政府部门控制下的个人信息不得披露，但个人同意的除外（第8节）。其五，每个加拿大公民或永久居民都有权获得政府部门控制下的个人信息，该信息可由政府部门合理检索，如果信息不准确，则可以要求更正（第12节）。其六，政府部门可以在四种情况下拒绝个人信息的查询请求：第一，查询请求干扰了政府的职责，如国防和执法调查（第19～25节）；第二，查询非本人的个人信息（第26节）；第三，查询请求须受律师客户特权（英文：solicitor-client privilege）的限制（第27条）；第四，如果查阅个人医疗记录对个人没有益处，可以拒绝个人医疗记录的查阅申请（第28节）。其七，加拿大“个人隐私权保护委员会”专员负责受理和调查投诉，包括个人被政府部门拒绝查询个人信息的投诉（第29节）。

加拿大2000年《个人信息保护和电子文件法》（Personal Information Protection and Electronic Documents Act，PIPEDA），规定了私营机构在商业活动中如何收集、使用或披露个人信息的基本规则。将“个人信息”界定为“可识别个人的信息”但不包括姓名、职务、办公地址、办公电话。该法规定10项原则：（1）承担保密义务的原则；（2）确定采集和使用个人信息的目的原则；（3）当事人同意的原则；（4）有限采集原则；（5）限制使用、披露和存储的原则；（6）准确性原则；（7）保证个人信息得以安全保存的原则；（8）公布使用方法原则；（9）当事人有知情权原则；（10）接受申诉并核实信息的原则。[1] 这部法律将专员调查处理规定为

[1] 参见［加］珍妮弗·斯道达特：《加拿大〈个人信息保护和电子文件法〉对个人隐私的保护》，林钧跃译，载中国市场信用网：http://www.cmcma.org.cn/html/201010-15/20101015085106.htm，最后访问时间：2019年3月31日。

法院诉讼程序的前置程序，权利人可以向加拿大国会“个人隐私权保护委员会”投诉，委员会办公室专员须调查该投诉，并尽可能地通过调查、劝解、调停、抚慰等方法解决争议。如未能通过上述非正式方法解决争议，专员将作出调查报告并送达给双方，报告给出调查的结论，包括双方主动采取的改进措施以及专员代表委员会办公室做出的处理建议，但调查报告不是一项决定。专员没有权力发出强制性命令、判给损害赔偿金或罚款，但有权停止私营机构的个人信息业务。投诉人拿到调查报告后，可以到加拿大联邦法院申请听证。法院有权判令该私营机构纠正其行为并对外公布其将采取的改进措施，有权判给损害赔偿金。

2018 年 11 月 1 日，加拿大《保护个人信息和电子文件法》修正案生效，增加了企业数据泄露强制性通知报告义务，加拿大企业如果发生客户个人信息泄露，必须及时告知客户和消费者，如果“存在造成个人重大损失的风险”，则还要通知个人隐私权保护委员会专员办公室。加拿大企业两年内须更新网络信息安全保护设施，包括本公司与第三方的合作设施。修正案对违反行为制定了处罚措施，每次违规的罚款额最高可达10 万加拿大元。①

4. 我国台湾地区、香港特别行政区、澳门特别行政区

（1）我国台湾地区

我国台湾地区 1995 年 8 月颁布“电脑处理个人资料保护法”，保护的客体局限于经电脑处理的个人资料。该法 2010 年 4 月修正，名称修改为“个人资料保护法”，将保护的客体扩大为个人资料。“个人资料保护法”第 1 条规定，“为规范个人资料之收集、处理及利用，以避免人格权受侵害，并促进个人资料之合理利用，特制定本法”。将个人资料权利性质界

① Canada，“Personal Information Protection and Electronic Documents Act”，https://laws-lois.justice.gc.ca/PDF/P-8.6.pdf，March 30，2019.

定为人格权。该“法”第3条规定，“当事人就其个人资料依本法规定行使之下列权利，不得预先抛弃或以特约限制之：一、查询或请求阅览。二、请求制给复制本。三、请求补充或更正。四、请求停止收集、处理或利用。五、请求删除”。明确了个人资料权利的内容。该法将“对个人资料之收集、处理及利用”的主体分为“公务机关”和“非公务机关”，分章制定不同的行为规范。同时，该法还规定了损害赔偿、团体诉讼以及罚则。

2010年“个人资料保护法”颁布后，为具体实施该法，台湾地区分别制定了票据交换所、自来水事业《个人资料档案安全维护计画标准办法》，先后制定了不动产经纪业、殡葬服务业、移民业务机构、枪炮弹药刀械业、保全业、当铺业、电业及公用天然气事业、制造业及技术服务业、公益彩券发行机构、烟酒事业、农业金融业《个人资料档案安全维护管理办法》，相继制定了人力中介业、民用航空运输业、旅行业、停车场经营业、观光游乐业、私立职业训练机构、工程技术顾问业《个人资料档案安全维护计画及处理办法》，还制定了私立专科以上学校及私立学术研究机构、私立高级中等以下学校及幼儿园、私立儿童课后照顾服务中心《个人资料档案安全维护计画实施办法》等，这些规范性法律文件对各领域个人资料的收集、存储、利用、复制和共享等进行规范和保护。

（2）香港特别行政区

香港特别行政区1995年《个人资料（私隐）条例》，于1996年12月20日开始实施。根据1997年全国人民代表大会常务委员会《关于根据〈中华人民共和国香港特别行政区基本法〉第一百六十条处理香港原有法律的决定》，香港原有的条例及附属立法的部分条款抵触《基本法》，抵触的部分条款不采用为香港特别行政区法律。《个人资料（私隐）条例》（香港法例第486章）第3条第2款有关该条例具有凌驾地位的规定，不采用为香港特别行政区法律，其余部分采用为香港特别行政区法律。此后条例几经修订，现行为2018年4月20日核证版本，是一部全方位保护个人资料（私隐）的法律。

香港特别行政区《个人资料（私隐）条例》确立六项保障资料原则（data protection principle）：①收集资料原则，即资料使用者须以合法和公平的方式，收集他人的个人资料，其目的应直接与其职能或活动有关；须以切实可行的方法告知资料当事人收集其个人资料的目的，以及资料可能会被转移给哪类人士；收集的资料是有实际需要的，而不超乎适度。②资料准确及保留原则，即资料使用者须采取切实可行的步骤以确保持有的个人资料准确无误，而资料的保留时间不应超过达致原来目的的实际所需。③使用资料原则，即除非得到资料当事人自愿和明确的同意，个人资料只限用于收集时述明的目的或直接相关的目的。④资料保安原则，即资料使用者须采取切实可行的步骤，保障个人资料不会未经授权或意外地被查阅、处理、删除、丧失或使用。⑤公开政策原则，即资料使用者须采取切实可行的步骤来公开其处理个人资料的政策和行事方式，并交代其持有的个人资料类别和用途。⑥查阅及改正原则，即资料当事人有权要求查阅其个人资料；若发现有关个人资料不准确，有权要求更正。[①]

条例规定的“豁免”包括：第一，为家居或消闲目的而持有的个人资料可获全面豁免；第二，与雇佣事宜及特定程序有关的个人资料，可免受查阅资料原则管限；第三，若查阅资料原则及使用资料原则的应用于相关的个人资料，相当可能会损及保安、防卫和国际关系、防止或侦查罪行、评估或征收税项、新闻活动、健康、法律程序、专业尽职审查、存档、处理危急情况等，相关资料可获豁免。

根据《个人资料（私隐）条例》，香港个人资料私隐专员公署（英

---

① 香港特别行政区：《个人资料（私隐）条例》，载香港个人资料私隐专员公署网：https://www.elegislation.gov.hk/hk/cap486！en-zh-Hant-HK.pdf?FROMCAPINDEX=Y，最后访问时间：2019年4月15日。

文：Office of the Privacy Commissioner for Personal Data，Hong Kong）于1996年8月1日成立，负责监管香港所有管理个人资料的机构，包括所有政府部门。公署具有独立性，不受任何政府部门的指示和管辖。“公署2018年接获的个人资料泄露投诉个案为1890宗，较2017年上升23%。其中，互联网个人资料泄露投诉增3倍。在投诉个案中：71%投诉私营机构，12%投诉公营机构或政府部门，其余17%则投诉个别人士；在投诉性质方面，27%的个案是关于未经资料当事人同意而使用其个人资料；24%是关于收集个人资料的目的和手法。”[①] 根据条例第38条，公署在收到投诉或有合理理由相信可能违反条例规定的情况时，会就涉嫌违反条例的行为进行调查。该条例第48条第2款规定，专员在完成调查后，如认为符合公众利益，可发表报告列明该项调查的结果及由该项调查引致的、专员认为适合作出的任何建议或其他评论，例如，公署2019年2月21日发表的《香港宽频网络有限公司——客户资料库遭入侵事件》的调查报告。[②] 公署还可以做出执法决定，行政上诉委员会负责聆讯就公署执法决定而提出的上诉，并作出裁决。投诉人也可就专员拒绝对其投诉进行调查，或在调查完成后提出上诉。行政上诉委员会可确认、更改或推翻公署的有关决定。

条例的特色是规定了“罪行及补偿”。违反保障资料原则并不直接构成刑事罪行，唯私隐专员可发出执行通知，指令违反的人士或机构采取补救措施。不遵守执行通知属于刑事罪行，一经定罪，可被判处最高罚款港元五万元及监禁两年。若有人认为其个人资料私隐受侵犯而蒙受损失，包

① 《香港个人资料泄露投诉去年增23%》，载人民网：http://hm. people. com. cn/n1/2019/0131/c42272-30603983. html，最后访问时间：2019年2月20日。

② 黄继儿：《香港宽频网络有限公司——客户资料库遭入侵事件》（报告编号：R19-5759，2019年2月21日），载香港个人资料私隐专员公署网：https://www. pcpd. org. hk/sc_chi/files/enforcement/PCPD_Investigation_Report_R19-5759_Chi. pdf，最后访问时间：2019年4月15日。

括情感伤害，可根据条例向相关的资料使用者申索，以弥补损失。私隐专员可代其提出法律程序以寻求补偿，并给予法律协助。条例把某些活动刑事化，包括误用或不当使用个人资料以作直接促销用途（第 VI A 部）；不依从查阅个人资料要求（第 19 条）；未获资料使用者授权而披露取自其持有的个人资料（第 64 条）等。①

（3）澳门特别行政区

澳门特别行政区 2005 年《个人资料保护法》（第 8/2005 号法律），②吸收借鉴欧盟 1995 年《个人数据保护指令》（95/46/EC）的立法模式。

该法第一章规定了个人资料处理的一般原则、适用范围，并对个人资料及相关概念进行界定；第二章规定了个人资料的处理和性质以及对其处理的正当性；第三章赋予资料当事人资讯权、查阅权、反对权、不受自动化决定约束的权利、损害赔偿权；第四章规定了个人资料处理的安全性和保密性；第五章规定了将个人资料转移到特别行政区以外的地方的原则和规则；第六章规定了负责处理个人资料的主体的通知义务和公共当局的许可权限；第七章规定了代表负责处理资料实体的专业团体和其他组织制定行为守则的规范；第八章规定了行政和司法保护，对个人资料权利给予充分保护。澳门特别行政区《个人资料保护法》是一部相对比较完备的个人资料保护法律。

① 香港个人资料私隐专员公署：《条例简介》，载香港个人资料私隐专员公署网：https://www.pcpd.org.hk/sc_chi/data_privacy_law/ordinance_at_a_Glance/ordinance.html#1，最后访问时间：2019 年 4 月 15 日。

② 我国澳门特别行政区《个人资料保护法》（第 8/2005 号法律），载北大法宝：http://www.pkulaw.cn/fulltext_form.aspx? Db = aom&Gid = cdfa428a68dbfb6f6c573247546b71fcbdfb&keyword = 个人资料 &EncodingName = &Search_Mode = accurate&Search_IsTitle = 0，最后访问时间：2019 年 2 月 20 日。

(二) 我国的立法情况

1. 对个人信息的刑法保护

针对群众反映强烈的、严重危害社会的侵犯公民个人信息行为的犯罪化，我国刑法及时增补新罪，追究此类情节严重的违法行为的刑事责任。2009 年《刑法修正案（七)》增设“出售、非法提供公民个人信息罪”和“非法获取公民信息罪”,[①] 顺应人民群众个人信息保护的立法需求。2015 年《刑法修正案（九)》，将对公民个人信息的犯罪主体从特定主体扩展为不特定主体，并对特定主体从重处罚，加强个人信息保护力度。[②] 罪名从“出售、非法提供公民个人信息罪”和“非法获取公民个人信息罪”演化为“侵犯公民个人信息罪”。2016 年最高人民法院、最高人民检察院、公安部《关于办理电信网络诈骗等刑事案件适用法律若干问题的意见》（法发〔2016〕32 号）规定，向他人出售或者提供公民个人信息，窃取或者以其他方法非法获取公民个人信息，符合《刑法》第 253 条之一规定的，以侵犯公民个人信息罪追究刑事责任；使用非法获取的公民个人信息，同时实施电信网络诈骗犯罪行为，将实行“数罪并罚”。2017 年最高人民法院、最高人民检察院《关于办理侵犯公民个人信息刑事案件适用法律若干

---

① 《刑法修正案（七)》第 7 条规定：“国家机关或者金融、电信、交通、教育、医疗等单位的工作人员，违反国家规定，将本单位在履行职责或者提供服务过程中获得的公民个人信息，出售或者非法提供给他人，情节严重的，处三年以下有期徒刑或者拘役，并处或者单处罚金。窃取或者以其他方法非法获取上述信息，情节严重的，依照前款的规定处罚。单位犯前两款罪的，对单位判处罚金，并对其直接负责的主管人员和其他直接责任人员，依照各该款的规定处罚。”

② 《刑法修正案（九)》第 17 条规定：“违反国家有关规定，向他人出售或者提供公民个人信息，情节严重的，处三年以下有期徒刑或者拘役，并处或者单处罚金；情节特别严重的，处三年以上七年以下有期徒刑，并处罚金。违反国家有关规定，将在履行职责或者提供服务过程中获得的公民个人信息，出售或者提供给他人的，依照前款的规定从重处罚。窃取或者以其他方法非法获取公民个人信息的，依照第一款的规定处罚。单位犯前三款罪的，对单位判处罚金，并对其直接负责的主管人员和其他直接责任人员，依照各该款的规定处罚。”

问题的解释》（法释〔2017〕10号），对《刑法》第253条之一规定的“公民个人信息”进行了界定，[①] 对“侵犯公民个人信息罪”各构成要件作了详细解释。将网络服务提供者拒不履行法律、行政法规规定的信息网络安全管理义务，经监管部门责令采取改正措施而拒不改正，致使用户的公民个人信息泄露，造成严重后果的犯罪行为，依照《刑法修正案（九）》新增的“拒不履行信息网络安全管理义务罪”定罪处罚。[②] 将设立用于实施非法获取、出售或者提供公民个人信息违法犯罪活动的网站、通信群组，情节严重的犯罪行为，依照《刑法修正案（九）》新增“非法利用信息网络罪”定罪处罚。[③]

2. 对个人信息的民法保护

2014年最高人民法院《关于审理利用信息网络侵害人身权益民事纠纷案件适用法律若干问题的规定》（法释〔2014〕11号），回应司法实践中“个人信息”保护的新兴权利诉求，以司法解释方式承认“个人信息”有别于个人隐私的独立法益，并以侵权责任法律规范予以保护。[④] 2017年

---

① 最高人民法院、最高人民检察院《关于办理侵犯公民个人信息刑事案件适用法律若干问题的解释》（法释〔2017〕10号）第1条规定：“刑法第二百五十三条之一规定的‘公民个人信息’，是指以电子或者其他方式记录的能够单独或者与其他信息结合识别特定自然人身份或者反映特定自然人活动情况的各种信息，包括姓名、身份证件号码、通信通讯联系方式、住址、账号密码、财产状况、行踪轨迹等。”

② 最高人民法院、最高人民检察院《关于办理侵犯公民个人信息刑事案件适用法律若干问题的解释》（法释〔2017〕10号）第9条规定：“网络服务提供者拒不履行法律、行政法规规定的信息网络安全管理义务，经监管部门责令采取改正措施而拒不改正，致使用户的公民个人信息泄露，造成严重后果的，应当依照刑法第二百八十六条之一的规定，以拒不履行信息网络安全管理义务罪定罪处罚。”

③ 最高人民法院、最高人民检察院《关于办理侵犯公民个人信息刑事案件适用法律若干问题的解释》（法释〔2017〕10号）第8条规定：“设立用于实施非法获取、出售或者提供公民个人信息违法犯罪活动的网站、通讯群组，情节严重的，应当依照刑法第二百八十七条之一的规定，以非法利用信息网络罪定罪处罚；同时构成侵犯公民个人信息罪的，依照侵犯公民个人信息罪定罪处罚。”

④ 最高人民法院《关于审理利用信息网络侵害人身权益民事纠纷案件适用法律若干问题的规定》（法释〔2014〕11号）第12条规定：“网络用户或者网络服务提供者利用网络公开自然人基因信息、病历资料、健康检查资料、犯罪记录、家庭住址、私人活动等个人隐私和其他个人信息，造成他人损害，被侵权人请求其承担侵权责任的，人民法院应予支持。”

《民法总则》明确将“个人信息”规定为一项独立的民事权利，第111条规定，“自然人的个人信息受法律保护。任何组织和个人需要获取他人个人信息的，应当依法取得并确保信息安全，不得非法收集、使用、加工、传输他人个人信息，不得非法买卖、提供或者公开他人个人信息”。

3. 对个人信息的其他法律保护

第一，一般性的个人信息保护。如2003年《居民身份证法》规定，公安机关及人民警察对因制作、发放、查验、扣押居民身份证而知悉的公民的个人信息，应当予以保密；人民警察泄露个人信息侵害公民合法权益的，根据情节轻重，依法给予行政处分，构成犯罪的依法追究刑事责任。该法2011年修订后，增设了国家机关或金融、电信、交通、教育、医疗等单位及其工作人员在履行职责或者提供服务过程中获得的居民身份证记载的公民个人信息的保密义务和泄密法律责任。[①] 2006年《护照法》规定了护照签发机关及其工作人员对因制作、签发护照而知悉的个人信息的保密义务和法律责任。[②] 2009年修订的《统计法》增设统计机构和统计人员在统计工作中知悉的个人信息的保密义务和法律责任。[③] 2013年修订的《消

---

① 《居民身份证法》(2011年修正) 第13条第2款规定：“有关单位及其工作人员对履行职责或者提供服务过程中获得的居民身份证记载的公民个人信息，应当予以保密。”第19条规定，“国家机关或者金融、电信、交通、教育、医疗等单位的工作人员泄露在履行职责或者提供服务过程中获得的居民身份证记载的公民个人信息，构成犯罪的，依法追究刑事责任；尚不构成犯罪的，由公安机关处十日以上十五日以下拘留，并处五千元罚款，有违法所得的，没收违法所得”。

② 《护照法》第12条第3款规定：“护照签发机关及其工作人员对因制作、签发护照而知悉的公民个人信息，应当予以保密。”第20条第1款第5项规定，“护照签发机关工作人员在办理护照过程中有下列行为之一的，依法给予行政处分；构成犯罪的，依法追究刑事责任：……（五）泄露因制作、签发护照而知悉的公民个人信息，侵害公民合法权益的……”

③ 《统计法》(2009年修正) 第9条规定：“统计机构和统计人员对在统计工作中知悉的国家秘密、商业秘密和个人信息，应当予以保密。”第39条第1款第2项规定，“县级以上人民政府统计机构或者有关部门有下列行为之一的，对直接负责的主管人员和其他直接责任人员由任免机关或者监察机关依法给予处分：……（二）泄露统计调查对象的商业秘密、个人信息或者提供、泄露在统计调查中获得的能够识别或者推断单个统计调查对象身份的资料的……”第39条第2款规定：“统计人员有前款所列行为之一的，依法给予处分。”

费者权益保护法》建立消费者个人信息保护机制,[1] 经营者侵害消费者个人信息，除承担相应的民事责任[2]外，还可能承担相应的行政责任。[3]

第二，特殊性的个人信息保护，如以电子信息形式存在于网络空间的个人信息。2012 年全国人大常委会《关于加强网络信息保护的决定》，将“个人电子信息”作为上位概念，界分了“能够识别公民个人身份的”电子信息和“涉及公民个人隐私的”电子信息，从五个方面保护公民个人电子信息。一是明确公民个人电子信息保护的责任主体。二是规定收集、使用个人电子信息的基本原则，即合法、正当、必要原则。三是赋予信息主体知情权和选择权。四是规定网络服务提供者的信息保密义务、信息安全义务、信息管理义务。五是侵犯个人电子信息的救济措施。2016 年制定的《网络安全法》吸收借鉴域外个人信息保护的成熟经验，构建了相对完整的网络空间个人信息保护法律机制。其一，确立收集和使用公民个人信息原则，即合法、正当、必要原则；其二，建立收集个人信息的“知情—同

---

① 《消费者权益保护法》(2013 年修正) 第 29 条规定：“经营者收集、使用消费者个人信息，应当遵循合法、正当、必要的原则，明示收集、使用信息的目的、方式和范围，并经消费者同意。经营者收集、使用消费者个人信息，应当公开其收集、使用规则，不得违反法律、法规的规定和双方的约定收集、使用信息。经营者及其工作人员对收集的消费者个人信息必须严格保密，不得泄露、出售或者非法向他人提供。经营者应当采取技术措施和其他必要措施，确保信息安全，防止消费者个人信息泄露、丢失。在发生或者可能发生信息泄露、丢失的情况时，应当立即采取补救措施。经营者未经消费者同意或者请求，或者消费者明确表示拒绝的，不得向其发送商业性信息。”

② 《消费者权益保护法》(2013 年修正) 第 50 条规定：“经营者侵害消费者的人格尊严、侵犯消费者人身自由或者侵害消费者个人信息依法得到保护的权利的，应当停止侵害、恢复名誉、消除影响、赔礼道歉，并赔偿损失。”

③ 《消费者权益保护法》(2013 年修正) 第 56 条第 9 项规定，“经营者有下列情形之一，除承担相应的民事责任外，其他有关法律、法规对处罚机关和处罚方式有规定的，依照法律、法规的规定执行；法律、法规未作规定的，由工商行政管理部门或者其他有关行政部门责令改正，可以根据情节单处或者并处警告、没收违法所得、处以违法所得一倍以上十倍以下的罚款，没有违法所得的，处以五十万元以下的罚款；情节严重的，责令停业整顿、吊销营业执照：……（九）侵害消费者人格尊严、侵犯消费者人身自由或者侵害消费者个人信息依法得到保护的权利的……”

意”模式;[①] 其三，建立泄露、损坏、丢失个人信息的告知和报告制度;[②] 其四，赋予信息主体删除权和更正权;[③] 其五，设定网络安全监督管理机构及其工作人员对个人信息的保密义务;[④] 其六，规制个人信息的跨境转移。[⑤] 2018 年制定的《电子商务法》在以往立法个人信息保护规则基础上，增设了信息查询权、更正权、删除权和注销权。第 24 条规定，“电子商务经营者应当明示用户信息查询、更正、删除以及用户注销的方式、程序，不得对用户信息查询、更正、删除以及用户注销设置不合理条件”。

4. 部门规章细化个人信息安全规范

为促进个人信息的合理利用，指导和规范利用信息系统处理个人信息活动，《信息安全技术公共及商用服务信息系统个人信息保护指南》[⑥]（以下简称《指南》）自 2013 年 2 月 1 日起实施，自此我国个人信息保护进入

---

① 《网络安全法》第 22 条第 3 款规定：“网络产品、服务具有收集用户信息功能的，其提供者应当向用户明示并取得同意；涉及用户个人信息的，还应当遵守本法和有关法律、行政法规关于个人信息保护的规定。”第 41 条规定：“网络运营者收集、使用个人信息，应当遵循合法、正当、必要的原则，公开收集、使用规则，明示收集、使用信息的目的、方式和范围，并经被收集者同意。网络运营者不得收集与其提供的服务无关的个人信息，不得违反法律、行政法规的规定和双方的约定收集、使用个人信息，并应当依照法律、行政法规的规定和与用户的约定，处理其保存的个人信息。”

② 《网络安全法》第 42 条规定：“网络运营者不得泄露、篡改、毁损其收集的个人信息；未经被收集者同意，不得向他人提供个人信息。但是，经过处理无法识别特定个人且不能复原的除外。网络运营者应当采取技术措施和其他必要措施，确保其收集的个人信息安全，防止信息泄露、毁损、丢失。在发生或者可能发生个人信息泄露、毁损、丢失的情况时，应当立即采取补救措施，按照规定及时告知用户并向有关主管部门报告。”

③ 《网络安全法》第 43 条规定：“个人发现网络运营者违反法律、行政法规的规定或者双方的约定收集、使用其个人信息的，有权要求网络运营者删除其个人信息；发现网络运营者收集、存储的其个人信息有错误的，有权要求网络运营者予以更正。网络运营者应当采取措施予以删除或者更正。”

④ 《网络安全法》第 45 条规定：“依法负有网络安全监督管理职责的部门及其工作人员，必须对在履行职责中知悉的个人信息、隐私和商业秘密严格保密，不得泄露、出售或者非法向他人提供。”

⑤ 《网络安全法》第 37 条规定：“关键信息基础设施的运营者在中华人民共和国境内运营中收集和产生的个人信息和重要数据应当在境内存储。因业务需要，确需向境外提供的，应当按照国家网信部门会同国务院有关部门制定的办法进行安全评估；法律、行政法规另有规定的，依照其规定。”

⑥ 《信息安全技术公共及商用服务信息系统个人信息保护指南》（GB/Z 28828—2012），国家质量监督检验检疫总局、国家标准化管理委员会 2012 年 11 月 5 日批准发布，2013 年 2 月 1 日起实施。

“有标可依”阶段。《指南》将个人信息（personal information）界定为，可为信息系统所处理、与特定自然人相关、能够单独或通过与其他信息结合识别该特定自然人的计算机数据。《指南》将个人信息划分为“个人敏感信息”[①]和“个人一般信息”，[②]分别设置不同的保护规则。《指南》设定信息系统个人信息保护实施过程中涉及四个角色，即个人信息主体、个人信息管理者、个人信息获得者和独立测评机构，并分别确定职责。《指南》明确信息系统中个人信息处理过程的四个环节，即收集、加工、转移、删除，对个人信息的保护贯穿于四个环节中。

为了保护电信和互联网用户的合法权益，维护网络信息安全，2013 年 9 月 1 日《电信和互联网用户个人信息保护规定》开始实施。该规定所称用户个人信息，“是指电信业务经营者和互联网信息服务提供者在提供服务的过程中收集的用户姓名、出生日期、身份证件号码、住址、电话号码、账号和密码等能够单独或者与其他信息结合识别用户的信息以及用户使用服务的时间、地点等信息”。该规定要求电信业务经营者、互联网信息服务提供者。一方面，应当在提供服务的过程中收集、使用用户个人信息遵循合法、正当、必要的原则；另一方面，要对其在提供服务过程中收集、使用的用户个人信息的安全负责。[③]

5. 我国制定个人信息保护法的立法进程

目前，我国对个人信息的立法保护越发重视。纵向上看，立法位阶多

---

① 《信息安全技术公共及商用服务信息系统个人信息保护指南》（GB/Z 28828—2012）第 3.7 条“个人敏感信息”（personal sensitive information）规定：“一旦遭到泄露或修改，会对标识的个人信息主体造成不良影响的个人信息。各行业个人敏感信息的具体内容根据接受服务的个人信息主体意愿和各自业务特点确定。例如个人敏感信息可以包括身份证号码、手机号码、种族、政治观点、宗教信仰、基因、指纹等。”

② 《信息安全技术公共及商用服务信息系统个人信息保护指南》（GB/Z 28828—2012）第 3.8 条“个人一般信息”（personal general information）规定：“除个人敏感信息以外的个人信息。”

③ 《电信和互联网用户个人信息保护规定》（工业和信息化部令第 24 号），工业和信息化部 2013 年 7 月 16 日公布，自 2013 年 9 月 1 日起实施。参见该规定第 4 条、第 5 条、第 6 条。

元，有法律、行政法规、部门规章、司法解释；横向上看，有民法、刑法、经济法、行政法等法律规范。但总体上看，各项规定分散于各类法律规范当中，一些规定较为笼统，缺少系统性，亟待制定一部系统的“个人信息保护法”。

自2003年，我国开始组织起草制定个人信息保护法。周汉华研究员领衔的课题组出版了《个人信息保护法（专家建议稿）及立法研究报告》,① 齐爱民教授发表了《中华人民共和国个人信息保护法示范法草案学者建议稿》。② 2018年9月，民法典各分编草案公布，其中“人格权编”规定了“个人信息保护”，并为即将制定的个人信息保护法留下衔接空间。③ 全国人大代表近年来连续提出个人信息保护的立法议案，积极推动个人信息立法进程。在2019年3月4日举行的十三届全国人大二次会议新闻发布会上，大会发言人表示：“全国人大常委会已将制定个人信息保护法列入本届立法规划，相关部门正在抓紧研究和起草，争取早日出台。”④

第二节　个人信息保护与利用的利益平衡

一、信息技术的“双刃剑”效应

（一）生产力发展使个人信息收集和利用不可避免

由铁路建设和蒸汽机的发明触发的第一次工业革命，将人类引领进入

① 周汉华：《个人信息保护法（专家建议稿）及立法研究报告》，法律出版社2006年版。

② 齐爱民：《中华人民共和国个人信息保护法示范法草案学者建议稿》，载《河北法学》2005年第6期。

③ 全国人大常委会法制工作委员会民法室：《新时代应运而生的民法典各分编草案》，载中国人大网：http://www.npc.gov.cn/npc/xinwen/lfgz/2018-08/29/content_2059972.htm，最后访问时间：2019年2月20日。

④ 丁可宁：《期待个人信息保护立法驶入快车道》，载《人民公安报》2019年3月5日，第1版。

机械生产的“蒸汽时代”，这次工业革命始于1760年，大约持续到1840年。以电力和生产线的出现为标志的第二次工业革命，将人类带入规模化生产的“电气时代”，这次工业革命始于1840年，延续至20世纪50年代。以半导体技术的发明、大型计算机的创制、个人计算机的应用和互联网的发展为主线的第三次工业革命，将人类带入以计算机软硬件和网络为核心的“数字技术时代”，[①] 这次数字革命始于20世纪60年代，延续至21世纪初。以人工智能、大数据、清洁能源、量子信息技术等为主的第四次工业革命已在深度推进中。“第四次工业革命通过推动‘智能工厂’的发展，在全球范围实现虚拟和实体生产体系的灵活协作。这有助于实现产品生产的彻底定制化，并催生新的运营模式。然而，第四次工业革命决不仅限于智能互联的机器和系统，其内涵更为广泛。当前，从基因测序到纳米技术，从可再生能源到量子计算，各领域的技术突破风起云涌。这些技术之间的融合，以及它们横跨物理、数字和生物几大领域的互动，决定了第四次工业革命与前几次工业革命有着本质不同。”[②]

在第四次工业革命时代，新兴技术给所有的个体和群体带来前所未有的改变，例如，“从1997年到2018年，我国网民数量从62万增长至8.29亿，互联网普及率从0.03%增长至59.6%，网站数量从1500个增长至523万个”。[③] 这种改变正在重塑人类赖以生存的经济、社会、文化和环境。互联网的普及，使网络数据的收集、存储、挖掘和利用成为新兴产业，包括个人信息在内的海量数据成为一种新的重要“资源”，个人信息的收集和利用成为不可避免的趋势。无论是智能工厂的定制化生产，商品服务的精

---

① 参见张璐晶、张燕、宋雪莲：《第四次工业革命来袭 技术控 Plus 创新狂》，载《中国经济周刊》2016年第24期。

② ［德］克劳斯·施瓦布：《第四次工业革命》，李菁译，中信出版社2016年版，第5页。

③ 中国互联网络信息中心：《中国互联网络发展状况统计报告》（2019年2月），载中国互联网络信息中心：http://cnnic.cn/gywm/xwzx/rdxw/20172017_7056/201902/W020190228474508417254.pdf，最后访问时间：2019年3月20日。

准化送达，个性化医疗及其治疗效果的实现，还是各种新技术的实际应用，都离不开个人身份信息、行为信息、偏好信息、生物信息等个人信息的收集和利用。

（二）个人信息泄露和滥用威胁人身和财产权益

信息技术的广泛应用、信息网络的快速普及，极大地促进了经济发展、社会进步和科技创新。移动互联网、物联网、云计算等信息技术和移动终端的发展应用，使个人信息处理方式向数字化转变，“人们在享受信息数字化带来的诸多便利的同时，也面临着个人信息数字化带来的风险”。① 中国互联网络信息中心 2019 年 2 月 28 日发布的《中国互联网络发展状况统计报告》显示，截至 2017 年 12 月底，我国网民规模为 7.7198 亿人，27.1% 的网民遭遇个人信息泄露，即约 2.0921 亿网民遭遇个人信息泄露；截至 2018 年 12 月底，我国网民规模为 8.2851 亿人，27.3% 的网民遭遇个人信息泄露，即约 2.2618 亿网民遭遇个人信息泄露。② 对比《2013 年中国网民信息安全状况研究报告》，2018 年度相较于 2013 年度，网民遭遇个人信息泄露上升了 13.9%，遭遇个人信息泄露的网民约增加了 1.4698 亿人。③

个人信息的泄露，可能导致电信诈骗、敲诈勒索、盗刷信用卡、非法讨债等犯罪活动发生，严重损害公民合法权益。电信网络诈骗，正是个人信息泄露所带来的一种较为严重的危害后果。一些犯罪分子利用人们防范

---

① 张新宝：《从隐私到个人信息：利益再衡量的理论与制度安排》，载《中国法学》2015 年第 3 期。

② 参见中国互联网络信息中心：《中国互联网络发展状况统计报告》（2019 年 2 月），载中国互联网络信息中心：http://cnnic.cn/gywm/xwzx/rdxw/20172017_7056/201902/W020190228474508417254.pdf，最后访问时间：2019 年 3 月 20 日。

③ 根据中国互联网络信息中心发布的《2013 年中国网民信息安全状况研究报告》，2013 年个人信息泄露发生比例为 13.4%，总人数达 7919.4 万人。该报告注释说明，根据 CNNIC 的《第 32 次中国互联网络发展状况统计报告》，截至 2013 年 6 月底，我国网民数为 5.91 亿人。参见中国互联网络信息中心：《2013 年中国网民信息安全状况研究报告》，载中国互联网络信息中心：http://www.cnnic.cn/hlwfzyj/hlwxzbg/mtbg/201312/P020131219359905417826.pdf，最后访问时间：2019 年 2 月 20 日。

意识不强，结合真实个人信息创设相关的诈骗场景，从而诱使人们相信并且汇款；还有一些骗子利用手机木马或病毒，通过手机短信发送一个诱导链接，结合真实个人信息引诱人们点击诱导链接，从而控制手机进而窃取机主金融账户内款项。"2016年曾轰动全国的'徐玉玉被骗案'中，诈骗犯就是通过QQ群购买了1800条高中毕业生资料，利用徐玉玉刚刚申请助学贷款这一信息，将她拼凑来的9900元的学费骗走。为此，徐玉玉伤心欲绝，最终心脏骤停，虽经医院全力抢救，但仍不幸离世，一条鲜活的生命就此消逝。"① 2018年9月，最高人民法院发布的《电信网络诈骗司法大数据专题报告》显示，"2016年至2017年，全国电信网络诈骗案件量呈上升趋势。2017年，全国已结一审电信网络诈骗案件量较2016年上升70.34%"。② 而世界范围内，"数据黑色产业链日益成熟，离境数据被恶意利用和买卖的现象频发"。③

个人信息的滥用，使互联网企业商业实践的谨慎性和可取性受到广泛质疑，也使消费者个人信息货币化的危险性受到严重关切。2018年3月16日，脸书（Facebook）承认将5000万用户资料非法转让给数据分析公司——剑桥分析公司（Cambridge Analytica），④ 剑桥分析公司在未经用户同意的情

---

① 杨一：《揭秘互联网黑色产业链：数十亿条个人信息遭泄露，元凶是"内鬼"》，载科创财经汇：https://baijiahao.baidu.com/s?id=1622780652881738154&wfr=spider&for=pc，最后访问时间：2019年4月18日。

② 孙航：《司法大数据"揭秘"电信网络诈骗案件审判情况》，载中国法院网：https://www.chinacourt.org/index.php/article/detail/2018/09/id/3483747.shtml，最后访问时间：2019年2月20日。

③ 黄道丽、何治乐：《欧美数据跨境流动监管立法的"大数据现象"及中国策略》，载《情报杂志》2017年第4期。

④ 剑桥分析公司（Cambridge Analytica）是一家英国数据分析咨询公司，为政治活动提供服务。剑桥分析公司专门研究"心理图形"分析，它使用在线收集的数据来识别选民的个性，并通过有针对性的广告影响选民的行为。数据分析公司通过数据挖掘、数据代理和数据分析收集信息。剑桥分析公司是SCL集团母公司的一个分支机构，这家数据分析公司参与了许多政治竞选，包括唐纳德·特朗普的总统竞选。Electronic Privacy Information Center, "In re Facebook-Cambridge Analytica", https://epic.org/privacy/facebook/cambridge-analytica/, April 18, 2019.

况下获取数据。自从脸书（Facebook）发布公告以来，这一数字已增加到8700万用户，成为脸书（Facebook）历史上最大的非法数据传输之一。[①]美国及有关国家对这一事件展开调查，脸书（Facebook）创始人兼首席执行官扎克伯格（Mark Elliot Zuckerberg，1984～）于2018年4月10日和11日在美国参议院司法委员会和参议院商务委员会以及众议院能源和商务委员会作证。剑桥分析公司丑闻爆发后，脸书（Facebook）股价周一暴跌近7%。

二、利益识别与利益衡量

利益与法律之间的关系是法学研究的一个重要领域，德国法学家耶林（Rudolph von Jhering，1818～1892年）从“权利的基础是利益”的基本观点出发，探讨法律的目的以及法律如何处理相互冲突的利益，他认为，法

① 2013年，剑桥大学的一名研究人员亚历山大·科根（Aleksandr Kogan）博士创建了一个名为“ThisisYourDigitalife”的个性测试应用程序，要求脸书（Facebook）用户填写一份1～2美元的问卷。科根博士的应用程序将为“学术目的”收集用户的脸书个人信息，并随后从他们的脸书好友的个人资料中获取私人信息。收集到的数据包括用户身份、居住地址、朋友圈和喜好等详细信息。2014年，剑桥分析公司（Cambridge Analytica）与科根博士签订了一份以获取和处理用户数据为前提的合同。科根博士违反了脸书的服务条款，在没有脸书用户知情或同意的情况下，将用户数据传输给了剑桥分析公司。当时，脸书允许此类活动，但自那时起已禁止此类活动。2014年4月，脸书宣布计划在2015年之前升级其平台，限制第三方应用程序访问好友数据。但是，第三方应用程序不必删除在2015年平台升级之前已经获得的数据。2014年至2016年，剑桥分析公司非法收集了多达8700万用户的数据。根据脸书当前的服务条款，第三方应用程序收集的数据不能出售或传输给外部方。调查报告称，数据分析公司收集了数据，开发了在2016年总统选举中针对选民的技术，其中包括一种算法，可以分析个人脸书档案并确定投票行为。剑桥分析公司的告密者克里斯托弗·怀利（Christopher Wylie）说：“我们利用Facebook获取了数百万人的个人资料。并建立模型，利用我们对他们的了解，瞄准他们内心的恶魔。这是整个公司的基础。”脸书在2015年了解到数据采集，但直到三年后才公开承认这一事件。脸书在向《纽约时报》和《卫报》的观察员了解到他们据称没有销毁数据后，暂停了剑桥分析公司和科根博士的工作。Electronic Privacy Information Center，“In re Facebook-Cambridge Analytica”，https://epic. org/privacy/facebook/cambridge-analytica/，April 18，2019.

律的目的是平衡个人利益和社会利益，实现利己主义和利他主义的结合。[①]德国法学家赫克（Philipp Heck，1858～1943 年）明确提出从利益角度研究法律现象，认为法律起源于各种相互冲突的利益，立法者和法官应该在各种冲突的利益之间寻求平衡。[②] 美国法学家罗斯科·庞德（Roscoe Pound，1870～1964 年）对法律秩序所应保护的利益进行了分类，“划分为个人利益（individual interests：‘直接涉及个人生活并以个人生活名义所提出的主张、要求或愿望’）、公共利益（public interests：‘涉及政治组织社会的生活并以政治组织社会名义提出的主张、要求或愿望’）和社会利益（social interests：‘涉及文明社会的社会生活并以这种生活的名义提出的主张、要求或愿望’）”。[③] 庞德认为，“在一个时期可能应当优先考虑一些利益，而在另一时期则应当优先考虑其他一些利益。……尽其可能保护所有的利益，并维持这些利益之间的、与保护所有这些利益相一致的某种平衡或协调”。[④]

随着人类文明的发展进步，人们在社会生活中不断产生新的需求，进而形成新的利益，个人信息的保护和利用正是这类新的利益。作为社会行为规范的法律，需要对新的利益适时调整。首先，需要立法承认这些利益需求，也就是承认在个人信息保护和利用中存在个人利益、公共利益和社会利益。其次，需要立法明确界定利益范围，也就是明确在个人信息保护和利用中个人利益、公共利益和社会利益各自的边界，防止利益泛化。最后，在行政权和司法权运行中努力保障立法界定范围内得到承认的个人利益、公共利益和社会利益。

---

① 张文显：《二十世纪西方法哲学思潮研究》，法律出版社 2006 年版，第 108 页。

② 吕世伦、孙文凯：《赫克的利益法学》，载《求是学刊》2000 年第 6 期。

③ [美] E. 博登海默：《法理学：法律哲学与法律方法》，邓正来译，中国政法大学出版社 2004 年版，第 154～155 页。

④ 同上书，第 155 页。

（一）个人信息保护和利用的利益识别

“法律并不创造利益，法律只是发现那些急需得到承认和保障的利益。”[①] 利益衡量以利益识别为起点，在大数据时代，围绕“个人信息”主要存在如下利益需求：一是信息主体对个人信息的保护需求，二是商业组织对个人信息的利用需求，三是国家机关对个人信息的使用需要。[②]

其一，信息主体对个人信息的保护需求，产生于信息处理和存储技术不断发展中出现的过度收集个人信息、擅自披露个人信息、擅自共享个人信息、买卖个人信息、窃取个人信息等严重问题。信息主体应了解与处理与其个人信息有关的风险、规则、保障和权利，以及如何行使与处理有关的权利。特别是处理个人信息的具体目的应明确、合法，并在收集个人信息时予以确定。个人信息应充分且与处理目的相关。尤其应确保收集的个人信息不过度，保存时间不超过处理这些信息的目的所需的时间。只有在处理目的不能通过其他方式合理实现时，才应处理个人信息。个人信息蕴含着人格利益或财产利益，或二者兼而有之，信息主体要求法律承认并保护个人信息所蕴含的权利和利益。

其二，商业组织对个人信息的利用需求，源于互联网发展带来的商业模式的革新。经营者通过互联网等信息网络销售商品或者提供服务，充分利用互联网全球性、开放性、高效率、低成本的特性，实现消费者网上购买商品或服务、商户之间网上交易、在线电子支付以及各种交易活动、金融活动和相关综合服务的数字化、电子化、网络化。此种商业模式下，需要以可识别的真实个人信息作为网络空间商业运营的信用基础，因此包括

① 邓正来：《社会学法理学中的“社会”神——庞德法律理论的研究和批判》，载正来学堂：http://dzl.ias.fudan.edu.cn/MasterArticle.aspx? ID =6068，最后访问时间：2019 年 2 月 20 日。

② 参见张新宝：《从隐私到个人信息：利益再衡量的理论与制度安排》，载《中国法学》2015 年第 3 期。

姓名、身份证号码、银行卡号码、手机号码等在内的真实个人信息的录入成为各类电子商务平台注册个人账户的必填项目。而留存于经营者网络服务器中的购买商品或服务的交易记录、支付记录以及搜索记录、浏览历史等个人信息成为互联网企业“数据挖掘”① 的矿源乃至“数据共享”② 的资源。互联网企业通过分析消费者的行为信息和偏好信息推算出消费者的兴趣爱好和消费习惯。一方面，为消费者提供更质优价廉的商品和更便捷的服务；另一方面，通过个性化的广告推送提高商业运营利润，推动企业自身发展。商业组织利用包括个人信息在内的网络数据创造经济价值和社会价值的需求属于社会利益范畴。

其三，国家机关对个人信息的使用需求。国家机关为履行维护国家安全和公共安全、社会治理、法律执行及推进公共服务、公共福利等职责都离不开对个人信息的记录、整合和利用。国家机关运用互联网、大数据、人工智能等信息技术，建立全国统一、多级互联的数据共享交换平台，以公民真实个人信息为基础，实时汇入网上预约、申报、审批（审查）结果等信息；基

① 数据挖掘（英语：Data mining），又译为资料探勘、数据采矿。是一种通过数理模式来分析企业内储存的大量资料，以找出不同的客户或市场划分，分析出消费者喜好和行为的方法。它是数据库知识发现（英语：Knowledge-Discovery in Databases，KDD）中的一个步骤。数据挖掘一般是指从大量的数据中自动搜索隐藏于其中的有着特殊关系性（属于 Association rule learning）的信息的过程。主要有数据准备、规律寻找和规律表示 3 个步骤。数据挖掘的任务有关联分析、聚类分析、分类分析、异常分析、特异群组分析和演变分析等。数据挖掘通常与计算机科学有关，并通过统计、在线分析处理、情报检索、机器学习、专家系统（依靠过去的经验法则）和模式识别等诸多方法来实现上述目标。载搜狗百科：https://baike. sogou. com/v261586. htm? fromTitle = 数据挖掘，最后访问时间：2019 年 4 月 18 日。

② 数据共享，就是让在不同地方使用不同计算机、不同软件的用户能够读取他人数据并进行各种操作运算和分析。数据共享的程度反映了一个地区、一个国家的信息发展水平，数据共享程度越高，信息发展水平越高。要实现数据共享，首先，应建立一套统一的、法定的数据交换标准，规范数据格式，使用户尽可能采用规定的数据标准；其次，要建立相应的数据使用管理办法，制定出相应的数据版权保护、产权保护规定，各部门间签订数据使用协议，这样才能打破部门、地区间的信息保护，做到真正的信息共享。实现数据共享，可以使更多的人更充分地使用已有数据资源，减少资料收集、数据采集等重复劳动和相应费用，而把精力重点放在开发新的应用程序及系统集成上。载搜狗百科：https://baike. sogou. com/v276788. htm? fromTitle = 数据共享，最后访问时间：2019 年 4 月 18 日。

于互联网、自助终端、移动终端的政务服务入口普及化，向社会公众提供方便快捷的信息发布、信息查询、费用缴纳、网上办理、互动交流等服务。据统计，截至2018年12月，我国在线政务服务用户规模达3.94亿，占整体网民的47.5%。[①] 此外，国家机关还需为科学研究、统计或历史用途存储和使用个人信息。国家机关对个人信息的使用需求，属于公共利益范畴。

（二）个人信息保护与利用的利益衡量

如前文所述，云计算、社交媒体、移动消费时时生成网络数据，数据中包含大量的个人信息。由于互联网新技术和新业态的发展很大程度上依赖于对包括个人信息在内的网络数据进行收集、储存、利用和共享等，如若单方面强调个人信息保护而绝对限制数据流通则可能阻碍科学技术的进步甚至限制生产力的发展；如若允许商业组织不加限制地对个人信息进行收集、储存、利用和共享，信息主体则可能丧失对其个人信息的控制，致使其人身和财产安全陷入风险甚至遭受实质性损害。如何妥善平衡个人信息保护与数字经济发展之间的关系，是当今世界各国所面临的共同课题。

从全球范围看，欧盟立法以基本人权为价值取向，侧重于个人信息保护；美国以推动数据产业发展为主旨，更注重个人信息合理利用。在我国，2018年度“全国网上零售额突破9万亿元，其中实物商品网上零售额7万亿元，同比增长25.4%，对社会消费品零售总额增长的贡献率达到45.2%，较2017年提升7.3个百分点”。[②] 鉴于数据流通具有的巨大经济效益和社会效益，既要考虑个人信息的保护需求，又要兼顾商业组织对个

① 中国互联网络信息中心：《中国互联网络发展状况统计报告》（2019年2月），载中国互联网络信息中心：http://cnnic.cn/gywm/xwzx/rdxw/20172017_7056/201902/W020190228474508417254.pdf，最后访问时间：2019年3月20日。

② 中新网：《商务部：2018年全国网上零售额突破9万亿元》，载中国新闻网：http://www.chinanews.com/cj/2019/02-21/8760857.shtml，最后访问时间：2019年3月30日。

人信息资源的利用需求。“不能因为过度保护个人信息等权利而限制了数据产业发展，也不能为发展数据产业而不考虑个人信息等权利的保护。”[①]因此，需要在个人信息保护和利用之间，寻找更好的平衡点，使个人信息保护成为数字经济良性发展的内在动力。

建立价值标准才能对各种利益进行正确的价值判断。不同法律文化对法律概念的理解不同，价值标准也与一个国家或地区的法文化传统、民族习惯和思维方式有着密切关系。在我国，本书建议采取以下价值标准：第一，是否有利于尊重和保障人权标准；第二，是否有利于解放和发展生产力标准；第三，是否有利于维护国家利益标准；第四，是否有利于保护重大社会利益标准。

1. 是否有利于尊重和保障人权的标准

尊重和保障人权是当代民主国家的宪法原则，在个人信息保护和利用中体现为尊重和保障信息主体的人身权益和财产权益。一方面，大数据技术条件下，更便于从广泛分散的数据系统中的数据片段收集个人信息，通过标准通用标识符（身份证号码、社会保障号码等）区分同名个人，并将个人信息与数据使用目的相匹配，从而生成部分或者完整的“数据人像”或“行踪轨迹”，信息主体将成为大数据透视之下的观察客体。如果信息主体面临无时不在的数据“监控”，这种心理压力将导致信息主体不能自主自由地行为，其作为人的人性自由和人格尊严必将受到严重威胁。另一方面，对个人信息的滥用和盗用，使越来越多的公民的人身权益和财产安全受到现实威胁或实质侵害。因而，限制个人信息的收集和存储，监管个人信息的利用和流通，防止个人信息的泄露和披露，保护个人信息的安全和可控，成为首要价值目标。

世界各国对个人信息权利的保护从严谨立法跃升为严格执法。2019 年

① 王利明：《数据共享与个人信息保护》，载《现代法学》2019 年第 1 期。

1月21日，法国国家信息和自由委员会①（CNIL）根据欧盟《通用数据保护条例》（2016/679）对谷歌（Google）开出了一张5000万欧元的罚单。理由是谷歌（Google）在两个方面违反了欧盟《通用数据保护条例》（2016/679）：一是未满足透明度和信息相关要求；二是没有为其处理流程获得法律依据。② 2019年1月25日，中央网信办、工信部、公安部、市场监管总局四部门在北京发布《关于开展APP违法违规收集使用个人信息专项治理的公告》，自2019年1月至12月在全国范围开展专项治理，以期建立个人信息保护的长效监管机制，持续加大个人信息保护力度。③

2. 是否有利于解放和发展生产力的标准

新兴技术的发展，数字经济的增长，极大地解放和发展了生产力。“数据作为基础性的生产资料，日益成为企业提升竞争力的核心资产，海量信息尤其是个人信息的收集、多方流转、比对与再利用成为价值创造的源泉。”④ 在人口稠密、高度流动的社会中，大规模数据网络对社会各阶层均具有潜在利益，可以增进知识共享，提高社会服务效率，扩大个人自由。移动互联网应用程序的广泛应用，在促进数字经济发展、提升社会治理能力、服务保障民生等方面发挥了不可替代的作用。因而，政策导向应鼓励技术创新、促进数据流通、开发数据价值、释放数据红利，尊重市场规律，促进产业发展，不宜泛化个人信息权利，不必要加重相关行业成本。

---

① 法国国家信息和自由委员会（法文：Commission nationale de l'informatique et des libertés，CNIL），是一个独立的法国国家数据保护机构，根据1978年法国《数据处理、数据文件及个人自由法》（第78-17号）建立，其任务是确保数据保护法适用于个人数据的收集、存储和使用。

② 新浪科技：《谷歌违反通用数据保护条例遭法国当局罚款5000万欧元》，载新浪科技：https://tech.sina.com.cn/i/2019-01-22/doc-ihrfqziz9829342.shtml?source=cj&dv=2，1，最后访问时间：2019年3月30日。

③ 李政葳：《国家四部门开展APP违法违规收集使用个人信息专项治理》，载光明网：http://m.gmw.cn/2019-01/25/content_32412356.htm，最后访问时间：2019年3月30日。

④ 范为：《大数据时代个人信息保护的路径重构》，载《环球法律评论》2016年第5期。

过于严苛的个人信息利用限制，对数字经济的发展也可能产生不利影响。欧盟《通用数据保护条例》（2016/679）在2018年5月生效后，显著促进了互联网企业对数据保护的投入，其行业性的高标准合规要求也提高了行业发展的成本。“据估计，财富全球500强公司对合规投入约78亿美元。但与此同时，也有许多中小企业因担心过高的法律风险，宣布停止向欧洲地区服务。”① 根据美国国家经济研究局（National Bureau of Economic Research，NBER）② 2018年11月发布的“关于欧盟《通用数据保护条例》对科技创业投资的短期影响的报告”显示，在欧盟《通用数据保护条例》生效实施后，“欧盟国家企业的融资总额、融资交易笔数以及每笔融资交易金额均大幅减少，《通用数据保护条例》使新企业每周减损90万美元投资，使成熟企业每周减损710万美元投资”。③ 对此种影响还需要持续观察和深入研究，以期在严格监管与数字经济之间寻找恰当的平衡。

3. 是否有利于维护国家利益的标准

国家利益是满足或能够满足国家生存发展等需要的各方面利益，国家主权安全是国家利益的最大体现。“因为政治制度代表着权力关系，规范着利益关系，保障着经济制度，主导着文化方向。可以说，没有政治制度的保障，其他社会制度都会发生变化。因此，主权及其相联系的政治制度

① 王融腾、余春芳、朱家豪、郭雅菲：《迷雾中的新航向——2018年数据保护政策年度观察》，载腾讯研究院：https://baijiahao.baidu.com/s?id=1621192265548251162&wfr=spider&for=pc，最后访问时间：2019年3月30日。

② 美国国家经济研究局（NBER）是一家美国私人非营利研究机构，“致力于在公共决策者、商业专业人士和学术界进行和传播无偏见的经济研究”。NBER以提供美国经济衰退的开始和结束日期而闻名。经济顾问委员会的许多主席都是NBER研究协会的成员，包括前NBER主席和哈佛大学教授马丁·费尔德斯坦（Martin Feldstein）。NBER现任总裁兼首席执行官是麻省理工学院的詹姆斯·M.波特巴（James M. Poterba）教授。

③ 王融腾、余春芳、朱家豪、郭雅菲：《迷雾中的新航向——2018年数据保护政策年度观察》，载腾讯研究院：https://baijiahao.baidu.com/s?id=1621192265548251162&wfr=spider&for=pc，最后访问时间：2019年3月30日。

的安全是首要的国家利益。”[①] 在民主国家中，公民个人让渡一部分权利而共同形成了国家权力，公民个人让渡一部分利益而共同凝聚成国家利益，因而国家利益在一般意义上高于个人利益，个人利益在国家利益面前须保持谦抑。基于维护国家利益的目的，国家机关对公民个人信息的收集、存储和使用，其根本目的也是维护每个公民的个人利益。

在美国，为保障网络安全维护国家利益，2015 年 10 月 27 日参议院通过了《网络安全信息共享法案》（Cybersecurity Information Sharing Act of 2015，CISA），[②] 同年 12 月 28 日时任总统奥巴马签署该法案。该法案要求在符合保密信息保护、情报来源和方法以及隐私和公民自由的前提下，国家情报局、国土安全部、国防部和司法部与相关美国联邦实体双向共享“网络威胁指标”（cyber threat indicator）[③] 信息（包含个人信息）。

---

① 李滨、陈怡：《新时代中国特色社会主义与中国的国家利益》，载《世界经济与政治》2018 年第 7 期。

② Cybersecurity Information Sharing Act of 2015，https://www.congress.gov/bill/114th-congress/senate-bill/754/text，March 30，2019.

③ Cybersecurity Information Sharing Act of 2015，SEC. 102. DEFINITIONS.

(6) CYBER THREAT INDICATOR. —The term "cyber threat indicator" means information that is necessary to describe or identify—

(A) malicious reconnaissance，including anomalous patterns of communications that appear to be transmitted for the purpose of gathering technical information related to a cybersecurity threat or security vulnerability;

(B) a method of defeating a security control or exploitation of a security vulnerability;

(C) a security vulnerability，including anomalous activity that appears to indicate the existence of a security vulnerability;

(D) a method of causing a user with legitimate access to an information system or information that is stored on，processed by，or transiting an information system to unwittingly enable the defeat of a security control or exploitation of a security vulnerability;

(E) malicious cyber command and control;

(F) the actual or potential harm caused by an incident，including a description of the information exfiltrated as a result of a particular cybersecurity threat;

(G) any other attribute of a cybersecurity threat，if disclosure of such attribute is not otherwise prohibited by law; or

(H) any combination thereof.

在欧洲，2018 年 5 月 25 日生效的欧盟《通用数据保护条例》（欧盟条例 2016/679）第 16 条也规定，本条例不适用于与不属于联合国法律范围的活动（如涉及国家安全的活动）有关的个人数据的自由流动，本条例不适用于会员国在开展与本联盟共同外交和安全政策有关的活动时处理个人数据。

在我国，国家利益最终是人民的利益，国家机关对包括个人信息在内的数据信息的收集、利用是维护国家安全、确保国家长治久安的现实需要。因而，在国家机关为了国家利益而收集、存储和利用个人信息中，不宜采取严格的个人信息自主控制模式下的“通知—同意/选择”机制，[①] 以防其妨碍个人信息在国家安全、国防事务、公共安全、犯罪侦查等方面的使用。但是，国家机关也只能在维护国家利益的必要范围内限制公民的基本权利，应遵守比例原则收集和利用个人信息。

4. 是否有利于保护重大社会利益的标准

在个人与社会的关系中，个人具有社会关联性和社会约束性。个体的人在社会之中生存和发展，社会成员共同的社会利益并不必然优于社会成员的个人利益，但社会成员共同的重大社会利益应优于社会成员的个人利益，比如公共安全、社会信用、犯罪预防、媒体监督等。社会成员基于共同的重大社会利益之所得，往往大于个人利益之所失，因而即使个人利益相对受损，大部分社会成员仍会理性地选择维护共同的重大社会利益。此时，对社会成员个人利益的减损，应采取“最小损害原则”，即个人利益受损程度明显小于放弃重大社会利益的受损程度，只有保持个人利益受损最小化，才能维护大多数社会成员共同的重大社会利益。个人信息的任何处理必须对相关自然人合法、公平和透明，并且仅为法律规定的特定目的

---

① 参见刘金瑞：《个人信息与权利配置——个人信息自决权的反思和出路》，法律出版社 2017 年版，第 64 页。

进行处理。这本身并不妨碍执法机关进行秘密侦查或视频监控等活动。这些活动可用于预防、调查、侦查或起诉刑事犯罪或执行刑事处罚，包括保护和预防对公共安全的威胁。但这些执法行为须由法律规定，并且在民主社会中构成必要的、相称的措施，并适当顾及相关自然人的合法利益。

第三节 个人信息的保密与透明

一、诉讼程序中的个人信息保护

（一）作为证据的个人信息

诉讼程序中，为了查清案件事实的需要，是否可以在公开审理时公开他人的个人信息呢？美国佛罗里达州审理的卢克斯马森诉南佛罗里达血液中心（Rcsmussen v. South Florida Blood Service①）案，可以给我们一些启示。该案中，原告卢克斯马森（Rcsmussen）因车祸失血，在医院输入500cc的血液，大约一年后，他被诊断患有艾滋病。原告在对车祸肇事者提起人身损害诉讼时，认为其感染艾滋病是医院输血所致，要求医院在法庭上公开献血者的所有医疗档案（档案内含有献血者的名字和住址）。佛罗里达州初审法院同意了原告的请求，要求医院公开这些献血者的个人信息，但是佛罗里达州上诉法院推翻了初审法院的决定，佛罗里达州最高法院维持了上诉法院的决定。② 美国法保护个人信息的权利基础是隐私权，因而法院认为在法庭上公开献血者的个人信息不利于保护献血者的隐私

① 500 So. 2d 533 (Fla. 1987).

② ［美］阿丽塔·L. 艾伦、理查德·C. 托克音顿：《美国隐私法：学说、判例与立法》，冯建姝、石宏、郝倩、刘相文、许开辰编译，中国民主法制出版社2004年版，第154页。

权。仅就个人信息保护而言，其明确了这样一个原则，诉讼程序中不应公开他人的个人信息。但此原则并不意味着不需要查清案件事实。

在美国司法程序中有“非公开审查”，可以依当事人申请（如案件中的律师），也可以依法庭的命令。“非公开审查”程序既可以是对全案的非公开审查，如涉及国家安全的问题时，整个案件的听证均要非公开进行，也可以仅对案件的一部分进行非公开审查，如在公开审理中对涉及商业秘密的证据进行非公开审查。美国法院对作为案件证据材料的个人信息也会进行“非公开审查”，以确定能否向当事人和陪审团公开。法官可禁止使用经审查的部分或全部材料，也可以在限制使用目的的情况下公开，并命令当事一方采取一切必要步骤，对公布的资料保密。

（二）证人、鉴定人、被害人的个人信息

在刑事诉讼中，证人、鉴定人、被害人因出庭作证，可能会使本人或者其近亲属面临人身危险，因而很多人不愿出庭作证，这为打击犯罪带来不利影响，因而各国刑事诉讼法中均有相关的证人、鉴定人、被害人保护制度，作为保护制度的一项内容，证人、鉴定人、被害人的个人信息是不允许披露的。例如，我国最高人民法院《关于适用〈中华人民共和国刑事诉讼法〉的解释》（法释〔2012〕21号）第209条规定，“审判危害国家安全犯罪、恐怖活动犯罪、黑社会性质的组织犯罪、毒品犯罪等案件，证人、鉴定人、被害人因出庭作证，本人或者其近亲属的人身安全面临危险的，人民法院应当采取不公开其真实姓名、住址和工作单位等个人信息……”

二、个人信息安全视阈下裁判结果透明化规则

（一）公开宣判应宣告当事人姓名

从裁判文书的格式化架构看，裁判结果承载于裁判主文部分。裁判主

文是人民法院对案件实体、程序问题作出的明确、具体、完整的处理决定，其与当事人的真实身份信息是一个逻辑上不可分割的整体。

第一，判决的宣告是对特定案件当事人权利义务分配或责任判定的宣告，因此必将公开当事人姓名。一方面，体现了对当事人姓名权的尊重，也体现了对旁听群众知情权的尊重；另一方面，不与真实姓名同时宣告裁判结果，将失去裁判结果公开的实质意义。

第二，判决宣告时，不应同时宣告当事人的身份证号码、家庭住址等信息。这些个人信息属于个人敏感信息，如果通过宣告方式披露了上述信息，将可能对当事人的人身和财产安全带来不确定的风险。

第三，判决宣告时，当事人在案件中涉及的其他个人信息不应公开。虽然通过诉讼解决纠纷，必将使当事人的有关个人信息因诉讼进入公共领域，但并不意味着进入公共领域就失去了信息安全的权利诉求，因此当事人在案件中涉及的其他个人信息不应公开。

（二）裁判结果文本公开应防止个人信息的非必要性披露

裁判具有终局性，发生社会关系变动的法律效果。社会关系的变动须以人的真实身份为基础。社会关系的变动的后果应为社会公共所知悉，从而调整自身的法律行为。但是，当事人个人信息的公开应以时间、空间、方式的必要性为前提。

1. 申请查阅应防止个人信息泄露

法院在保障社会公众查阅权的同时，也应保障具体案件诉讼参与人的个人信息安全。故人民法院向申请人提供查阅时，应当隐去以下信息：（1）自然人的家庭住址、通信方式、身份证号码、银行账号、健康状况、车牌号码、动产或不动产权属证书编号等个人信息；（2）未成年人姓名等相关信息；（3）法人以及其他组织的银行账号、车牌号码、动产或不动产权属证书编号等信息；（4）人民法院认为不宜公开的其他信息。

2. 互联网公布应防止个人信息泄露

裁判文书在互联网公布，其所记载的个人信息能否不加删减地直接公开呢？本书认为，是不应当的。原因一是互联网信息的查阅主体具有不特定性，裁判文书所记载的个人信息若向不特定人公开，就与个人信息权的信息控制主张相背离，使裁判文书所记载的个人信息处于不可控制的散播状态，不利于个人信息安全。二是互联网信息具有永久留存性，在未被上传主体主动删除的情况下，将永久留存在网络空间，一起诉讼所带来的烦扰可能在现实生活中早已被当事人淡忘，但是在网络空间中却永远可以被人搜索和记起，“被遗忘权”的提出，正反映了这一权利主体的利益诉求。

裁判文书在互联网公布，其所记载的个人信息是否应被全部删除或隐匿呢？借鉴比较法学的研究方法可以发现，域外国家和地区法院在处理个人信息安全与公民知情权冲突关系中，主要采取以下两种方式。

一种方式是倾向于保护当事人个人信息，对包括当事人姓名在内的个人信息均予以保密。在韩国，“为避免判决书等所记载的自然人的姓名等个人信息被公开，已录入的电子文书在对外公开之前，法院事务官要根据大法院的规定采取保护措施，即对有隐私权侵权隐患的个人信息进行非实名化处理或相关信息删除。这些信息主要是指当事人的姓名或名称、住所地和其他相关个人信息。非实名化处理的信息具体包括以下内容：（1）自然人的姓名。无论该自然人是否属于当事人（含专利判决），但法官、检察官和律师的姓名不在非实名化处理之列；（2）一般法人或公共企业法人（如电力公司、高速公路管理企业等）的名称。但国家或地方自治团体、公共机关、行政机关应当维持实名；（3）当事人的住所地。采用单词为A，B，C…，AA…BB 及任意赋予的罗马字进行非实名化处理。需删除的信息则主要包括：（1）判决书里的原告、被告、继承人、参与人、赔偿申请人等的身份证号；（2）判决理由部分所显示的地址、公司名、电话号、身份证号、车牌号、账号等”。[①]

另一种方式是倾向于维护公民知情权，仅对案件所涉个人的社会保障号、纳税人识别号、金融账号、出生日期、家庭住址等信息予以保密，而对当事人的姓名和名称不予保密（未成年人除外）。在美国，2008 年修订的《司法会议关于隐私和公众获取电子案件档案的决定》（Judicial Conference Policy on Privacy and Public Access to Electronic Case Files）[②] 规定，在将包括裁判文书在内的电子档案录入电子档案系统前，由本案律师（或未聘请律师的当事人）负责审查联邦规则要求修改的个人信息标识符，并向法院提供一份依据联邦规则而进行修订的副本，未经修改的电子文本原件由书记官保存。该政策所指的联邦规则包括《联邦上诉程序规则》第 25 条（a）款、《联邦破除程序规则》第 9037 条、《联邦民事诉讼程序》第 5. 2 条、《联邦刑事诉讼程序》第 49. 1 条。这些联邦规则要求：（1）社会保险号、纳税人识别号修改为仅有后四位数字；（2）个人出生日期修改为出生年份；（3）未成年人的姓名修改为未成年人姓名首字母；（4）金融账号修改为仅有最后四位数字；（5）刑事案件中的家庭住址信息删除。此外，美国《破产程序联邦规则》（Federal Rules of Bankruptcy Procedure）第 9037 条，还规定了保护令制度（Protective Orders），如有理由，法院可依法对案件电子档案发出保护令，限制或禁止非当事人远程电子访问向法院提交的文件。

我国现行司法解释采取第二种方式，最高人民法院《关于人民法院在互联网公布裁判文书的规定》（法释〔2016〕19 号），采取实名公开为原则、匿名公开为例外、删除特定信息的立法模式。首先，实名公开原则体

① 杨建文：《韩国的文书公开制度》，载《人民法院报》2013 年 8 月 23 日，第 8 版。

② The Judicial Conference of the U. S. , “Judicial Conference Policy on Privacy and Public Access to Electronic Case Files”, https://www. uscourts. gov/rules-policies/judiciary-policies/privacy-policy-electronic-case-files, April 27, 2019.

现在：第一，当事人及其法定代理人是自然人的，在互联网公布裁判文书时保留姓名、出生日期、性别、住所地所属县、区；第二，当事人及其法定代理人是法人或其他组织的，在互联网公布裁判文书时保留名称、住所地、组织机构代码以及法定代表人或主要负责人的姓名、职务；第三，委托代理人、辩护人是律师或者基层法律服务工作者的，在互联网公布裁判文书时保留姓名、执业证号和律师事务所、基层法律服务机构名称；第四，委托代理人、辩护人是其他人员的，在互联网公布裁判文书时保留姓名、出生日期、性别、住所地所属县、区，以及与当事人的关系。其次，匿名公开为例外体现在：第一，在互联网公布裁判文书时对婚姻家庭、继承纠纷案件中的当事人及其法定代理人的姓名进行非实名化处理；第二，在互联网公布裁判文书时对刑事案件被害人及其法定代理人、附带民事诉讼原告人及其法定代理人、证人、鉴定人的姓名进行非实名化处理；第三，在互联网公布裁判文书时对未成年人及其法定代理人的姓名进行非实名化处理。最后，删除特定信息体现在，第一，在互联网公布裁判文书时删除自然人的家庭住址、通信方式、身份证号码、银行账号、健康状况、车牌号码、动产或不动产权属证书编号等个人信息；第二，在互联网公布裁判文书时删除法人以及其他组织的银行账号、车牌号码、动产或不动产权属证书编号等信息。

（三）裁判理由中的个人信息

个人信息是确定当事人身份的标识，是案件最基本的客观事实，权利义务的分配和责任的判定均以此为基础。证据采信或不采信的理由，即使涉及个人信息都应客观表述和论述，不能刻意回避个人信息内容，否则将无法完成对证据本身是否采信的理由论证。适用法律的理由，需要将法律事实与法律条文进行逻辑链接，法律事实中即使包含个人信息也需要全面、准确地予以表述，客观上无法删减，否则法律事实将不完整、不真实。

但是，在刑事诉讼中为了保护出庭作证的证人、鉴定人、被害人而采取了不公开个人信息的保护措施，那么在裁判文书中其个人信息也应做非实名化处理。如我国最高人民法院《关于适用〈中华人民共和国刑事诉讼法〉的解释》（法释〔2012〕21号）第210条规定，“决定对出庭作证的证人、鉴定人、被害人采取不公开个人信息的保护措施的，审判人员应当在开庭前核实其身份，对证人、鉴定人如实作证的保证书不得公开，在判决书、裁定书等法律文书中可以使用化名等代替其个人信息”。

第十章　未成年人权益与裁判结果透明化

第一节　未成年人权益特殊保护的理论基础

未成年人，[①] 是相对于成年人而言的，以自然人的普遍性生理和心理的成熟为指标设定年龄界限，将自然人划分为成年人与未成年人。我国《未成年人保护法》第 2 条规定，“本法所称未成年人是指未满十八周岁的公民”。因而，在我国十八周岁以下的公民，不分民族、受教育程度、身体健康程度等内在和外在因素，均属于未成年人。在世界范围内，1989 年 11 月 20 日联合国大会通过《儿童权利公约》[②] 第一部分第 1 条将“18 岁以下的任何人”都划分为未成年人，同时也对公约成员国国内法“规定成年年龄低于 18 岁”予以认可。

---

① 未成年人，因立法、司法和国际公约中分别使用了未成年人、少年、儿童等用语，在本书中均指不满法定成人年龄的未成年人。

② 1991 年 12 月 29 日，第七届全国人民代表大会常务委员会第二十三次会议通过全国人民代表大会常务委员会《关于批准〈儿童权利公约〉的决定》，批准 1989 年 11 月 20 日由联合国大会通过的《儿童权利公约》，同时声明：“中华人民共和国将在符合其宪法第二十五条关于计划生育的规定的前提下，并根据《中华人民共和国未成年人保护法》第二条的规定，履行《公约》第六条所规定的义务。”

将自然人划分为成年人和未成年人，是因为自然人在出生后至生理、心理基本成熟所要经历的生存、生长、发育、发展的生理和心理上的特殊性。未成年人“因身心尚未成熟，在其出生以前和以后均需要特殊的保护和照料，包括法律上的适当保护”。[①] 对未成年人权益予以特殊保护的理论基础主要包括国家亲权理论、矫治康复理论和未成年人利益最大化理论。

一、国家亲权理论

（一）国家亲权的源起和发展

国家亲权，从语义分析的角度来看，是“国家”和“亲权”的有机结合。“国家”表明主体身份，“亲权”是核心内容。

亲权的观念，在西方最早源于罗马法，称为家父权，即家父对家子具有完全的专制的人身支配权。[②]“罗马的家父权以父亲对于子女有绝对的处置权闻名，他可以杀害、出卖、鞭打、役使其子女，这些权力分为对子女的经济利用权和惩戒权两个方面。”[③] 罗马的家父权在性质上既不是权利，也不是义务，更不是权利与义务的集合，主要表现为一种绝对支配的权力。随着古罗马文明的发展，在司法中逐步确认家父对家子的杀害、出卖属于违法行为，限制家父对家子的鞭打和监禁，家父权逐步被限缩在利用子女劳动方面。罗马帝国覆灭后，罗马法与日耳曼习惯相融合逐渐形成了

---

① 参见《儿童权利公约》序言部分。

② 参见滕佳一：《罗马法中家父权盛衰之历史解释——以家子地位的变化为线索》，载《东方法学》2014 年第 2 期。“家父权（patria potestas）”，乃是作为罗马家庭中具有唯一人格的男性尊亲属，对包括家子在内的其他家庭成员的各种权力的总称。所谓家父（paterfamilias），一般是指在罗马家庭中不再有其他存活的男性直系尊亲属的人。家子是与家父的对称，是指家父家庭中的其他任何成员。家庭是家父权存在的载体，在罗马法上，“罗马家庭”是纯粹由权力联合在一起的人的共同体，在该团体中，某一具有特殊权力之人对其他人行使权力，以实现比维护家庭更高的宗旨。

③ 徐国栋：《普通法中的国家亲权制度及其罗马法根源》，载《甘肃社会科学》2011 年第 1 期。

日耳曼法，日耳曼法中亲权表现为家父对子女的保护权。罗马法和日耳曼法的亲权制度对西方法律有着深远的影响。

在我国历史中，“父子”关系是重要的人伦秩序。孔子提出“父父、子子”观念，[①] 即父要像父，子要像子。孟子认为“父子有亲”，[②] 即为父的要慈祥，为子的要孝顺。我国封建社会“父权”主要表现在对子女的人身支配权和财产管理权，家长有权教令、惩戒，甚至杀死子女，子女婚姻须依“父母之命、媒妁之言”，有祖父母、父母在，子孙不得分家析产，独立门户等。随着社会的发展，父权中对子女的生杀权有所减弱，而子女对父权的绝对服从，得到封建法律的确认。

古代父权向现代亲权的转型，主要表现在三个方面。一是从父亲独享发展为父母共同享有。随着女权运行的蓬勃发展，男女平等观念确立，亲权逐渐由父亲享有拓展为父母共同享有。如德国资产阶级革命胜利后，“德国旧民法第 1627 条及第 1634 条仅以父为亲权人，1957 年 6 月德国《有关民法上的男女平等法》颁行后，德国民法第 1626 条以下均改为父母共同亲权”。[③] 但德国《民法典》第 1628 条仍规定，在个别事务或特定种类的事务中父母意见不一致且协调不成时，由父决定……后于 1979 年 7 月 29 日此原则被判为违宪。[④] 此后，德国《民法典》第 1628 条修改为“父母在父母照顾的个别事务中或特定种类的父母照顾事务中不能达成合意且这些事务的处置对于子女有重大意义的，家庭法院可以根据父母一方的申

---

① 《论语·颜渊篇》，“景公问政孔子，孔子曰：‘君君，臣臣，父父，子子。’景公曰‘善哉！信如君不君，臣不臣，父不父，子不子，虽有粟，吾岂得而食诸！’”

② 《孟子·滕文公上》，“使契为司徒，教以人伦：父子有亲，君臣有义，夫妇有别，长幼有序，朋友有信。”

③ 臧海波：《亲权制度研究》，吉林大学 2005 年硕士学位论文，第 34 页；刘素萍、陈明侠：《健全我国亲子法制度》，载巫昌桢、杨大文主编：《走向 21 世纪的中国婚姻家庭》，吉林人民出版社 1995 年版，第 154～155 页。

④ 参见杨大文主编：《亲属法》，法律出版社 1997 年版，第 264 页。

请，将决定托付给父母一方。该项托付，可以与限制和负担相结合”。[①] 再如，“二战”后，日本民法作出修改，取消了家制，实行父母平等享有亲权的制度。二是从“权力”向“权利和义务”转型。随着人权理论的兴起，人的生命权、生存权、发展权等各项权利受到法律的保障。一方面，父母对未成年子女的杀害、出卖、虐待均是法律明令禁止的犯罪行为，甚至对未成年子女通过暴力手段进行教育，在某些国家也是不允许的。如德国《民法典》第1631条第2项规定“子女有受非暴力的教育的权利。体罚、心灵上的伤害和其他侮辱性的教育措施是不准许的”。[②] 另一方面，照料、扶养、教育、监督未成年子女是父母的法定权利和义务。三是父母对未成年子女的财产从享有所有权转变为负有代为管理权。未成年人获得独立人格并以此成为财产法上的“权利主体”，对财物享有所有权，在其认知能力范围内可以处分自己所有的财物；父母仅可对其财物行使代为管理权，不得擅自处分其财产。

现代亲权，是指父母对于未成年子女身体上和财产上的养育管教和保护管理的权利义务制度。现代亲权理论有三重内涵。首先，亲权是基于父母、子女身份关系而产生的，其中包括基于自然血亲关系而产生的，也包括拟制血亲关系和人工生育而产生的；其次，亲权源于养育子女是父母必须承担的义务，是父母之所以称为父母的人类天职；最后，亲权是通过法律加以规定的法律制度。[③] 亲权的权能主要有以下几个方面：第一，对未成年子女扶养照料的权利和义务；第二，对未成年子女教育管理的权利和义务；第三，未成年子女交还请求权；第四，未成年子女居所指定权；第五，未成年子女事务代理权；第六，尊重未成年子女人格独立的义务；第

---

① 《德国民法典》，陈卫佐译注，法律出版社2006年版，第511页。

② 同上书，第513页。

③ 参见杨大文主编：《亲属法》，法律出版社1997年版，第262~263页。

七，未成年子女财产代为管理权。

国家亲权（parens patriae），源自拉丁语系，从语义分析，就是国家以父母之位行使对未成年人的亲权。这也是国家亲权的狭义理解，即是指国家对其主权范围内的未成年人进行教育、保护、管理，对父母或法定监护人的亲权进行补充或干预，从而促进和保障未成年人生存和发展的权力和责任。对国家亲权的广义理解，不仅包括对未成年人权益的保护，也包括对精神病人等限制行为能力人或无行为能力人的扶助和对经济上弱者的保护，如我国学者姚建龙教授认为，国家亲权（Parens patriae）传统的含义则是指国家居于无法律能力者（如未成年人或者精神病人）的君主和监护人的地位。① 再如徐国栋教授认为，15 世纪开始，英国衡平法院主持审议会调查精神病人的心智状况并指定一个委员会照管其人身和财产，属于国家亲权的适用；国家亲权制度在美国表现为国家对经济上弱者的保护。② 本书仅在狭义上使用国家亲权概念。

国家亲权起源于对亲权进行干预的历史必要性。亲权（家父权）产生之初，家父对子女享有人身和财产的绝对支配权。然而，家父对子女的惩戒性杀害，导致国家人力资源的萎缩，迫使君主或国王以对其子民的保护干预家父对其子女的支配。“至罗马共和国后期，家父权相对减弱。成年男子在民事上逐渐享有权利能力，可以拥有少量财产，当父亲滥用亲权时，儿子可以向行政长官请求保护，长官在一定程度上可以制止父亲的行动，必要时得剥夺‘父权’。”③ 限制父权的粗暴运用，意味着国家亲权的产生。基于皇权在权力位阶上高于父权，从而实现了国家亲权对亲权（家父权）的实质性干预。如家父对子女的杀害，为法律所禁止，并按照犯罪

---

① 参见姚建龙：《国家亲权理论与少年司法——以美国少年司法为中心的研究》，载《法学杂志》2008 年第 3 期。

② 参见徐国栋：《普通法中的国家亲权制度及其罗马法根源》，载《甘肃社会科学》2011 年第 1 期。

③ 参见《外国法制史》编写组：《外国法制史》，北京大学出版社 1982 年版，第 65 页。

行为处罚。随着人类文明的发展，亲权权能的不断限缩，如禁止出卖子女，禁止虐待子女，正是国家亲权不断干预亲权（家父权）的结果。在此历史进程中，亲权（家父权）仍占主导地位，国家亲权处于辅助地位。在“父—子”的关系结构中，是父权力本位的。

国家亲权发展于对人权保障的历史趋势中。随着人道主义思想和未成年人人权理论的发展，“国家亲权获得了对父母亲权的超越性地位，被认为是未成年人的最终监护人，负有保护未成年人的重要职责，在特定情况下为了未成年人的利益可以限制和剥夺父母亲权”。[①] 随着时代的变迁，在“父—子”的关系结构中，逐步转变为“子权利本位”。古代父权向现代亲权的转型正是国家亲权从权力向责任转型的正向作用的结果。

（二）国家亲权的理论内涵

当代国家亲权一般而言具有三重内涵：一是国家亲权是国家责任；二是国家亲权附条件地高于父母亲权；三是国家亲权行使应是福利导向的。

首先，国家亲权是国家责任。未成年人生存、发展的权利对应产生国家充分保障未成年人生存、发展的责任。“未成年人不是家长私人的财产，而是国家将来的资产，国家作为未成年人的最终照顾者，要尽到最终监护的职责，尤其是在未成年人的监护人不能首先尽到监护职责的情况下，就更是如此。”[②] 如国家必须建立基础教育制度和完善基础教育设施，免费为适龄未成年人提供基础教育，为未成年人发展权的实现创造必要的物质文化条件。国家作为最终监护人。对于未完成基础教育而辍学的未成年人，有权督促并责令其父母将未成年人送回学校接受基础教育。承担基础教育

① 姚建龙：《国家亲权理论与少年司法——以美国少年司法为中心的研究》，载《法学杂志》2008 年第 3 期。

② 宋英辉：《未成年人刑事司法的模式选择与制度构建》，载张军主编：《中国少年司法》（总第 12 辑），人民法院出版社 2012 年版，第 51 页。

功能的学校，国家不应允许其对未成年人采取开除学籍的抛弃性惩罚措施。

其次，国家亲权附条件地高于父母亲权。仅在法律规定的特殊情形发生时，国家亲权才能限制或剥夺父母亲权，代替父母行使亲权。国家亲权在平时仅应扮演“守夜人”的角色，不能随意干预父母亲权。在德国，仅在子女最佳利益受到危害且父母无意或不能避开危险的情况下国家亲权才能启动。如德国《民法典》第1666条规定，“（1）子女肉体上、精神上或心灵上的最佳利益或其财产因父母滥用地进行父母照顾、漠视子女、无过错的拒绝或因第三人的行为而受到危害且父母无意或不能避开危险的，家庭法院必须采取避开危险的必要措施。（2）在通常情况下，有权进行财产照顾的人违反其对子女的扶养义务或与财产照顾相关联的义务的，或不服从与财产照顾有关的法院命令的，必须认为子女的财产受到了危害。（3）法院可以代替有权进行父母照顾的人做出意思表示。（4）在人的照顾事务中，法院也可以采取对第三人发生效力的措施”。[①] 在德国，对父母亲权的剥夺，更须在极其严格的法定条件下，才能被实施。如德国《民法典》第1666a条规定了穷尽措施下亲权的剥夺，即“（1）仅在不能以其他方式对付危险也不能通过官方的援助对付危险时，才准许采取与子女脱离父母的家庭相结合的措施。……（2）仅在其他措施仍无效果或须认为它们不足以避开危险时，才能剥夺全部人的照顾”。[②] 在法国，法国《民法典》第375条规定了“法官提供咨询，帮助物质和精神上出现问题的家庭，促使青少年的正常发展，必要时取消家庭的抚养是可能的，但是任何时候亲权必须维系”。[③]

最后，国家亲权行使应是福利导向的。在“国家—未成年人”的关系

① 《德国民法典》，陈卫佐译注，法律出版社2006年版，第516~517页。

② 同上。

③ ［法］皮埃尔·特鲁仕主编：《法国司法制度》，丁伟译，北京大学出版社2012年版，第158页。

结构中，应是未成年人权利本位的，而不是国家权力本位的。因此，国家亲权的行使应是以增进未成年人的福祉为导向的。首先，国家亲权通过责令父母履行亲权义务促进未成年人获得充分家庭教育。如我国《预防未成年人犯罪法》（2012 年修正）就明文规定了未成年人监护人的监护职责。① 其次，国家亲权通过补充父母亲权帮助未成年人获得生存、发展的必要条件。如在父母亡故或因罪入狱而客观不能履行亲权的抚养、教育义务时，国家通过设立福利院养育其未成年子女，为其提供生存、发展的必要条件。最后，国家亲权在未成年人触犯法律时采取教育惩戒与帮助保护并重原则。国家通过建立司法与教育辩证发展关系，设置未成年人教育救助机构、未成年人检察官、未成年人法庭等，教育挽救违法犯罪的未成年人。正如法国最高法院名誉首席法官皮埃尔·特鲁仕所言，“当法官诉诸法律时，无论民法或刑法，是在未成年人和其想象之间建立法律的威信，法官是外来的强制力，是青春期与现实的协商者，也是帮助渡过难关的摆渡人”。②

（三）国家亲权理论是少年司法制度的理论基础

在世界范围内，对未成年人的审判方式是否区别于成年人的审判方式，经历了从未成年人与成年人同等审判方式，到未成年人适用特别审判方式的漫长的博弈过程。在少年法庭成立之前，未成年被告人与成年被告人都是在同样的法庭、适用同样审判规则进行审理，虽然坚持了法律面前人人平等原则，但是由于未成年人在生理、心理上尚未成熟，反而使之处于更弱势地位，自身权益很难得到保障。

---

① 《预防未成年人犯罪法》（2012 年修正）第 49 条规定：“未成年人的父母或者其他监护人不履行监护职责，放任未成年人有本法规定的不良行为或者严重不良行为的，由公安机关对未成年人的父母或者其他监护人予以训诫，责令其严加管教。”

② ［法］皮埃尔·特鲁仕主编：《法国司法制度》，丁伟译，北京大学出版社 2012 年版，第 159 页。

少年司法制度的诞生，深受国家亲权理论的影响。19 世纪末，美国伊利诺伊州库克郡建立了世界上第一个少年法庭，开启了少年司法制度分离于成人司法制度的历史进程。由于它保护和挽救罪错未成年人的成效明显，因而在 20 世纪初迅速得到美国各州和世界各国的赞许和效仿。“到了 1920 年，随着缓刑法的制定，除了 3 个州外，美国所有的州都制定了少年法院法，建立了带有浓厚福利色彩的少年司法制度。1938 年，联邦国会通过了联邦系统的《少年法院法案》。到 1945 年，所有的州都通过了类似的法律，建立了独立的少年法院。”[①] 国家亲权理论倡导法官将父母的角色代入未成年人审判活动，以亲切的话语、温和的态度、体贴的方式面对罪错少年，像宽厚仁慈的父亲或母亲对待自己的犯错的孩子一样，帮助他们认识错误，改正错误。美国库克郡巡回法官理查德·S. 塔海尔在 1904 年对监狱委员会描述国家第一个少年法庭时说：“在每个案件中，我总是觉得并努力这样行动：在图书馆或在家里，被指控实施了不端行为的我自己的儿子站在我前面……首先我用一种亲切的、体贴的方式对他讲，努力使他感觉到目的不是代表任何人惩罚他，而是援助和帮助他，使他认识到国家——国家的善良人民——对他有兴趣，并希望只做对他有帮助的事情，无论是现在还是在他的整个生命历程。”[②]

以国家亲权为理论基础的 19 世纪末至 20 世纪 60 年代的美国少年司法制度，具有独特的保护主义特色，强调家庭、学校、教会、少年法庭及矫正机构的社会责任，尽可能使罪错少年重新回归社会。虽然 20 世纪 60 年代至 70 年代美国少年司法制度向正当法律程序转型，赋予少年刑事司法程序中为保护被告而设立的一系列宪法权利，本质上是进一步保护少年的诉

① 姚建龙：《美国少年司法制度的演变》，载沈德咏主编：《中国少年司法》（总第 2 辑），人民法院出版社 2010 年版，第 154 页。

② 梅文娟：《论未成年人刑事判决之有限公开》，载《现代法学》2014 年第 5 期。

讼权利。20 世纪 70 年代末至 20 世纪末，由于社会的转型、经济的衰退，少年罪犯增多，导致美国少年司法转而采取严罚主义政策，司法模式向成人司法模式靠拢。进入 21 世纪，美国少年司法逐渐理性回归到对未成年人的保护主义政策和模式，开启了衡平与修复性司法模式，强调恢复和整合因犯罪造成的社会关系的破坏，恢复原有的、和谐的社会关系和秩序，根本目的在于消除仇恨、化解矛盾，使当事双方都能融入社会并重新开始生活和工作，这在本质上是国家亲权理论的现代复苏。

国家亲权理论亦是我国少年司法的理论基础。中国共产党和国家对未成年人坚持“教育、感化、挽救”的刑事司法政策。当代我国少年司法制度建设起始于 1984 年 11 月上海市长宁区人民法院设立的专门审理未成年被告人刑事案件的合议庭，[①] 经过 30 多年的探索，我国少年司法创立了“寓教于审、惩教结合”的工作模式，把对未成年被告人的教育、感化工作贯穿于案件审判的全过程。建立“圆桌审判”制度，通过人性化的审判方式促进未成年罪犯改过自新。全国优秀法官、福建省南平市延平区人民法院少年庭庭长詹红荔法官坚信，“没有不可救药的孩子，只要能拨动他们心中的善弦，所有的失足孩子都可以变好”。[②] 她就像对待自己的孩子一样，关心、引导、教育罪错未成年人。“法官妈妈”是许多“少年犯”和“新生少年”对詹红荔法官的称谓，这样的“法官妈妈”遍布于我国各个少年法庭，使少年法庭成为浸润爱心、凝聚司法人文关怀的罪错未成年人凤凰涅槃的新生之家。我国立法反映时代要求，2012 年修订的《刑事诉讼法》明确要求人民法院、人民检察院和公安机关办理未成年人刑事案件，

---

① 佟丽华、张文娟：《中国未来少年司法制度展望》，载沈德咏主编：《中国少年司法》（总第 2 辑），人民法院出版社 2010 年版，第 107 页。

② 《全国优秀法官詹红荔：大爱无声　法外有情》，载中国文明网：http://www.wenming.cn/ddmf_296/dy/201210/t20121030_911687.shtml，最后访问时间：2019 年 2 月 20 日。

要由熟悉未成年人身心特点的审判人员、检察人员、侦查人员承办。[①]

（四）以国家亲权理论推动未成年人审判从公开走向不公开

在100多年前，世界上第一个少年法庭——库克郡少年法庭于1899年在美国伊利诺伊州成立时，对于未成年人的审判，人们依然坚持公开审判的原则，以期通过法庭公开审理制约法官滥用审判权。

国家亲权理论要求司法者以父母之心对待罪错未成年人。作为父母，当然不愿公众知晓自己孩子的罪错从而戴着有色眼镜去看待自己的孩子，当然不愿公众为自己的孩子贴上“问题少年”的标签，当然不愿其他同龄人疏远排斥甚至孤立自己的曾有过罪错的孩子。因此，对罪错未成年人的审判，作为父母也当然不愿向社会公众公开。随着审判实践的发展，人们发现关闭法庭更利于法官最大限度地亲近未成年人，走入未成年人的内心世界，未成年被告人的法庭审理活动逐步从公开走向不公开。在美国，“至1925年，美国48个州中，有46个州建立了少年法庭，绝大多数少年法庭在紧闭的大门背后行事，即使州宪法命令公开审判”。[②]

以国家亲权理论为基础，我国刑事诉讼法律制度对未成年被告人采取不公开审理的例外规则。以公开审理为原则，以不公开审理为例外，是我国基本的诉讼法律制度。我国例外规则表现为未成年被告人不公开审理的绝对性和相对性。例外的绝对性，体现在我国《刑事诉讼法》和《预防未成年人犯罪法》规定凡是审判的时候被告人不满十八周岁的案件都采取不公开审理模式，将公众和媒体的庭审旁听权予以限制。例外的相对性，体

---

① 《刑事诉讼法》（2012年修正）第277条第2款规定：“人民法院、人民检察院和公安机关办理未成年人刑事案件，应当保障未成年人行使其诉讼权利，保障未成年人得到法律帮助，并由熟悉未成年人身心特点的审判人员、检察人员、侦查人员承办。”

② 高维俭、梅文娟：《未成年人刑事案件不公开审判制度比较研究——基于特别隐私权的理论视角》，载《天中学刊》2015年第1期。

现在《刑事诉讼法》允许未成年被告人所在学校和未成年人保护组织，在未成年被告人及其法定代理人同意的情况下，派代表到场旁听庭审。这对于防止因不公开审理可能导致的审判权缺乏监督具有防范作用。①

二、矫治康复理论

（一）矫治康复的理论内涵

矫治康复，主要是指未成年人在生理和心理方面尚未成熟，具有极强的可塑性，只要提供良好的外部环境，给予足够的引导和合理的照管，就可以将他们塑造成人格健全的合法公民。

矫治康复理论主要有三层含义。第一，未成年人的可塑性是矫治康复理论的逻辑起点。未成年人生理和心理尚未成熟，所以客观上具有可塑性。这是未成年人与成年人的最主要的区别，成年人因心智成熟而不具有可塑性，要适用刑罚报应理论而不能适用矫治康复理论。第二，矫正其犯罪心理和行为恶习是基本内容。未成年人在成长过程中由于缺乏管教或管教方法不当，使其养成行为恶习和不良思维模式。矫正的客体正是行为习惯和思维方式，使其行为方式符合法律规范要求。第三，帮助未成年人重新回归社会且避免再次犯罪是基本目标。由于未成年人的罪错行为，导致了社会关系的破坏，未成年人既需要认识到自己的过错，并承担相应的责任，同时还要恢复被破坏的社会关系，促使未成年人重新融入社会，避免其再次犯罪。

---

① 《刑事诉讼法》（2018 年修正）第 285 条规定："审判的时候被告人不满十八周岁的案件，不公开审理。但是，经未成年被告人及其法定代理人同意，未成年被告人所在学校和未成年人保护组织可以派代表到场。"《预防未成年人犯罪法》（2012 年修正）第 45 条第 2 款规定："对于审判的时候被告人不满十八周岁的刑事案件，不公开审理。"

（二）矫治康复的需要促使未成年人刑事案件不公开审判

《联合国少年司法最低限度标准规则》明确指出，“应充分注意采取积极措施，这些措施涉及充分调动所有可能的资源，包括家庭、志愿者及其他社区团体以及学校和其他社区机构，以便促进少年的幸福，减少根据法律进行干预的必要，并在他们触犯法律时对他们加以有效、公平及合乎人道的处理”。矫正康复正是符合这一趋向的集中体现。

罪错少年回归正常社会秩序的基本条件，是社会对他们的接纳，也就是同龄人愿意与他们正常交往。如果对罪错少年的审判曝光于公众面前，他们无形中将被贴上“问题少年”的标签，不仅同龄的未成年人不愿意与其交往，甚至未成年人的家长也会限制自己的未成年子女与他们进行交往。这样孤立的人际环境不仅不利于罪错少年回归社会，更易促使其再次滑入犯罪深渊。

矫治康复的需要促使世界各国对未成年人的刑事审判向不公开转变。我国《刑事诉讼法》的修正，正基于矫治康复理论。1979 年，我国《刑事诉讼法》制定之初对未成年人审判规定了“一律不公开审理”和“一般不公开审理”两种规则。[①] 2012 年，《刑事诉讼法》修正后，对未成年人审判不分年龄阶段，对于在审判时不满十八周岁的未成年人“一律不公开审理”。且为了防止完全封闭审判可能带来的负面效果，在征得未成年人及其法定代理人同意且经法庭批准的双重限制下，允许未成年人所在学校和未成年人保护组织的代表到场，到场代表的范围和人数，也受到严格的

---

① 《刑事诉讼法》于 1979 年 7 月 1 日第五届全国人民代表大会第二次会议通过，1979 年 7 月 7 日全国人民代表大会常务委员会委员长令第六号公布，1980 年 1 月 1 日起实施。该法第 111 条第 2 款规定：“十四岁以上不满十六岁未成年人犯罪的案件，一律不公开审理。十六岁以上不满十八岁未成年人犯罪的案件，一般也不公开审理。”

限制。[①]

（三）矫治康复理论催生未成年人轻罪犯罪记录封存制度

未成年人轻罪犯罪记录封存制度，是指犯罪时未达到法定成年年龄，且犯轻罪的未成年人，其犯罪记录被国家司法机关予以封存保密的制度。为了促使失足少年更好地回归社会，我国2012年修订《刑事诉讼法》增设未成年犯罪人轻罪犯罪记录的封存与查询制度，[②] 与《刑法修正案（八）》所规定的未成年人轻罪免除前科报告义务相配套。[③] 对于被封存犯罪记录的查询，需要进行严格的限制。一是查询的依据须是法律、行政法规，不应包括部门规章和地方性法规。二是申请查询的主体仅限于为了办案需要的司法机关和经过正式授权的有关单位，社会公众和新闻媒体被排除在外。

联合国大会1985年11月29日第40/33号决议通过的《联合国少年司法最低限度标准规则》（北京规则）也对少年犯罪档案封存作了规定。[④] 该规则意在关系档案或案卷的相互冲突的需求之间取得平衡，即在侦查、检

---

① 《刑事诉讼法》（2012年修正）第274条规定："审判的时候被告人不满十八周岁的案件，不公开审理。但是，经未成年被告人及其法定代理人同意，未成年被告人所在学校和未成年人保护组织可以派代表到场。"

② 《刑事诉讼法》（2012年修正）第275条规定："犯罪的时候不满十八周岁，被判处五年有期徒刑以下刑罚的，应当对相关犯罪记录予以封存。犯罪记录被封存的，不得向任何单位和个人提供，但司法机关为办案需要或者有关单位根据国家规定进行查询的除外。依法进行查询的单位，应当对被封存的犯罪记录的情况予以保密。"

③ 未成年人轻罪免除前科报告义务之中的"轻罪"，主要包括被判处五年以下有期徒刑、拘役、管制、单处罚金、驱逐出境的情形，此外，根据举轻明重的法理规则，对于免除刑事处罚的被告人，其犯罪记录也应当予以封存。参见方芳、岳琳：《未成年人刑事案件诉讼程序实务探析》，载张军主编：《中国少年司法》（总第12辑），人民法院出版社2012年版，第103页。

④ 《联合国少年司法最低限度标准规则》（北京规则）第21条"档案"21.1规定："对少年罪犯的档案应严格保密，不得让第三方利用。应仅限于与处理手头上的案件直接有关的人员或其他经正式授权的人员才可以接触这些档案。""档案"21.2规定："少年罪犯的档案不得在其后的成人诉讼案中加以引用。"《联合国少年司法最低限度标准规则》（北京规则），载联合国儿童议题：http://www.un.org/chinese/children/issue/beijing.shtml，最后访问时间：2019年2月20日。

察等司法机关的办案需求与少年罪犯的矫治康复需要之间做出平衡。封存犯罪记录，对于未成年人经矫治恢复健康心理具有积极作用。

三、儿童最大利益原则

（一）儿童最大利益原则源自国际规则

《儿童权利宣言》首次提出儿童最大利益原则。随着儿童人权理论的蓬勃发展，1959 年 11 月 20 日联合国大会以第 1386（XIV）号决议宣布的《儿童权利宣言》（The Declaration of the Rights of the Child）提出了各国儿童应当享有的各项基本权利，首次将最大利益原则确认为保护未成年人权利的一项指导原则。该宣言“原则二”规定，“儿童应受到特别保护，并应通过法律和其他方法而获得各种机会与便利，使其能在健康而正常的状态和自由与尊严的条件下，得到身体、心智、道德、精神和社会等方面的发展。在为此目的而制定法律时，应以儿童的最大利益为首要考虑”。宣言“原则七”还规定，“儿童的最大利益应成为对儿童的教育和指导负有责任的人的指导原则；儿童的父母首先负有责任”。[①]

儿童最大利益原则为此后的多个国际公约或宣言所重申和强调。如 1979 年 12 月 18 日联合国大会第 34/180 号决议通过的《消除对妇女一切形式歧视公约》（Convention on the Elimination of All Forms of Discrimination Against Women，CEDAW）第 5 条第 2 款要求缔约各国应采取一切适当措施“保证家庭教育应包括正确了解母性的社会功能和确认教养子女是父母的共同

---

① 《儿童权利宣言》于 1959 年 11 月 20 日获得联合国大会通过。包括 10 条准则，明确了各国儿童应当享有的各项基本权利。联合国大会发布这一宣言的目的是号召所有父母和其他个人以及各类组织、各国政府按照《儿童权利宣言》的准则逐步采取立法和其他措施，以儿童利益最大化为原则，保障儿童的各项权利和自由。但该宣言不具有法律约束力。参见《儿童权利宣言》，载 360 百科：http://baike.so.com/doc/346158-366645.html，最后访问时间：2019 年 2 月 20 日。

责任，但了解到在任何情况下应首先考虑子女的利益”。第 16 条第 1 款第 4 项规定任何与婚姻和家庭相关的事物“均应以子女的利益为重”。[①] 再如，联合国大会 1986 年 12 月 3 日第 41/85 号决议通过的《关于儿童保护和儿童福利、特别是国内和国际寄养和收养办法的社会和法律原则宣言》（The Declaration on Social and Legal Principles relating to the Protection and Welfare of Children，With Special Reference to Foster Placement and Adoption Nationally and Internationally）强调，“在所有寄养和收养的程序中，首要考虑应是使儿童得到最大的利益”，其第 5 条指出“在亲生父母以外安排儿童的照料时，一切事项应以争取儿童的最大利益特别是他或她得到慈爱的必要并享有安全和不断照料的权利为首要考虑”。[②]

最大利益原则通过《儿童权利公约》被赋予条约法的效力。1989 年 11 月 20 日联合国大会第 44/25 号决议通过《儿童权利公约》，该公约第 3 条第 1 款明确规定，“关于儿童的一切行动，不论是由公私社会福利机构、法院、行政当局或立法机构执行，均应以儿童的最大利益为一种首要考虑”。[③]

---

① 《消除对妇女一切形式歧视公约》（The Convention on the Elimination of All Forms of Discrimination against Women，CEDAW），联合国大会 1979 年 12 月 18 日第 34/180 号决议通过并开放给各国签字、批准和加入，按照第 27（1）条规定于 1981 年 9 月 3 日生效。1980 年 9 月 29 日，中华人民共和国第五届全国人民代表大会常务委员会第十六次会议批准《消除对妇女一切形式歧视公约》，同时声明：中华人民共和国不接受公约第 29 条第 1 款的约束。载联合国公约与宣言检索系统：http://www.un.org/chinese/esa/women/cedawtext.htm，最后访问时间：2019 年 2 月 20 日。

② 《关于儿童保护和儿童福利、特别是国内和国际寄养和收养办法的社会和法律原则宣言》，载联合国儿童议题：http://www.un.org/chinese/children/issue/dlsp.shtml，最后访问时间：2019 年 2 月 20 日。

③ 《儿童权利公约》（Convention on the Rights of the Child），联合国大会 1989 年 11 月 20 日第 44/25 号决议通过并开放给各国签字、批准和加入，按照第 49 条规定于 1990 年 9 月 2 日生效。1990 年 8 月 29 日，中华人民共和国政府签署了《儿童权利公约》。1991 年 12 月 29 日，中华人民共和国第七届全国人民代表大会常务委员会第二十三次会议批准了《儿童权利公约》，同时声明：中华人民共和国将在符合《宪法》第 25 条关于计划生育的规定的前提下，并根据《未成年人保护法》第 2 条的规定，履行《公约》第 6 条所规定的义务。载联合国公约与宣言检索系统：https://www.un.org/zh/documents/treaty/files/A-RES-44-25.shtml，最后访问时间：2019 年 2 月 20 日。

（二）儿童最大利益原则要求司法给予儿童权益最大保障

未成年人被害人法律地位的确立，正是儿童最大利益原则的体现。在法国，“1998年6月17日法律确立了未成年人被害人的法律地位，规定为使性犯罪中的少年被害人免受更多精神伤害，其声音、视频记录可以作为证据适用，预审法官如果拒绝认定为证据，必须说明理由。有关的声音、视频记录，必须经该未成年人或者其法定代理人同意，在心理学家、其他家庭成员、行政机关人员作为第三人在场情况下，由检察官或预审法官任命有资格的人员，通常是侦查人员，来具体实施。法律要求给予必要的录制地点安排，帮助复制以便以后的程序适用”。①

在利益主体上，这一原则是指儿童总体上的最大利益，还是仅指个体意义上的最大利益？在特定问题上，有时二者会发生冲突。如在男教师性侵女童案件中，从女童总体利益考量，应允许新闻媒体曝光这种恶行，从而提醒女童家长适当教育女童警惕并远离有此种行为倾向的男性教师，如遇此类侵害发生在自己或同学身上，第一时间寻求法律保护，最大限度地保护自身合法权益。新闻媒体的曝光也会引起教育管理者的注意，通过建立或完善管理制度，防止此类情况发生在其管辖范围内。因而，新闻媒体曝光此类案件具有积极意义。然而，从受害女童个体角度，新闻报道可能使其本人及直系血亲遭受二次伤害，特别是在女性受到歧视的社会中，心理伤害可能远超过生理上的伤害。因而，受害女童及其法定代理人都不愿意受害事实通过新闻媒体披露于公众，即使是作了匿名处理并删除能够确定其身份的相关信息后，仍不愿意被媒体披露。在思想观念仍趋保守的国家，个体最大利益不是媒体的同情而是禁声，不是外界的理解而是不知。从此例中可以发现，就同一问题而言“儿童最大利益”也会存在总体与个

---

① ［法］皮埃尔·特鲁仕主编：《法国司法制度》，丁伟译，北京大学出版社2012年版，第159页。

体之间的利益冲突，因而，儿童最大利益的具体内容并不是绝对的，而是相对的。

第二节　未成年人司法信息的保密与透明

一、未成年人犯罪案件公开模式

对于未成人犯罪是否公开的问题，人类司法史上存在三种模式：一是未成年人与成年人同罚模式；二是完全不公开模式；三是有限公开模式。

（一）同罚模式

同罚模式，即在不区分未成年被告人与成年被告人的前提下，未成年被告人适用成年被告人的审判公开原则，除法定情形不公开审理外，其他案件均公开审理。无论是否公开审理的案件，判决均公开宣告。在各国少年司法制度产生之前，均采取同罚模式。同罚模式体现了法律面前人人平等原则，未成年人与成年人一样基于刑罚报应理论接受处罚。未成年被告人在公开的法庭接受审判，判决结果公开，司法行为接受社会公众的监督。新闻媒体对未成年人违法犯罪案件的报道不受特殊限制，采用与成年人相同的报道方式。随着少年司法制度的兴起，同罚模式逐渐被抛弃。

（二）完全不公开模式

由于未成年人生理和心理尚未成熟，其从“自然的人”成长为“社会的人”过程中，难免遇到“丛林法则”的生存处境。很多时候，非暴力犯罪往往因其家庭教育缺失导致的不知规、不懂法，暴力犯罪往往是自控能力尚未形成下的一时情绪冲动，因而以父母之慈心对待未成年被告人，采取宽宥的司法制度，符合司法文明的发展规律。此外，作为国家未来的人力资源，矫正罪错未成年人不良行为习惯和内心恶念，使其成为有用于社会的人，对于国家和社会的长远发展更有益处。正因如此，19 世纪末，少年法庭产生后，各国纷纷效仿，转而采取完全不公开模式。

1. 完全不公开模式的内容

完全不公开模式包括六个方面的内容：（1）案件不公开开庭审理；（2）不公开宣判；（3）不允许新闻媒体报道案件；（4）裁判文书不允许社会公众查阅；（5）未成年人犯罪卷宗档案完全封存；（6）有关人员泄露未成年人违法犯罪信息须负行政和刑事责任。这些措施将未成年人违法犯罪信息完全隔离于公共领域。

2. 完全不公开模式的优势

完全不公开模式的优点体现在，将未成年人的违法犯罪信息完全隔离于公众视野之外，有助于未成年人心理康复和矫正，日后其回归社会完全没有心理负担，不用担心其不光彩历史被人了解后而被嫌弃、被疏远甚至被隔离。罪错未成年人能够以崭新的面貌进入社会，实现其自由发展的权利。

3. 完全不公开模式的缺陷

完全不公开模式的缺陷在于审理过程和裁判文书均不公开，整个司法过程就完全处于封闭状态，未成年人的宪法权利和诉讼权利是否得到保障，司法人员行为是否符合职业准则，都失去了公众的有效监督。

同时，违法犯罪的未成年人一般具有一定的人身危险性，只是人身危险性的程度大小不同，部分回归社会的少年犯还会有再次犯罪的可能，而人们对他们违法犯罪信息全然不知，既妨害了公众的知情权，也不利于整体社会安全的预防性维护。

4. 完全不公开模式的实践

完全不公开模式曾经在 20 世纪 20 年代到 60 年代的美国盛行，但是由于在完全不公开模式下，缺乏公众监督的法庭实际上也造成一些冤假错案，低惩罚性不足以威慑虞犯少年，客观上出现未成年人犯罪的递增态势，这种模式不断受到批评，经过20世纪60年代到70年代的修改、转型，到80年代美国完全抛弃了完全不公开模式。目前，德国仍采取完全不公开模式，德意志联邦共和国《少年法院法》第48条第1款规定法院的审理以及判决的宣布均不予以公开。①

（三）有限公开模式

国家亲权理论的深入人心、司法矫治康复的客观需要以及儿童最大利益原则的人权诉求，促使当代司法对未成年人逐步采取差别于成年人的特别法律程序和司法理念。然而，对未成年人权益的特殊保护与公众的知情权也形成了强烈的权利冲突，未成年人回归社会与社会安全价值之间也出现了猛烈的碰撞。现代司法制度需要兼顾和平衡这些价值。

1. 庭审相对不公开

一般而言，涉及未成年被告人的庭审活动不向社会公众公开，但为了保障未成年人的合法权益，“经未成年被告人及其法定代理人同意，未成年被告人所在学校和未成年人保护组织可以派代表到场”。我国《刑事诉讼法》及司法解释就作出如此规定。②

---

① 孙晓云、张美英：《当代未成年人法律译丛》，中国检察出版社2005年版，第187页。

② 《刑事诉讼法》（2018年修正）第285条规定：“审判的时候被告人不满十八周岁的案件，不公开审理。但是，经未成年被告人及其法定代理人同意，未成年被告人所在学校和未成年人保护组织可以派代表到场。”最高人民法院《关于适用〈中华人民共和国刑事诉讼法〉的解释》（法释〔2012〕21号）第467条第1款规定：“开庭审理时被告人不满十八周岁的案件，一律不公开审理。经未成年被告人及其法定代理人同意，未成年被告人所在学校和未成年人保护组织可以派代表到场。到场代表的人数和范围，由法庭决定。到场代表经法庭同意，可以参与对未成年被告人的法庭教育工作。”

2. 宣判绝对公开

为了防止完全封闭的司法活动失去公众的监督所可能产生的权力滥用，总需要为司法活动打开一扇窗。即使是因不公开审理而关闭的司法过程，其司法结果亦须接受公众监督，由此产生了判决公开宣告的绝对化机制。法国刑事诉讼法就采取此种模式，我国诉讼法也采取了这样的机制，无论案件是否公开审理，判决一律公开宣告。但这种模式也被部分学者所批评，如梅文娟教授认为，“公开宣判方式不符合未成年人隐私保护和少年司法矫正之宗旨”，“未成年人刑事判决宣告公开，使得未成年人刑事审理不公开之努力功亏一篑，意义几近全无”。①

3. 媒体有限公开

在有限公开模式下，允许新闻报道、影视节目、公开出版物、网络披露未成年人犯罪案件，但是不允许披露未成年人的姓名、住所、照片、图像以及有可能推断出该未成年人的其他资料。我国《未成年人保护法》和《预防未成年人犯罪法》都采取此种模式。②

允许媒体有限公开，也为未成年人犯罪中的被害人权益保障增添了外部监督力量。例如，2018 年韩国发生了一起“釜山女中学生暴行事件”，被害人父母愤怒地通过媒体对加害人进行谴责，并在韩国青瓦台国民请愿板发出请愿：“加害者们堂堂正正地生活，而团体性侵的受害者——我的女儿，却每天过得像个罪人。请更加严厉地处罚未成年性犯罪者。”③ 媒体

① 梅文娟：《论未成年人刑事判决之有限公开》，载《现代法学》2014 年第 5 期。

② 《未成年人保护法》（2012 年修正）第 58 条规定：“对未成年人犯罪案件，新闻报道、影视节目、公开出版物、网络等不得披露该未成年人的姓名、住所、照片、图像以及可能推断出该未成年人的资料。”《预防未成年人犯罪法》（2012 年修正）第 45 条第 3 款规定：“对未成年人犯罪案件，新闻报道、影视节目、公开出版物不得披露该未成年人的姓名、住所、照片及可能推断出该未成年人的资料。”

③ 半点笙活：《“被性侵的女儿活得像个罪人”，韩国关于废除“少年法”的舆论》，载新浪网：http://k.sina.com.cn/article_6373176847_17bdef60f001007jr1.html?cre=tianyi&mod=pcpager_inter&loc=37&r=9&doct=0&rfunc=100&tj=none&tr=9，最后访问时间：2019 年 3 月 30 日。

对此类未成年人犯罪问题的公开报道，引起韩国社会的广泛关注，也引发了韩国社会对修改韩国《少年法》的呼声，韩国政府也着手修改《少年法》，并采取配套措施预防和减少未成年人犯罪。①

4. 裁判文书禁止公开

在有限公开模式下，禁止“未成年人犯罪”的裁判文书文本向公众公开。最高人民法院《关于人民法院在互联网公布裁判文书的规定》采取此种模式，未成年人犯罪的裁判文书不在互联网公开。②

5. 未成年人犯罪记录封存

（1）有限封存模式

我国《刑事诉讼法》规定了有限封存模式，“犯罪的时候不满十八周岁，被判处五年有期徒刑以下刑罚的，应当对相关犯罪记录予以封存”。有限封存模式既有利于罪轻未成年人将来顺利回归社会，也有利于保障公众的知情权和维护社会安全。

（2）完全封存模式

美国采取了未成年人犯罪记录封存制度。美国 2008 年《司法会议关于隐私和公众获取案件电子档案的决定》（Judicial Conference Policy on Privacy and Public Access to Electronic Case Files）③ 规定，刑事案件中的“未成年人档案”（juvenile records）不属于公开案件档案，不应当在法庭

---

① 金慧光：《14 岁或将不再是韩青少年犯罪的“护身符”》，载环球视野：http://www.globalview.cn/html/global/info_26924.html，最后访问时间：2019 年 3 月 30 日。

② 最高人民法院《关于人民法院在互联网公布裁判文书的规定》（法释〔2016〕19 号）第 4 条规定，“人民法院作出的裁判文书有下列情形之一的，不在互联网公布：（一）涉及国家秘密的；（二）未成年人犯罪的；（三）以调解方式结案或者确认人民调解协议效力的，但为保护国家利益、社会公共利益、他人合法权益确有必要公开的除外；（四）离婚诉讼或者涉及未成年子女抚养、监护的；（五）人民法院认为不宜在互联网公布的其他情形”。

③ The Judicial Conference of the U.S.，“Judicial Conference Policy on Privacy and Public Access to Electronic Case Files”，https://www.uscourts.gov/rules-policies/judiciary-policies/privacy-policy-electronic-case-files，April 27，2019.

上或者通过远程电子方式向公众提供。

二、涉及未成年人案件裁判结果透明化规则

基于未成年人权益的特殊保护，笔者认为涉及未成年人的案件其裁判结果透明化也应适用特殊规则。一是未成年人犯罪的刑事案件；二是涉及未成年人的民事、行政案件。

（一）公开宣判应采有限公开模式

虽然出于对公正审判权的绝对化保护，任何封闭的程序会在最后宣判环节打开一个窗口，但由于未成年人心理的脆弱性，无论是公开审理还是不公开审理的案件，可以公开宣判，允许自愿旁听的未成年人近亲属、所在学校和未成年人保护组织的代表到场旁听，但不宜组织未成年人、普通群众等到法庭旁听公开宣判。

（二）裁判文书应采完全禁止公开模式

儿童利益最大化原则要求对未成年人涉诉信息采取禁止公开模式，裁判文书因记载了未成年人的个人信息，甚至未成年人的隐私，应采取完全禁止公开模式。

1. 涉及未成年人犯罪的裁判文书不应公开

我国《刑事诉讼法》第274条和第275条规定，“未成年人犯罪的”应当确定为：行为人实施违法犯罪行为时不满十八周岁，其中包括未成年人与成年人共同实施违法或者犯罪行为，没有分案处理的。涉及未成年人犯罪的案件，应绝对禁止不特定社会公众的知情权。

第一，涉及未成年人犯罪的案件的裁判文书不应在互联网公布，我国司法文件和司法解释，始终坚持这一原则。2000年6月，最高人民法院《裁判文书公布管理办法》（法办发〔2000〕4号）首次确定互联网是公开

裁判文书的渠道之一，同时规定涉及“未成年人犯罪”的裁判文书不宜公开。2010 年，最高人民法院《关于人民法院在互联网公布裁判文书的规定》（法发〔2010〕48 号）第 2 条第 1 款规定，人民法院生效裁判文书可以在互联网公布，但涉及“未成年人犯罪的”除外。2013 年，最高人民法院《关于人民法院在互联网公布裁判文书的规定》（法释〔2013〕26 号）第 4 条规定，生效裁判文书应当在互联网公布，但涉及“未成年人违法犯罪的”除外。2016 年 8 月《关于人民法院在互联网公布裁判文书的规定》（法释〔2016〕19 号）规定，人民法院作出的“未成年人犯罪”的裁判文书不在互联网公布。

第二，涉及未成年人犯罪的裁判文书社会公众不能依申请查阅。在我国，由于《刑事诉讼法》未赋予社会公众查阅刑事裁判文书的权利，因而也无权查阅涉及未成年人犯罪的裁判文书。此外，我国建立了未成年人轻罪记录封存制度，对“犯罪的时候不满十八周岁，被判处五年有期徒刑以下刑罚的”被告人的相关犯罪记录予以封存。

2. 涉及未成年人民事、行政案件裁判文书公开机制

（1）整体不公开

在我国，2016 年最高人民法院《关于人民法院在互联网公布裁判文书的规定》（法释〔2016〕19 号）要求“离婚诉讼或者涉及未成年子女抚养、监护的”裁判文书禁止通过互联网公开。

（2）非实名化公开

在美国，美国 2002 年《电子政务法》授权美国联邦最高法院制定专门的条例，在互联网公开裁判文书时，应当隐去未成年人的姓名等个人信息。

在我国，2016 年最高人民法院《关于人民法院在互联网公布裁判文书的规定》（法释〔2016〕19 号）规定其他涉及未成年人的裁判文书，采取有限公开模式，即其他涉及未成年人的裁判文书将“未成年人及其法定代

理人”作非实名化处理后公开。

（三）裁判理由公开应避免详述细节

一方面，裁判结果的证成需要最基本的案件事实，未成年人的行为、个人信息和个人隐私若是案件的关键事实，裁判说理对其表述不可避免。

另一方面，裁判文书撰写过程中，如果可以省略未成年人的某些个人信息、个人隐私，应当尽量采取简化、替代等不影响案件基本事实和法律适用的方式，不详述未成年人相关信息。

结　语

面对权力运行透明化的历史趋势，如何实现司法权运行的透明化成为不可回避的问题，各民主国家也都在进行探索。中共中央《关于全面推进依法治国若干重大问题的决定》提出“构建开放、动态、透明、便民的阳光司法机制”。裁判结果透明化研究正是助推“阳光司法机制”建构的理论探索。我国正处于法治建设的关键时期，探索适合我国的裁判结果透明化制度体系，对保障基本权利实现、遏制司法腐败、促进司法民主、提升司法公信力、建立社会诚信体系等均具有重要意义。

当事人基于诉讼知情权和诉讼参与权要求裁判结果透明化，社会公众基于公民知情权也要求裁判结果透明化。现阶段，各国和各地区主要是通过裁判文书公开实现裁判结果形式意义上的透明化，通过裁判结果证成理由公开实现裁判结果实质意义上的透明化。这种二元制度设计具有一定的合理性、自洽性和可操作性。考察制度规范在司法实践中的实施效果，可以发现，在现行法律制度的实施中，存在权力本位意识对待裁判文书公开、功利化观念对待公开宣判等观念滞后问题，以及裁判文书查阅制度缺乏权利救济机制、裁判结果证成理由公开的评价标准缺失、可能影响裁判结果的外部干预信息是否公开尚不明确等问题。这些问题妨碍了裁判结果透明化的有效实现。

此外，随着经济社会的发展，人民大众从“公开审判”到“司法透明”的需求转变成为理解和讨论裁判结果透明化问题的新的现实语境，数字革命所带来的广泛的互联互通、信息共享和保密危机，正是裁判结果透明化课题产生的根本原因。涉及国家秘密、商业秘密、个人隐私、个人信息、未成年人权益等案件，天然地蕴含着保密与公开的价值冲突，在法律制度原则性的规定和司法实践具体化的把握之间，还需要一套可操作性的规则体系。这些实践规则也不是一成不变的，也需要根据技术的发展、观念的更新而不断调整。面对现行制度的滞后性和不适应性，产生了制度审视反思和创新完善的必要性与可能性。本书以裁判结果为切入点，以透明化为着眼点，不采取目前理论界和实务界对某一程序、机制或制度单一化研究模式，而是进行系统化研究，全面梳理立法、行政、司法的规范性法律文件，并以第四次工业革命的展开为经济社会基础来思考裁判结果透明化的终极价值，提出裁判结果透明化的制度建构和机制完善建议。本书的创新性还突出体现在创造性地提出“裁判结果全息数据库”制度建构设想，在运用司法数据实证分析的基础上，分析指出网上公开裁判文书的数据不完整性使“中国裁判文书网”无法承担起裁判结果采集、共享、使用的社会信用体系建设和管理功能，而公开宣判的范围有限性无法实现裁判结果全样态透明化。因此，建立裁判结果数据库制度满足社会诚信体系建设需要成为一种必然。基于信息化建设成果，全国四级法院实现了内网办案系统的四级联网，时时向最高人民法院信息集控中心汇总司法信息数据。因此，在最高人民法院信息集控中心建立裁判结果全息数据库，直接获取全国四级法院裁判结果全方位数据信息具有可行性。裁判结果的全息集成，能够实现司法数据的真实性、全面性、准确性，为科学决策提供真实的社会关系变动数据，为社会公众获取裁判信息提供便捷服务，保障社会公众知情权、监督权的有效实现。将裁判结果全息数据库制度纳入社会信用制度体系，对倡导全社会尊重契约、信守承诺的风尚，对提升社会整体信用水平，具有重要意义。

缩　略　语

1.《中华人民共和国宪法》简称《宪法》

2.《中华人民共和国人民法院暂行组织条例》简称《人民法院暂行组织条例》

3.《中华人民共和国人民法院组织法》简称《人民法院组织法》

4.《中华人民共和国民事诉讼法（试行）》简称《民事诉讼法（试行）》

5.《中华人民共和国民事诉讼法》简称《民事诉讼法》

6.《中华人民共和国刑事诉讼法》简称《刑事诉讼法》

7.《中华人民共和国行政诉讼法》简称《行政诉讼法》

8.《中华人民共和国保守国家秘密法》简称《保守国家秘密法》

9.《中华人民共和国保守国家秘密法实施条例》简称《保守国家秘密法实施条例》

10.《中华人民共和国国家安全法》简称《国家安全法》

11.《中华人民共和国反间谍法》简称《反间谍法》

12.《中华人民共和国反不正当竞争法》简称《反不正当竞争法》

13.《中华人民共和国科学技术进步法》简称《科学技术进步法》

14.《中华人民共和国促进科技成果转化法》简称《促进科技成果转化法》

15. 《中华人民共和国合同法》简称《合同法》

16. 《中华人民共和国劳动法》简称《劳动法》

17. 《中华人民共和国劳动合同法》简称《劳动合同法》

18. 《中华人民共和国反垄断法》简称《反垄断法》

19. 《中华人民共和国公司法》简称《公司法》

20. 《中华人民共和国刑法》简称《刑法》

21. 《中华人民共和国民法通则》简称《民法通则》

22. 《中华人民共和国民法总则》简称《民法总则》

23. 《中华人民共和国侵权责任法》简称《侵权责任法》

24. 《中华人民共和国未成年人保护法》简称《未成年人保护法》

25. 《中华人民共和国预防未成年人犯罪法》简称《预防未成年人犯罪法》

26. 《中华人民共和国妇女权益保障法》简称《妇女权益保障法》

27. 《中华人民共和国消费者权益保护法》简称《消费者权益保护法》

28. 《中华人民共和国统计法》简称《统计法》

29. 《中华人民共和国商标法》简称《商标法》

30. 《中华人民共和国证券法》简称《证券法》

31. 《中华人民共和国外商投资法》简称《外商投资法》

32. 《中华人民共和国律师暂行条例》简称《律师暂行条例》

33. 《中华人民共和国律师法》简称《律师法》

34. 《中华人民共和国进出口商品检验法》简称《进出口商品检验法》

35. 《中华人民共和国护照法》简称《护照法》

36. 《中华人民共和国居民身份证法》简称《居民身份证法》

37. 《中华人民共和国网络安全法》简称《网络安全法》

38. 《中华人民共和国电子商务法》简称《电子商务法》

39. 最高人民法院《关于印发〈人民法院五年改革纲要〉的通知》

（法发〔1999〕28 号）简称“一五改革纲要（1999~2003）”

40. 最高人民法院《关于印发〈人民法院第二个五年改革纲要〉的通知》（法发〔2005〕18 号）简称“二五改革纲要（2004~2008）”

41. 最高人民法院《关于印发〈人民法院第三个五年改革纲要（2009~2013）〉的通知》（法发〔2009〕14 号）简称“三五改革纲要（2009~2013）”

42. 最高人民法院《关于全面深化人民法院改革的意见——人民法院第四个五年改革纲要（2014—2018）》（法发〔2015〕3 号）简称“四五改革纲要（2014~2018）”

43. 最高人民法院《关于印发〈最高人民法院关于深化人民法院司法体制综合配套改革的意见——人民法院第五个五年改革纲要（2019—2023）〉的通知》（法发〔2019〕8 号）简称“五五改革纲要（2019~2023）”

参考文献

中文著作

1. 中共中央马克思恩格斯列宁斯大林著作编译局：《马克思恩格斯选集》（第1卷），人民出版社2012年版。

2. 中共中央马克思恩格斯列宁斯大林著作编译局：《马克思恩格斯选集》（第2卷），人民出版社1995年版。

3. 张文显：《法哲学范畴研究》（修订版），中国政法大学出版社2001年版。

4. 张文显主编：《马克思主义法理学——理论、方法和前沿》，高等教育出版社2003年版。

5. 张文显：《二十世纪西方法哲学思潮研究》，法律出版社2006年版。

6. 张文显主编：《法理学》，高等教育出版社、北京大学出版社2007年版。

7. 张文显：《法哲学通论》，辽宁人民出版社2009年版。

8. 张文显：《张文显法学文选》，法律出版社2011年版。

9. 徐显明主编：《人权法原理》，中国政法大学出版社2008年版。

10. 梁慧星：《民法总论》，法律出版社2001年版。

11. 王利明主编：《人格权法新论》，吉林人民出版社1994年版。

12. 陈光中主编：《刑事诉讼法》，北京大学出版社、高等教育出版社 2009 年版。

13. 李步云主编：《法理学》，经济科学出版社 2000 年版。

14. 公丕祥：《法制现代化的理论逻辑》，中国政法大学出版社 1999 年版。

15. 郑成思：《知识产权法》，法律出版社 1997 年版。

16. 舒国滢、王夏昊：《法学方法论问题研究》，中国政法大学出版社 2007 年版。

17. 张新宝：《隐私权的法律保护》，群众出版社 2004 年版。

18. 米健：《比较法导论》，商务印书馆 2013 年版。

19. 何勤华主编：《法国法律发达史》，法律出版社 2001 年版。

20. 郑成良主编：《现代法理学》，吉林大学出版社 1999 年版。

21. 苏力：《制度是如何形成的》，北京大学出版社 2007 年版。

22. 杨大文主编：《亲属法》，法律出版社 1997 年版。

23. 葛洪义：《法与实践理性》，中国政法大学出版社 2002 年版。

24. 邓正来：《研究与反思——中国社会科学自主性的思考》，中国政法大学出版社 2004 年版。

25. 姚建宗：《美国法律与发展研究运动述评》，法律出版社 2006 年版。

26. 姚建宗：《新兴权利研究》，中国人民大学出版社 2011 年版。

27. 黄文艺：《比较法：原理与应用》，高等教育出版社 2006 年版。

28. 杜宴林：《法律的人文主义解释》，人民法院出版社 2005 年版。

29. 范忠信、陈景良：《中国法制史》，北京大学出版社 2007 年版。

30. 李林、田禾主编：《司法透明国际比较》，社会科学文献出版社 2013 年版。

31. 吴卫军：《司法改革原理研究》，中国人民公安大学出版社 2003

年版。

32. 高一飞、龙飞等：《司法公开基本原理》，中国法制出版社 2012 年版。

33. 高一飞：《媒体与司法关系研究》，中国人民公安大学出版社 2010 年版。

34. 孙海龙：《审判权运行机制改革》，法律出版社 2015 年版。

35. 后向东：《美国联邦信息公开制度研究》，中国法制出版社 2014 年版。

36. 高中：《国家安全与表达自由比较研究》，法律出版社 2008 年版。

37. 李道揆：《美国政府和美国政治》，商务印书馆 1999 年版。

38. 董妍：《政府信息公开例外规则及其司法审查》，经济日报出版社 2015 年版。

39. 刘金瑞：《个人信息与权利配置——个人信息自决权的反思和出路》，法律出版社 2017 年版。

40. 涂子沛：《大数据》，广西师范大学出版社 2013 年版。

41. 孔令杰：《个人资料隐私的法律保护》，武汉大学出版社 2009 年版。

42. 邓冰、苏益群编译：《大法官的智慧——美国经典司法判例精选 50 例》，法律出版社 2012 年版。

43. ［美］罗纳德·德沃金：《至上的美德：平等的理论与实践》，冯克利译，凤凰出版传媒集团、江苏人民出版社 2008 年版。

44. ［美］约翰·罗尔斯：《正义论》（修订版），何怀宏、何包钢、廖申白译，中国社会科学出版社 2009 年版。

45. ［美］玛丽·A. 格林顿：《比较法律传统》，米健译，法律出版社 2004 年版。

46. ［美］哈罗德·J. 伯尔曼：《法律与宗教》，梁治平译，生活·读书·新知三联书店 1991 年版。

47. ［美］本杰明·N. 卡多佐：《司法过程的性质》，苏力译，商务印书馆 1998 年版。

48. ［美］E. 博登海默：《法理学：法律哲学与法律方法》，邓正来译，中国政法大学出版社 2004 年版。

49. ［美］L. 富勒：《法律的道德性》，郑戈译，商务印书馆 2005 年版。

50. ［美］理查德·A. 波斯纳：《法理学问题》，苏力译，中国政法大学出版社 2002 年版。

51. ［美］理查德·A. 波斯纳：《超越法律》，苏力译，中国政法大学出版社 2001 年版。

52. ［美］罗伯特·S. 萨默斯：《美国实用工具主义法学》，柯华庆译，中国法制出版社 2010 年版。

53. ［美］罗斯科·庞德：《法律与道德》，陈林林译，中国政法大学出版社 2003 年版。

54. ［美］约翰·D. 泽莱兹尼：《传播法：自由、限制与现代媒介》（第 4 版），张金玺、赵刚译，清华大学出版社 2007 年版。

55. ［美］唐·布莱克：《社会学视野中的司法》，郭星华等译，法律出版社 2002 年版。

56. ［美］希拉里·普特南：《事实与价值二分法的崩溃》，应奇译，东方出版社 2006 年版。

57. ［美］琳达·格林豪斯：《美国最高法院通识读本》，何帆译，译林出版社 2013 年版。

58. ［美］阿丽塔·L. 艾伦、理查德·C. 托克音顿：《美国隐私法：学说、判例与立法》，冯建妹等编译，中国民主法制出版社 2004 年版。

59. ［美］爱伦·M. 芭波里克选编：《侵权法重述纲要》（第 3 版），

许传玺等译，法律出版社 2016 年版。

60. ［美］杰夫·贾维斯：《公开——新媒体时代的网络正能量》，南溪译，中华工商联合出版社 2013 年版。

61. ［英］丹宁勋爵：《法律的正当程序》，李克强、杨百揆、刘庸安译，法律出版社 1999 年版。

62. ［英］约翰·哈德森：《英国普通法的形成》，刘四新译，商务印书馆 2006 年版。

63. ［英］尼尔·麦考密克：《法律推理与法律理论》，姜峰译，法律出版社 2005 年版。

64. ［法］孟德斯鸠：《论法的精神》（上册），张雁深译，商务印书馆 1982 年版。

65. ［法］皮埃尔·特鲁仕主编：《法国司法制度》，丁伟译，北京大学出版社 2012 年版。

66. ［德］康德：《道德形而上学原理》，苗力田译，上海人民出版社 2002 年版。

67. ［德］克劳思·罗科信：《刑事诉讼法》，吴丽琪译，法律出版社 2003 年版。

68. ［德］克劳斯·施瓦布：《第四次工业革命》，李菁译，中信出版社 2016 年版。

69. ［德］古斯塔夫·拉德布鲁赫：《法律智慧警句集》，舒国滢译，中国法制出版社 2009 年版。

70. ［日］棚濑孝雄：《纠纷的解决与审判制度》，王亚新译，中国政法大学出版社 2004 年版。

71. ［日］谷口平安：《程序的正义与诉讼》，王亚新、刘荣军译，中国政法大学出版社 1996 年版。

72. ［日］土井辉生：《知的所有权——现代实务法律讲座》，青林书院株式会社 1977 年版。

73. ［比］R. C. 范·卡内冈：《法官、立法者与法学教授——欧洲法律史篇》，薛张敏敏译，北京大学出版社 2006 年版。

74. ［意］贝卡利亚：《论犯罪与刑罚》，黄风译，中国大百科全书出版社 1997 年版。

中文论文

1. 张文显：《习近平法治思想研究（上）——习近平法治思想的鲜明特征》，载《法制与社会发展》2016 年第 2 期。

2. 张文显：《习近平法治思想研究（中）——习近平法治思想的一般理论》，载《法制与社会发展》2016 年第 3 期。

3. 张文显：《习近平法治思想研究（下）——习近平全面依法治国的核心观点》，载《法制与社会发展》2016 年第 4 期。

4. 张文显：《中国法治 40 年：历程、轨迹和经验》，载《社会科学文摘》2018 年第 11 期。

5. 张文显：《法治与国家治理现代化》，载《中国法学》2014 年第 4 期。

6. 张文显：《构建社会主义和谐社会的法律机制》，载《中国法学》2006 年第 1 期。

7. 张文显、姚建宗：《略论法学研究中的价值分析方法》，载《法学评论》1991 年第 5 期。

8. 张恒山：《论正义和法律正义》，载《法制与社会发展》2002 年第 1 期。

9. 刘作翔：《权利冲突的几个理论问题》，载《中国法学》2002 年第 2 期。

10. 刘作翔：《中国法治进程中的权利冲突——权利冲突典型案例剖析

及其理论问题的思考》，载《法制现代化研究》2003 年第 8 卷。

11. 王利明：《隐私权概念的再界定》，载《法学家》2012 年第 1 期。

12. 王利明：《论个人信息权的法律保护——以个人信息权与隐私权的界分为中心》，载《现代法学》2013 年第 4 期。

13. 王利明：《数据共享与个人信息保护》，载《现代法学》2019 年第 1 期。

14. 江必新、程琥：《司法程序公开研究》，载《法律适用》2014 年第 1 期。

15. 陈瑞华：《法学研究方法的若干反思》，载《中外法学》2015 年第 1 期。

16. 范为：《大数据时代个人信息保护的路径重构》，载《环球法律评论》2016 年第 5 期。

17. 杨惟钦：《价值维度中的个人信息权属模式考察——以利益属性分析切入》，载《法学评论》2016 年第 4 期。

18. 黄娟：《论民事诉讼中当事人的"知情权"》，载《法学评论》2004 年第 1 期。

19. 赵汀阳：《民主的最小伤害原则和最大兼容原则》，载《哲学研究》2009 年第 1 期。

20. 徐国栋：《普通法中的国家亲权制度及其罗马法根源》，载《甘肃社会科学》2011 年第 1 期。

21. 公丕祥、刘敏：《论司法公正的价值内涵及制度保障》，载信春鹰、李林主编：《依法治国与司法改革》，社会科学文献出版社 2008 年版。

22. 於兴中：《后全球化时代的中国法哲学：机遇与挑战》，载《太平洋学报》2011 年第 10 期。

23. 叶榅平：《遵循先例原则与英国法官的审判思维和方法》，载《比较法研究》2015 年第 1 期。

24. 谢澍：《司法信息公开：误区、澄清与展望》，载《东南学术》2015 年第 1 期。

25. 张礼洪：《人格权的民法保护及其理论的历史发展——兼议我国的立法模式选择》，载《中国政法大学学报》2018 年第 4 期。

26. 张新宝：《从隐私到个人信息：利益再衡量的理论与制度安排》，载《中国法学》2015 年第 3 期。

27. 李少平：《新时代裁判文书释法说理改革的功能定位及重点聚焦》，载《人民法院报》2018 年 6 月 13 日，第 5 版。

28. 姚建龙：《国家亲权理论与少年司法——以美国少年司法为中心的研究》，载《法学杂志》2008 年第 3 期。

29. 梅文娟：《论未成年人刑事判决之有限公开》，载《现代法学》2014 年第 5 期。

30. 黄晓平：《中国传统司法的公开模式及其对当代中国的借鉴意义——以宋代以来州县司法为中心的考察》，载中南财经政法大学法律文化研究院编：《中西法律传统》（第 7 卷），北京大学出版社 2009 年版。

31. 闫德民：《权力制约范式论析》，载《社会科学》2009 年第 7 期。

32. 杨建文：《韩国的文书公开制度》，载《人民法院报》2013 年 8 月 23 日，第 8 版。

33. 龙飞：《台湾地区裁判书上网制度》，载《人民法院报》2013 年 9 月 27 日，第 8 版。

34. ［美］斯蒂格利茨：《自由、知情权和公共话语——透明化在公共生活中的作用》，宋华琳译，载《环球法律评论》2002 年秋季号。

35. ［美］杰弗里·S. 吕贝尔斯：《美国司法公开面面观》，林娜译，载《中国应用法学》2017 年第 5 期。

36. ［美］约翰·罗伯茨：《美国联邦法院 2016 年年终报告》，黄斌、杨奕译，载《人民法院报》2017 年 1 月 6 日，第 8 版。

外文著作

1. Rudolf Von Ihering, *Law as a Means to an End*, trans. by Isaac Husik, The Macmillan Company, 1924.

2. Georges Gurvitch, *Sociology of Law*, Butler and Tanner Ltd. , 1947.

3. Roscoe Pound, *Social Control through Law*, Transaction Publishers, 1997.

4. Don R. Pember, *Privacy and the Press*, University of Washington Press, 1972.

5. Richard A. Posner, *The Economics of Justice*, Harvard University Press, 1981.

6. Westin A. , *Privacy and Freedom*, New York, Atheneum, 1967.

7. William M. Beaney, *Law and Contemporary Problem*, No. 2, 1966.

8. Alan F. Westin, *Privacy and Freedom*, New York, Atheneum, 1967.

9. David J. Bodenhamer, *Fair Trial : Rights of the Accused in American History*, Oxford University Press, 1992.

10. Daniel J. Solove and Paul M. Schwartz, *Information Privacy Law*, Third Edition, Wolters Kluwer, 2009.

11. Donald P. Kommers and Russell A. Miller, *The Constitutional Jurisprudence of the Federal Republic of Germany: Revised and Expanded*, 3rd ed. , Duke University Press, 2012.

外文论文

1. Edward J. Bloustein, "Privacy as an Aspect of Human Dignity: An Answer to Dean Prosser", *N. Y. U. L. Rev.* 39, 1964.

2. Roscoe Pound, "The Fourteenth Amendment and the Right of Privacy", 13 *W. Res. L. Rev.* 34, 1961.

3. Adams and J. S. "Toward an understanding of inequity", *Journal of Abnormal and Social Psychology* 67, 1963.

4. Hyman Gross, "The Concept of Privacy", *New York University Law Review* 34, 1967.

5. Alfred Hill, "Defamation and Privacy under the First Amendment", *Columbia Law Review* 76 (8), 1976.

6. George J. Stigler, "The Law and Economics of Public Policy: A Plea to the Scholars", *The Journal of Legal Studies*, Vol. 1, No. 1, Jan. 1972.

7. Samuel D. Warren and Louis D. Brandeis, "The Right to Privacy", *Harvard Law Review*, 4, 1890.

8. R. Layard, "Human Satisfactions and Public Policy", *The Economic Journal*, Vol. 90, No. 360, Dec. 1980.

9. Richard H. Hiers, "Normative Analysis in Judicial Determination of Public Policy", *Journal of Law and Religion*, Vol. 3, No. 1, 1985.

10. Carl E. Schneider, "State-Interest Analysis in Fourteenth Amendment 'Privacy' Law: An Essay on the Constitutionalization of Social Issues", *Law and Contemporary Problems* 51 (1), 1988.

11. Daniel R. Vining, Jr, "Illegitimacy and Public Policy", *Population and Development Review*, Vol. 9, No. 1, Mar. 1983.

12. Paul A. Sabatier, "Political Science and Public Policy", *PS: Political Science and Politics*, Vol. 24, No. 2, Jun. 1991.

13. Sandra Day O'Connor, "Public Trust as a Dimension of Equal Justice", *Court Review* 36, 1999.

14. Peter P. Swiret, "The Surprising Virtues of the New Financial Privacy

Law", *Minnesota Law Review* 86, 2001.

15. Nathan J. Kelly, "Political Choice, Public Policy, and Distributional Outcomes", *American Journal of Political Science*, Vol. 49, No. 4, Oct. 2005.

16. Cali M. Ellis and Michael C. McDaniel, "Texas takes on the TSA: The Constitutional Fight over Airport Security", *Journal Of Homeland Security &Emergency Management* 10 (1), 2013.

17. Matthew Tokson, "Knowledge and Fourth Amendment Privacy", *Northwestern University Law Review* 111 (1), 2016.

18. Kathleen J. Davies, "Write to Privacy: Literature, Letters, Law, and the Inviolate Personality in America's Long Nineteenth Century", *Dissertation Abstracts International* 78 (4), 2017.

19. Ki-Yul Uhm, *The Right to Know: Idealism and Realism in National Security* (Ph. D. diss. , Lowa University, 2000).

后　　记

目前，国内外关于“裁判结果透明化”的专题化、抽象化的体系性、系统性研究并不多见，本书以当事人诉讼权利和社会公众民主权利的双维视角，审思裁判结果透明化的理论基础和实践进路，提出完善其制度建构的路径，是国内第一部系统论述裁判结果透明化的著作。

本书以“权利”为逻辑起点，首先论证了裁判结果透明化的法理基础。一方面，从诉讼权利维度，当事人基于诉讼知情权和诉讼参与权必然要求裁判结果透明化；另一方面，从公众民主权利维度，分别论证了裁判结果透明化在权利基础、制度渊源、目的价值、基本功能四个方面的理论基础。本书以“权利”为贯穿主线，在论证裁判结果透明化的法理基础上，对裁判结果透明化的具体司法实践形式进行了深入研究。一是尊重司法实践，理性认识具体实践活动的特殊性，为立法和司法实践提供合适而恰当的理论模型。通过法律文本解读和借鉴域外法律制度成果，归纳出裁判结果透明化四个层面的进路：行为层面——裁判结果宣告公开，文本层面——裁判文书公开，数据层面——数据库制度，理由层面——裁判结果证成理由公开。并分别进行了历史现象梳理、实施现状分析和制度规范审视，发现现行法律制度实施中存在的问题，并提出制度创新的理论模型和制度模式。二是反思司法实践，坚持问题导向，认真反思具体司法实践存在的问题，为司法实践设计科学而规范的制度。通过对司法实践当中公开与保密之间博弈的梳理和分析，以裁判结果透明化法理为基础，提出国家秘密、商业秘密、个人隐私、个人信息、未成年人权益与知情权、公共利益等权利冲突和价值重叠之下的裁判结果透明化规则，并归纳提炼成为规则体系。

本书可预期的创新之处，首先体现在研究主题的创新性。随着经济社会的发展，人民群众从“公开审判”到“司法透明”的需求转变是理解和讨论具体问题的现实语境。数字革命所带来广泛的互联互通、信息共享和保密危机，正是裁判结果透明化课题产生的根本原因。面对现行制度的滞后性和不适应性，产生了制度审视反思和创新完善的必要性与可能性。本书以裁判结果为切入点，以透明化为着眼点，不采取目前理论界和实务界对某一程序、机制或制度单一化研究模式，而是进行系统化研究，全面梳理立法、行政、司法的规范性法律文件，并以第四次工业革命的展开为经济社会基础来思考裁判结果透明化的终极价值，提出裁判结果透明化的制度建构和机制完善建议。

本书得以著成，要诚挚感谢各位专家学者所给予不同方式的指导和帮助。本书得以出版，要衷心感谢中国法学会“后期资助项目”的支持，真诚感谢法律出版社编辑的审定，由衷感谢他们对新领域学术研究的包容、推进和鼓励。同时还要感谢北大法律信息网范蠡先生的热忱帮助。

谨以我的第一本学术专著献给我的父母，感谢他们为我所付出的无限的爱！还要感谢我的导师、亲人、爱人和女儿，感谢他们给予我的动力和勇气，让我在学术的人生新路上不断前行！

司法实践在不断发展，理论研究也将不断深入，本书在写作规范、具体观点等方面难免存在瑕疵、疏漏和滞后，恳请各位同仁和读者批评指正。

胡玉明

二〇一九年五月于长春

图书在版编目(CIP)数据

裁判结果透明化的制度审思和完善路径 / 胡玉明著
. -- 北京 : 法律出版社, 2019
(中国法学会后期资助项目文丛)
ISBN 978 - 7 - 5197 - 3889 - 1

Ⅰ. ①裁… Ⅱ. ①胡… Ⅲ. ①民事诉讼 – 审判 – 司法监督 – 研究 – 中国 Ⅳ. ①D925.118.24

中国版本图书馆 CIP 数据核字(2019)第 203262 号

裁判结果透明化的制度审思和完善路径
CAIPAN JIEGUO TOUMINGHUA DE ZHIDU SHENSI HE WANSHAN LUJING

胡玉明 著

责任编辑 李 军
装帧设计 李 瞻

出版 法律出版社
总发行 中国法律图书有限公司
经销 新华书店
印刷 北京虎彩文化传播有限公司
责任校对 李景美
责任印制 陶 松

编辑统筹 学术·对外出版分社
开本 710 毫米×1000 毫米 1/16
印张 21.75
字数 277 千
版本 2019 年 12 月第 1 版
印次 2019 年 12 月第 1 次印刷

法律出版社/北京市丰台区莲花池西里 7 号(100073)
网址/www.lawpress.com.cn
投稿邮箱/info@lawpress.com.cn
举报维权邮箱/jbwq@lawpress.com.cn
销售热线/400 - 660 - 8393
咨询电话/010 - 63939796

中国法律图书有限公司/北京市丰台区莲花池西里 7 号(100073)
全国各地中法图分、子公司销售电话:
统一销售客服/400 - 660 - 8393/6393
第一法律书店/010 - 83938432/8433
西安分公司/029 - 85330678
重庆分公司/023 - 67453036
上海分公司/021 - 62071639/1636
深圳分公司/0755 - 83072995

书号:ISBN 978 - 7 - 5197 - 3889 - 1
定价:89.00 元
(如有缺页或倒装,中国法律图书有限公司负责退换)

中国法学会后期资助项目文丛

文丛说明

为进一步落实中央《关于加强中国特色新型智库建设的意见》，充分发挥中国法学会作为党和政府联系法学法律界桥梁和纽带的作用，着力实现中国法学会作为国家法治建设领域核心智库的发展目标，为专家学者开展法学研究和成果转化提供支持，不断丰富和发展中国特色社会主义法治理论体系，中国法学会特决定设立后期资助项目，对具有重要理论和实践价值的优秀法学研究成果予以后期资助，纳入“中国法学会后期资助项目文丛”出版。2015 年中国法学会后期资助项目设立以来，累计立项 80 余项成果，已交付出版 60 余部。今后每年我们还将评选确定一定数量的后期资助项目并予以出版。

中国法学会研究部

2019 年 11 月

中国法学会后期资助项目文丛

BOOK SERIES FUNDED BY CHINA LAW SOCIETY

1.《行政程序法典化研究》姜明安 等著

2.《解读青年马克思的黑格尔法哲学批判》姚远 著

3.《清代“杀一家三人”律、例辨析》吴杰 著

4.《中央地方关系中的民主集中制研究》苗泳 著

5.《证券内幕交易构成要件比较研究》曹理 著

6.《欧洲婚姻财产法的未来》樊丽君 译

7.《德国刑法教义学上的客观处罚条件》王钰 著

8.《结果加重犯的基本原理与认定规则研究》邓毅丞 著

9.《刑事诉讼中法院职权调查问题研究》林铁军 著

10.《人民陪审员角色研究》刘方勇 著

11.《非典型劳动者权益保护研究》班小辉 著

12.《创新与反垄断——互联网企业滥用行为之法律规制研究》仲春 著

13.《不得援引国家豁免的商业交易诉讼研究》纪林繁 著

14.《国家侵权的国际私法问题研究》李华成 著

15.《法律的空间意象性》朱垭梁 著

16.《罗马体育法要论》赵毅 著

17.《〈大清律例〉律目研究》张田田 著

18.《陕派律学家事迹纪年考证》闫晓君 著

19.《论行政法上的意思表示——兼论行政行为构成中的意识要件》田勇军 著

20.《新农村建设中保障农民政治参与权利的制度创新研究》蔡振亚 王为东 著

21.《国家赔偿法研究述评》上官丕亮 主编

22.《个人信息与权利配置——个人信息自决权的反思和出路》刘金瑞 著

23.《从“大陆”走向“混合”的路易斯安那民法典》李宁 著

24.《防控网络恐怖活动立法研究》皮勇 著

25.《背信犯罪：当代社会的白领犯罪》刘荣 译

26.《刑事诉讼中的鉴定意见质证制度研究》王跃 著

27.《互联网规制的国际贸易法律问题研究》孙南翔 著

28.《相关市场界定研究——以技术许可协议为视角》周围 著

29.《外资并购国家安全审查制度的平衡机制研究》杨静 著

30.《司法改革背景下裁判文书说理繁简分流研究》罗灿 著

31.《当代中国法制的政治逻辑》瞿郑龙 著

32.《美国行政法规的司法审查研究》杨蕾 著

33.《非上市公司股份交易法律问题研究》黄爱学 著

34.《中国商事立法研究》张保红 著

35.《日本民事再审事由研究——以判例分析为中心》翟志文 著

36.《论民法教义体系与家庭法的对立与融合：现代家庭法的谱系生成》刘征峰 著

37.《香港与内地刑事法制冲突问题研究》马正楠 著

38.《刑事程序性法律后果研究》马永平 著

39.《抢劫罪量刑经验研究》赵学军 著

40.《生态安全义务履行与人的致灾性法律控制》王建平 著

41.《税法的分配功能研究》侯卓 著

42.《裁判结果透明化的制度审思和完善路径》胡玉明 著

43.《德国判例使用方法研究》高尚 著

44.《现代性视域下的法律数字研究》高一飞 著

45.《商周刑罚制度研究》魏晓立 著

46.《面向行政任务的听证程序构造》石肖雪 著

47.《我国物流法律私法体系之建构——以方法论为视角》张敏 著

48.《再保险法》杨帆 译

49.《金融稳定法论》袁达松 著

50.《中国民事检察监督制度的改革与完善研究》路志强 著

51. 《规范论在刑法解释中的作用》李世阳 著

52. 《北京市盗窃罪量刑实证研究——以2736份判决书为样本》董晓华 著

53. 《德国证据禁止规则研究——法典与判例的有效融合》张袁 著

54. 《中国主权观的演进与发展》杨永红 著

55. 《中国涉外商事仲裁裁决撤销：机制与实证》张春良 等著

56. 《国际投资背景下的跨国公司与人权保护》隽薪 著